U0450130

傳統文化與國學

中國人與中國文明

李赣林 著

電子工業出版社
Publishing House of Electronics Industry
北京·BEIJING

内 容 简 介

本书是季羡林先生的民族精神之作，紧密契合当下爱国主义、中华文化复兴等热点话题，探讨何为中国人、中国文化、中国精神。本书从中国文人展现的民族气节、普通中国人的习惯与特性、中国文明的理解与传承三个角度来阐述、探讨中国知识分子的精神所在，全面展现了一个老知识分子的心声。

未经许可，不得以任何方式复制或抄袭本书之部分或全部内容。
版权所有，侵权必究。

图书在版编目（CIP）数据

中国人与中国文明 / 季羡林著. —— 北京：电子工业出版社，2015.10
（传统文化与国学）
ISBN 978-7-121-26157-2

Ⅰ. ①中… Ⅱ. ①季… Ⅲ. ①中国文学－当代文学－作品综合集 Ⅳ. ①I217.2

中国版本图书馆CIP数据核字（2015）第112179号

总　策　划：刘九如
责任编辑：王陶然　　　特约编辑：王佩芬
印　　　刷：三河市鑫金马印装有限公司
装　　　订：三河市鑫金马印装有限公司
出版发行：电子工业出版社
　　　　　北京市海淀区万寿路173信箱　邮编　100036
开　　　本：720×1000　1/16　印张：17　字数：212千字
版　　　次：2015年10月第1版
印　　　次：2019年4月第3次印刷
定　　　价：42.00元

凡所购买电子工业出版社图书有缺损问题，请向购买书店调换。若书店售缺，请与本社发行部联系，联系及邮购电话：（010）88254888。

质量投诉请发邮件至zlts@phei.com.cn，盗版侵权举报请发邮件至dbqq@phei.com.cn。

服务热线：（010）88258888。

丛书出版说明

品味大师的博学与精髓，是一种至高的享受和荣耀。经过认真的选择和细心的编审，我们以赤诚景仰之心，向广大读者奉上国学大师季羡林先生的《传统文化与国学》丛书。

季羡林先生出生于1911年，山东聊城市临清人，字希逋，又字齐奘。他是国际著名东方学大师、语言学家、文学家、国学家、佛学家、史学家、教育家和社会活动家。先生足迹踏遍瀛寰，一生寄情于文化，融贯东西，汇通中外。先生为人，朴实无华，无论是与之交流，还是阅读他的文字，都让人如沐春风，感悟通透。

季羡林先生学问博大精深，著述勤勉恒久，作品风赡多姿；同时，大师与20世纪共始终，经历了两个世纪的交接。明年是先生诞辰105周年，我社非常荣幸地得到季羡林先生之子季承先生的全力支持，季承先生无偿提供大师的手稿原件、印章及照片，其中很多是首次公开。我们以无比景仰的心态，从季老诸多的著作和手稿中精心择选出部分精品文章，以"传统文化与国学"为主线汇编成册，谨以此套丛书向季羡林先生诞生105周年献礼。

《传统文化与国学》丛书共为四册，分别为《传统文化之美》《民国的那些先生》《已逝去的年代》和《中国人与中国文明》。这套书提供给读者一个看人看世界的崭新视角，字里行间蕴涵着博大情怀和深刻思考，对现今追求金钱和物质的社会是一剂清醒剂，唤醒国人去寻觅自身与社会的风骨和气节。

第一册《传统文化之美》，主要辑录季羡林先生的体悟与沉思，展现国学大师对中国传统文化的特点与地位提出的新鲜、独特而高屋建瓴的精辟论点，不仅激发了我们对传统文化的怀旧之情，还将勾起我们心中家国合一的文化情怀。读者从季老的体悟与沉思里，可以更加清晰地感受到中华传统文化的精髓和东方文化的深厚底蕴，从而促使我们在全球化的语境中，坚持中华民族的文化自觉，强化文化认同，树立文化自信。

第二册《民国的那些先生》，主要收集季羡林先生与各界名流的交往及对同时代贤达的评点，展示了那个时代一批不失"硬朗"，而又"好玩""有趣"的人。他们的个性或迂或痴或狂，但内里全不失风骨、风趣或风雅，底子上都有一个"士"字守着。读着他们，我们感觉到恍若隔世；触摸历史，我们常常浩叹不已。他们就是"民国的那些先生"，他们有着与今天的学人迥然不同的风度、气质、胸襟、学识和情趣。

第三册《已逝去的年代》，是季羡林先生用真实、质朴的笔触，重述自己的多彩人生之路，展现其一生的奋斗经历和内心情感世界。这既是一部纪实自传和成长史，又折射出大师对那个时代独特的评判，如同色彩斑斓的幻灯片，从大师的镜子里反射出20世纪上半叶的社会现实。

第四册《中国人与中国文明》，主要编录了季羡林先生对中国文明发展的系列思索，紧密契合当下中华崛起、文化复兴等热点话题，探讨何为中国人、中国文化、中国精神。从中国文人的民族气节、普通中国人的习惯与特性、中国文明的理解与传承等角度，来阐述、探讨中国知识分子的精神所在。

在丛书编纂和审校过程中，我们遵照季承先生的嘱托，力求保持作品最初发表及修正定稿时的原貌，又注意根据现行语言文字规范要求订正少许文字与标点。某些字词（包括一些异形词）、标点的使用等情况，依据"保留不同时期风貌"的原则，我们未做改动与统一，尽力做到大致不差。

限于学养和编校水平，丛书中难免存在差错与遗憾，期望得到广大读者的批评指正。

电子工业出版社是国家新闻出版广电总局与工业和信息化部主管的大型出版企业，目前是我国图书出版领域排名前列的综合出版大社之一；我社在计算机、互联网等科技出版赢得领先地位的同时，最近10年深入社科大众图书出版，也建立起了较强的影响力，近期出版的《贝聿铭全集》《万物运转的秘密》《万万没想到》《京杭大运河》等图书分别获得中华优秀出版物奖、国家文津图书奖、中国好书奖等奖项。衷心期待《传统文化与国学》丛书能得到读者的厚爱。

刘九如

电子工业出版社总编辑

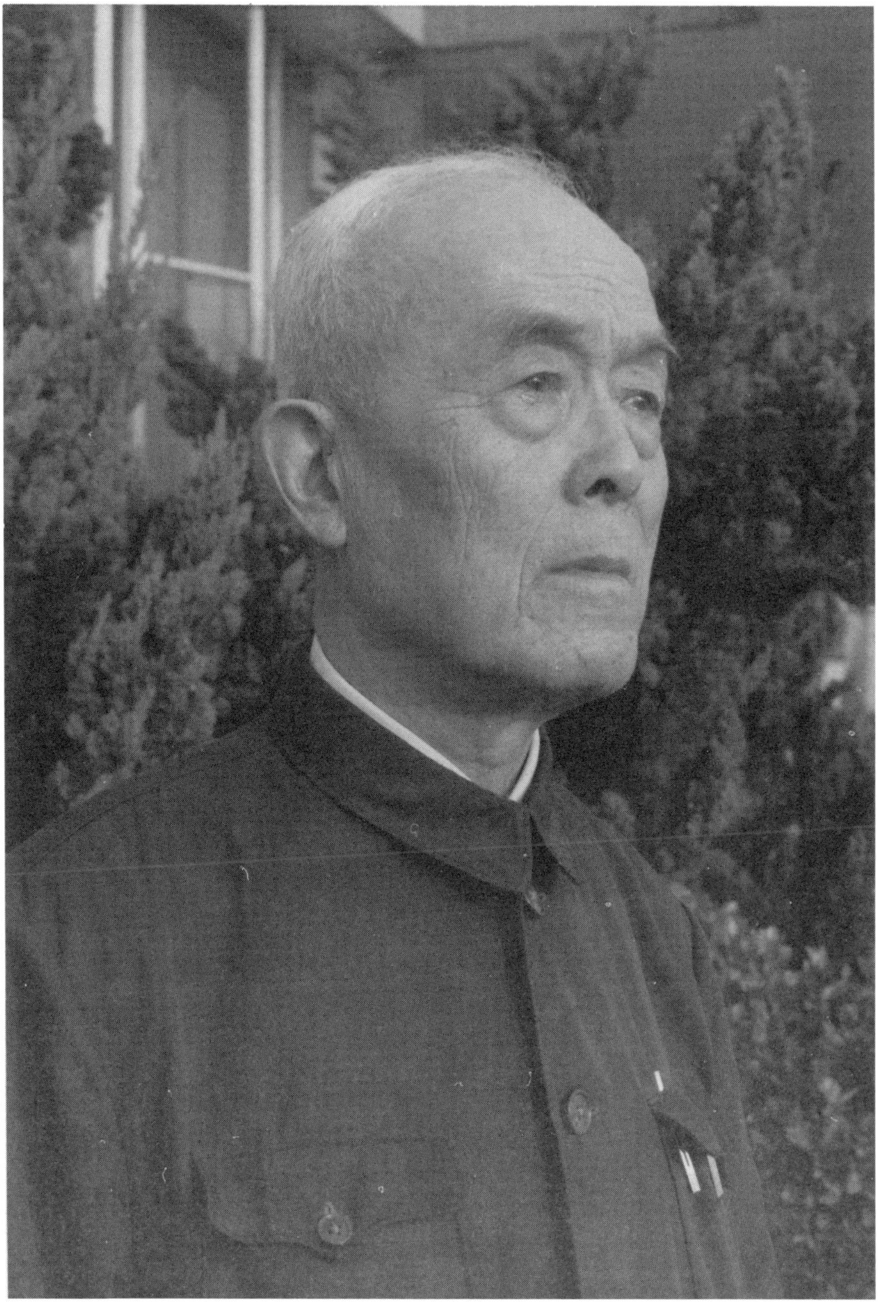

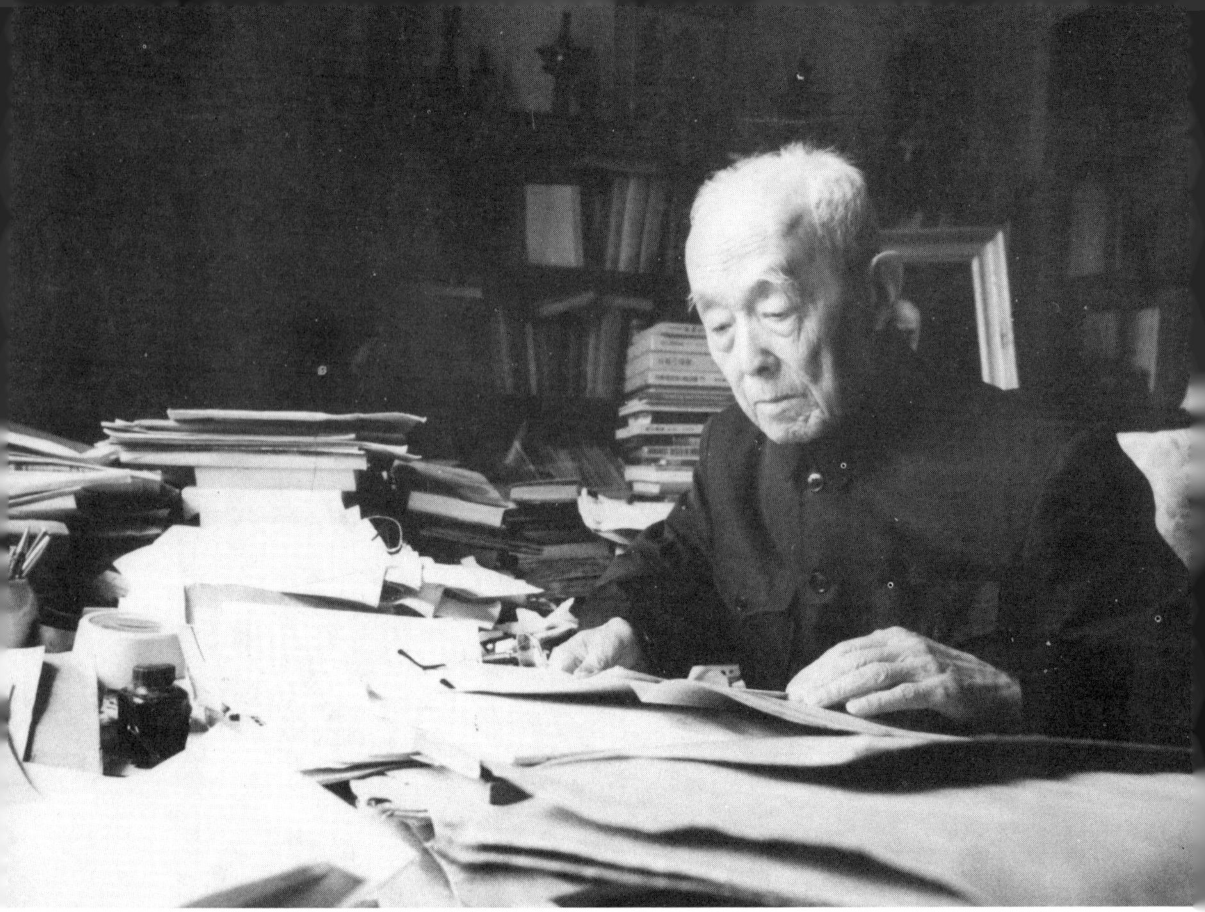
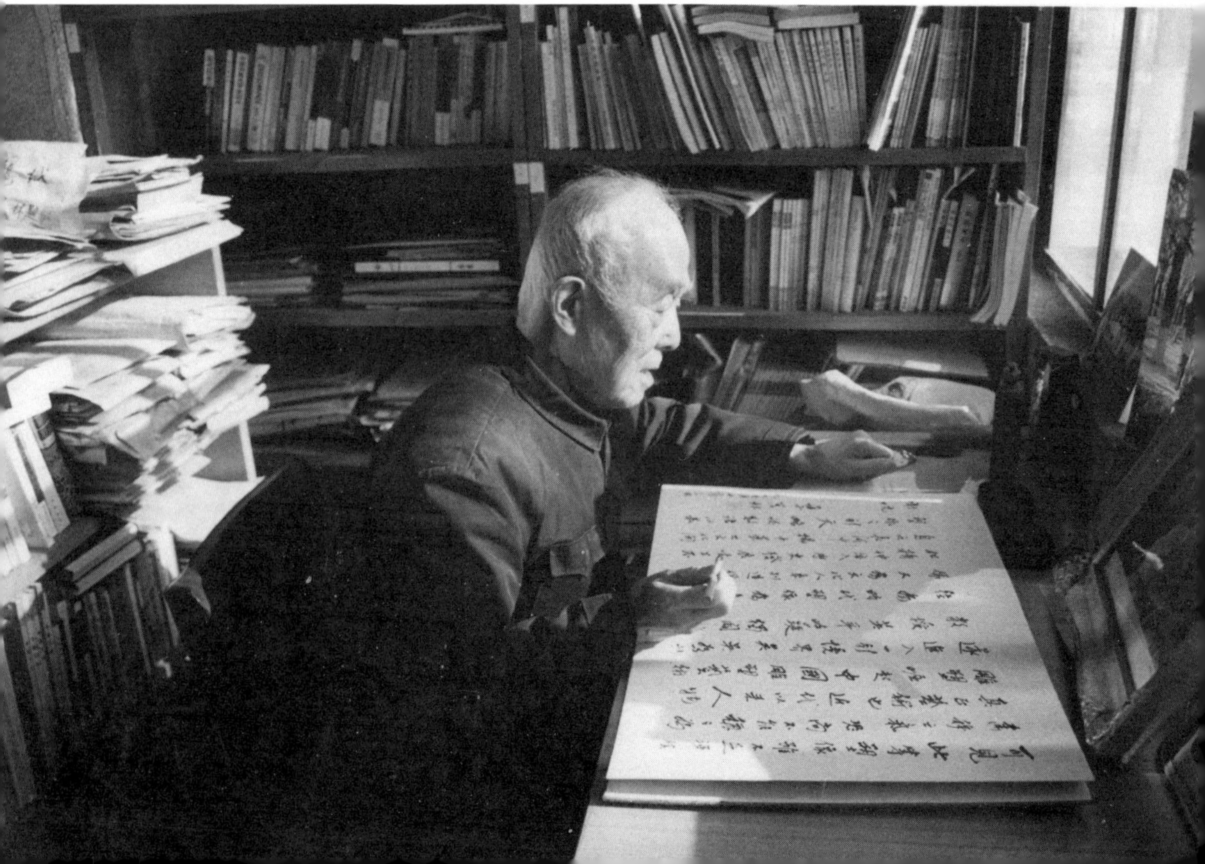

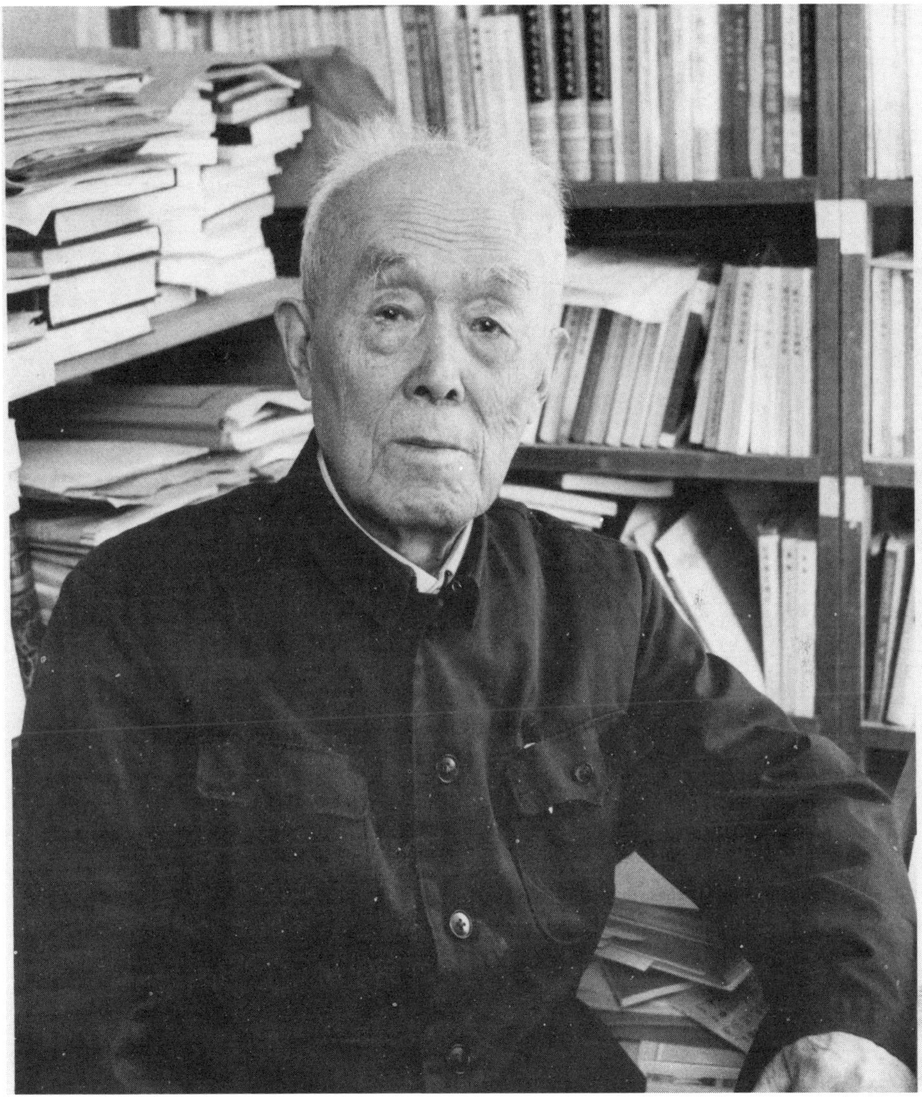

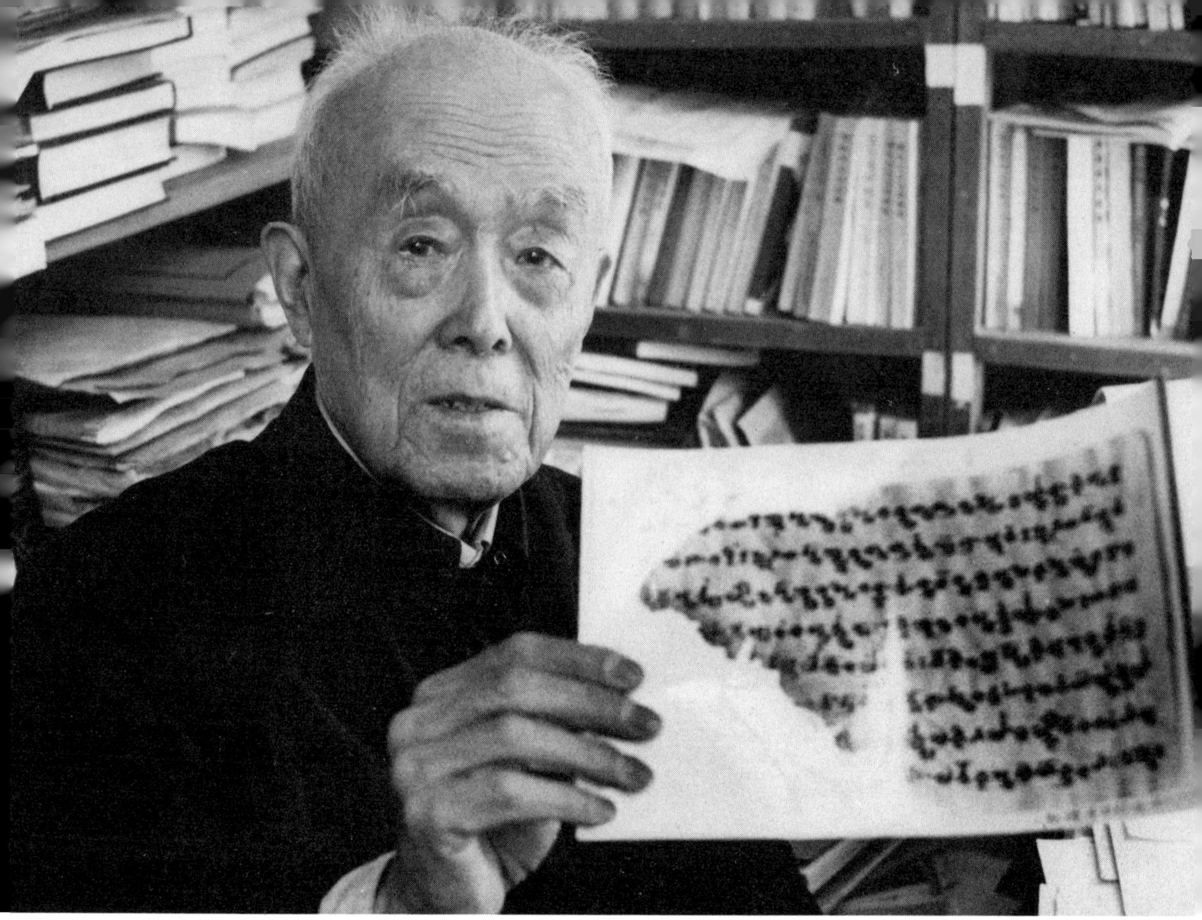

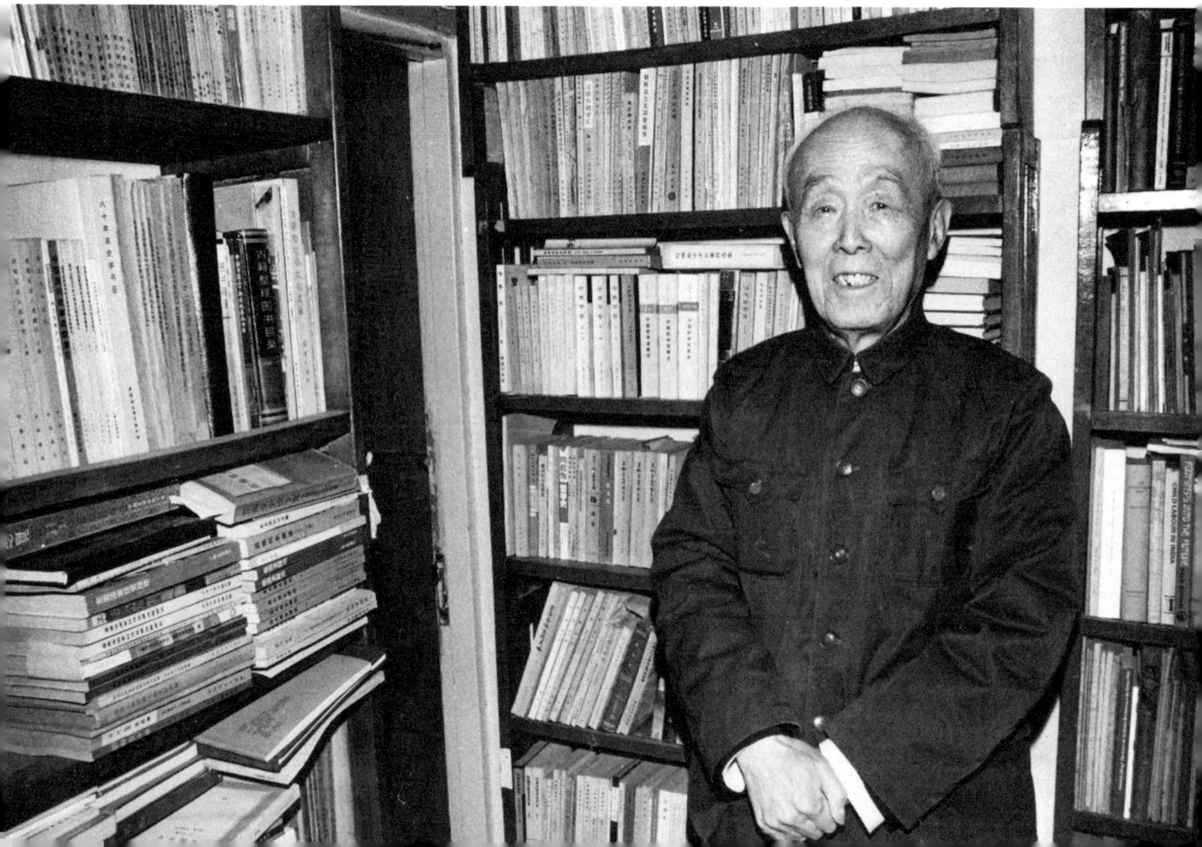
CHILD LABOUR IN INDIA

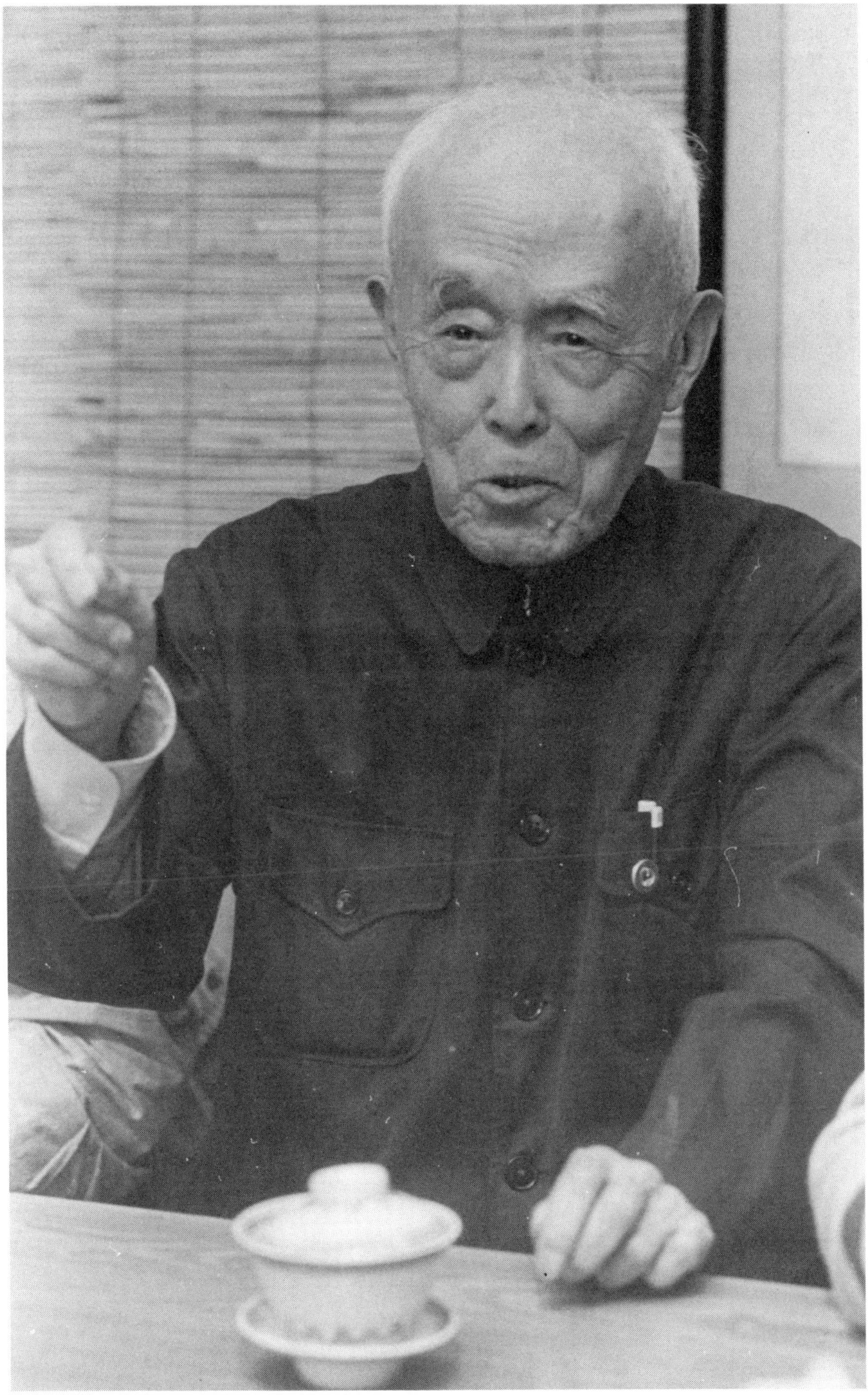

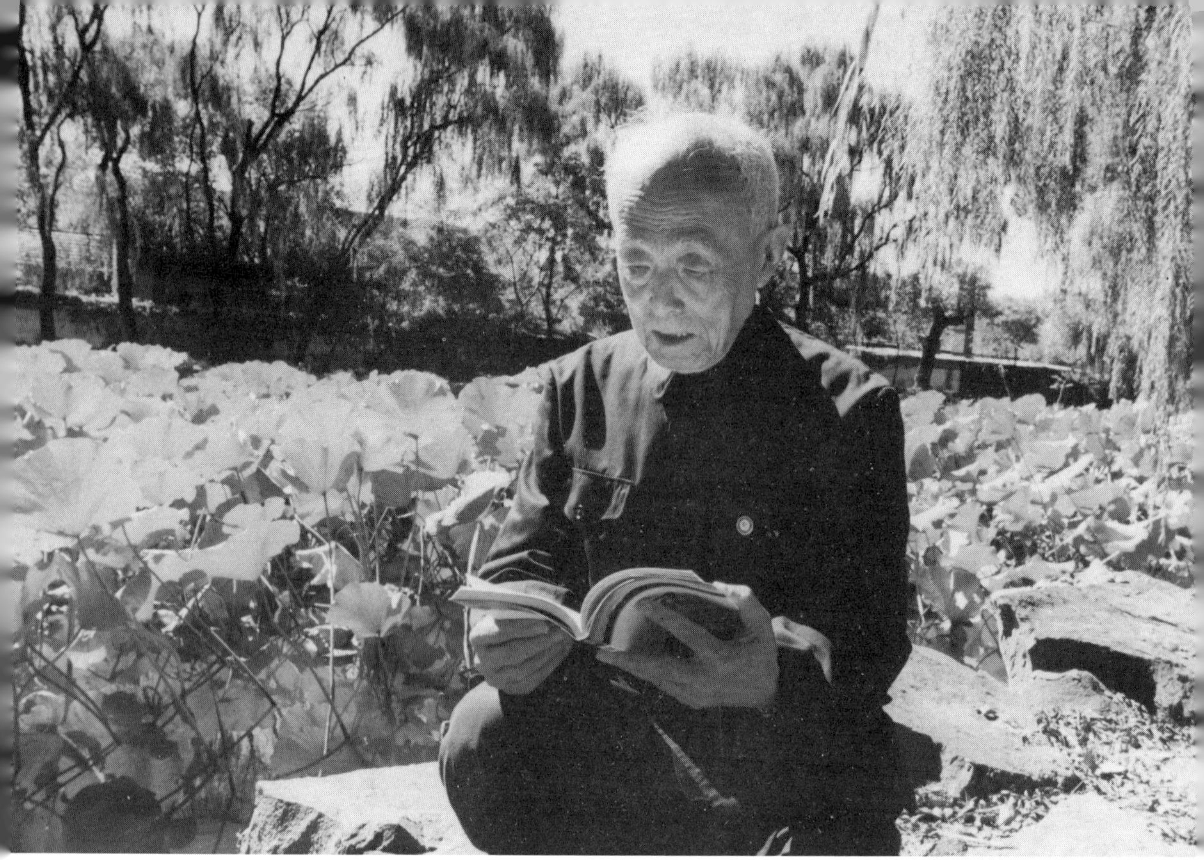

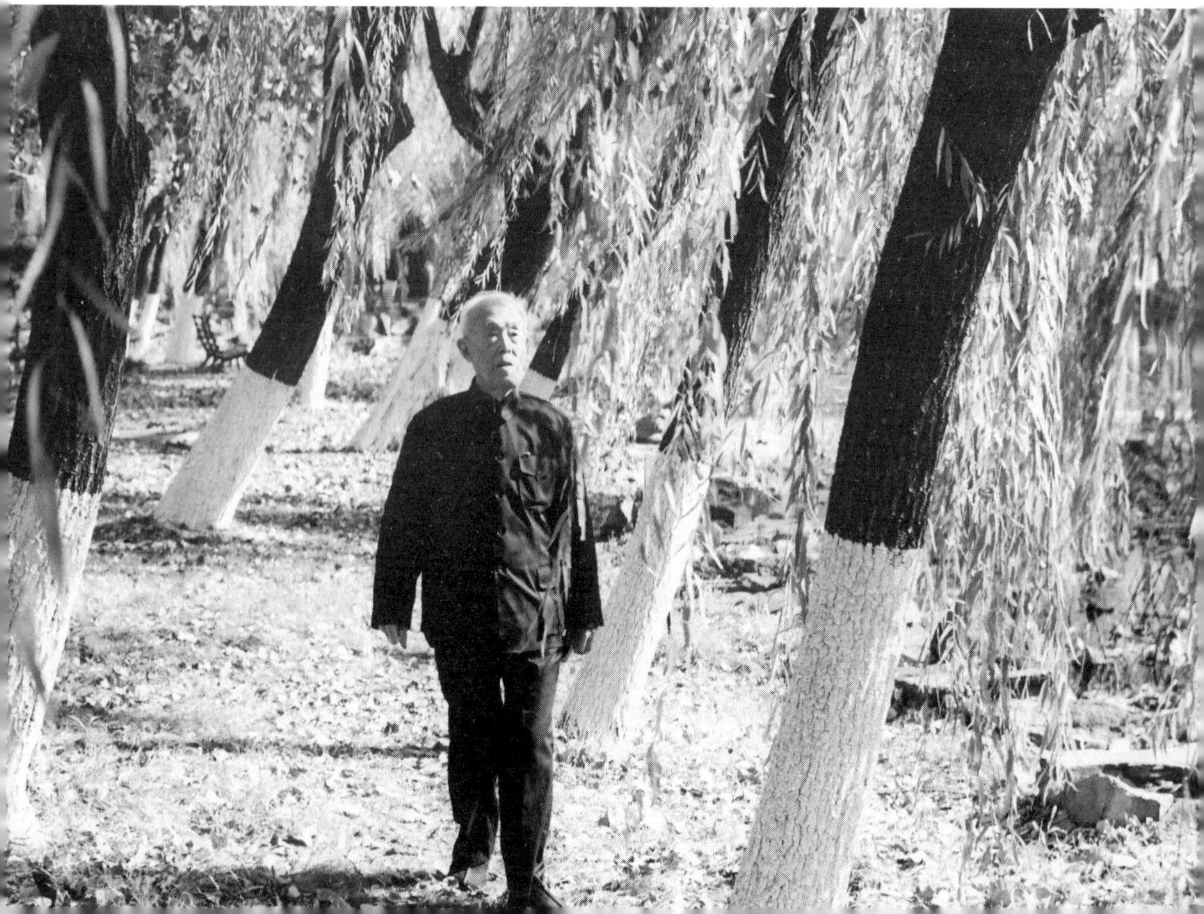

学海无涯苦作舟

季羡林

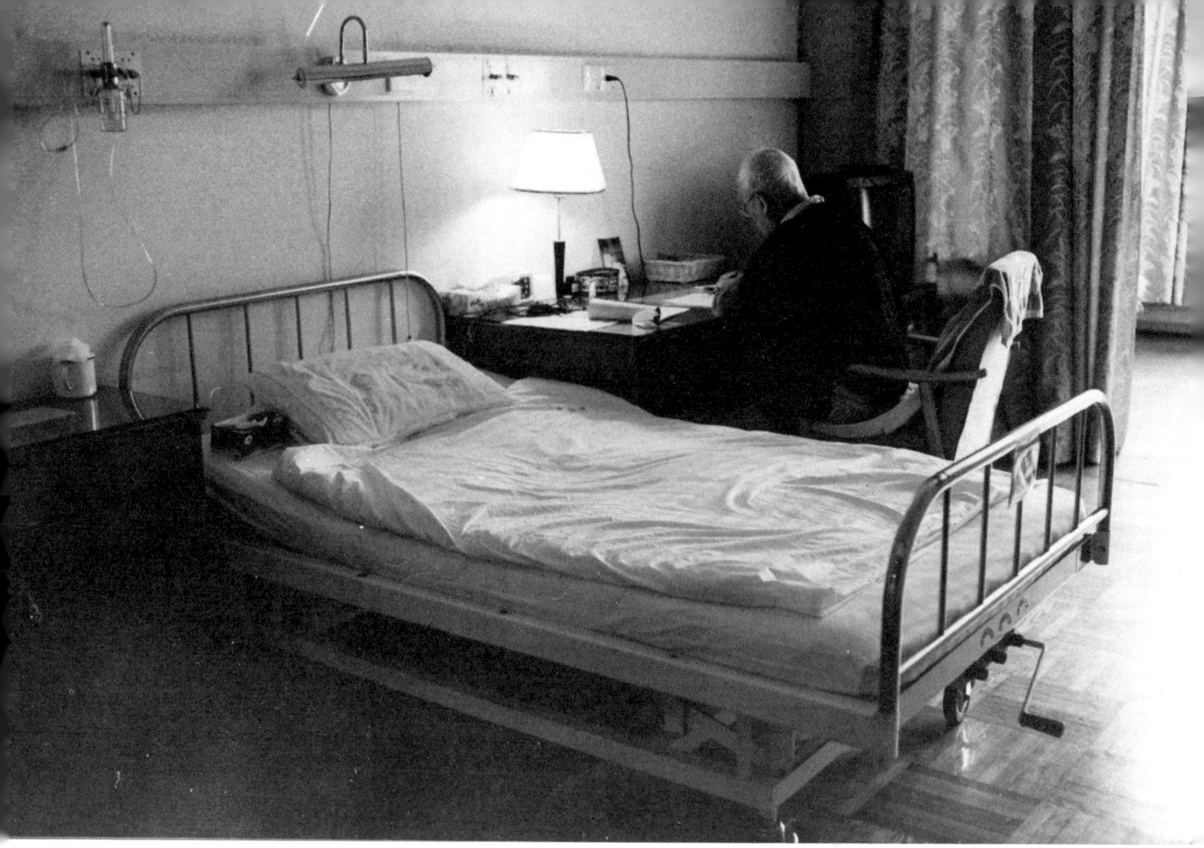

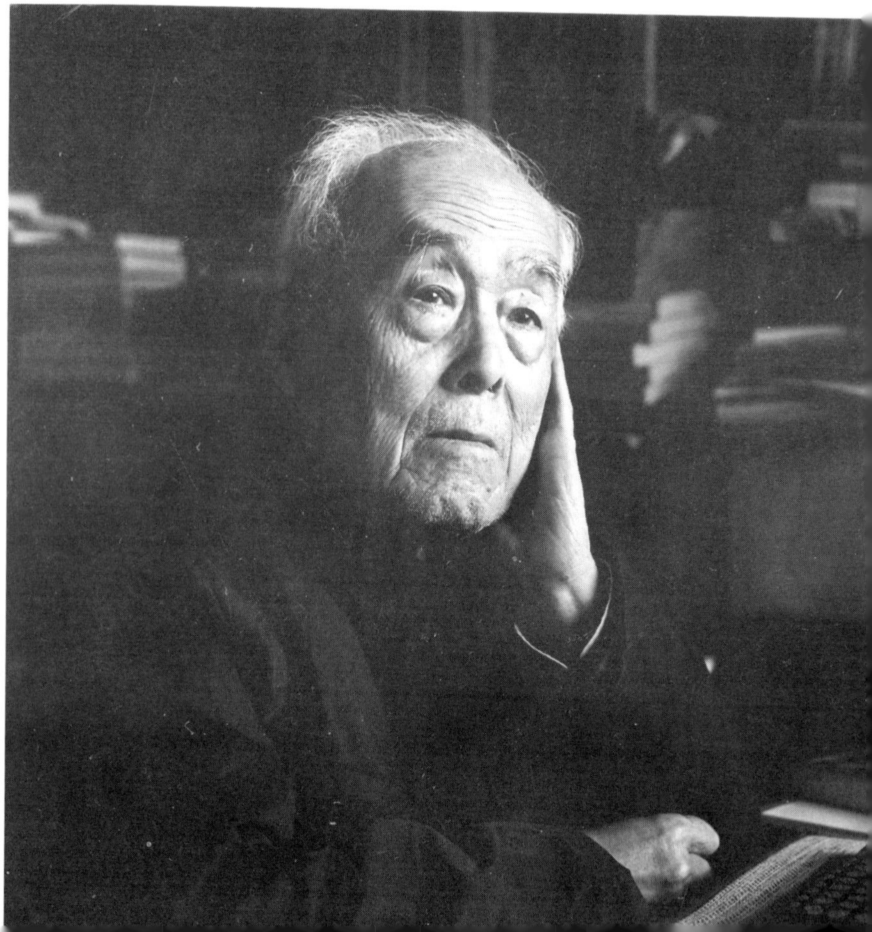

《陈瑞献选集》序

过去和现在，我在新加坡学术界和文艺界，都有一些朋友。有的鱼雁传书，切磋学问；有的过从甚密，结成了深厚的友情。我觉得，这真是人生乐事。

陈瑞献先生是新加坡文艺界的巨擘，仰望大名，心仪已久。但是直至今日，尚无缘识荆，极以为憾。现在忽然偶然得到了一个宛如自天而降的良机——陈先生要在中国出版《选集》了。承蒙垂青，邀我作序。以我庸陋，感愧交加。我愉快地承担下来了这一件工作。从此我在新加坡的朋友又增加了一个。岂非乐事中之乐事吗？

我翻看了瑞献先生的文集，欣赏了他的绘画，看了一些介绍他的文章，开始构思。按照自己的老习惯，总想先正一正名，给他去上一个什么家，然后再根据这个家的特点，生发开去，写成一篇妙（也不一定都妙）文。一般人写序言，有的也是遵照这个路数。然而，这一次我却失败了——生平等一次在这样场合下失败——，我找不到一顶现成的什么家的帽子，给他戴在头上，恰如其分，虽然我的帽子铺里现成的帽子数目是不算少的。

我迷离模糊地仿佛回到了几百年前的欧洲，

的文艺复兴时代。那时候，正如众所周知的，出了一些全面的、多才多艺的、几乎是无所不包的（universal）人才。我面对的陈瑞献先生就近乎这样的人。他是一个诗人、哲学家、画家、小说家、散文家、剧作家、评论家、学者、书法家、篆刻家、翻译家、外国文学研究者等等。在艺术范围内，他是油画家、中国写意画家、版画家，精通胶彩、纹刻，还是雕塑家。在哲学范围内，他通佛学、西洋哲学、中国哲学、美学、宗教学等等。此外他还精通饮食文化、园林艺术，他也搞服装设计。在语言方面，他精通汉语、英文。我列举了这样多"家"，看来还不足以窥陈先生之全豹。即使是这样，陈先生不是已经能够让人目迷五色、眼花缭乱了吗？

　　陈先生这样一个universal的全才，在新加坡和世界上获得很高的声誉，这全是顺理成章的。他获得了很多荣誉称号和勋章。新加坡为他修筑了一座规模庞大的"陈瑞献艺术馆"。一位评论家写道："除了称呼为天才之外，就没有别的称呼了。"中国当代大画家吴冠中先生称他为"东方青年的楷模，杰出的走黄子孙"。因为陈瑞献先生，尽管在多方面都有极高的造诣，年岁也不到五十。按中国说法，只能算是中年。

　　怎样来解释这个"陈瑞献现象"呢？

　　近若干年以来，我经常考虑东方文化与西

方文化的关系问题。我觉得，要解释"陈瑞献现象"，必须从东西方文化关系入手。

在东西方文化关系方面，我的观点不可能在这里详加阐释。简短截说，我的主要观点是：从人类文化的发展过程来看，文化交流是促进或推动人类社会发展的主要动力之一。在历史上，世界上已经产生了许多文化（有人称之为文明），但是哪一种文化也没有，而且也不可能万岁千秋。东西两大文化体系的关系是"三十年河西，三十年河东。"到了今天，我们正处在一个世纪末中，一个新世纪——二十一世纪，竟要来到我们眼前。世界上一切有识之士，在该立足于眼前的二十世纪末，而展望二十一世纪。只有这样才不至于看不清世界文化的走向，而迷离模糊陷入迷魂阵中。

带着这样的观点来看"陈瑞献现象"，就能理出一个头绪来。陈瑞献正是在东西方两大文化体系激荡冲撞中产生出来的人物，而且他身上也代表着东西方文化发展的未来。

陈先生的根虽然是在中国，然而他成长、受教育、接触社会、接受社会的薰陶感染，却是在新加坡。而新加坡无论是在地理上，还是在东西文化的冲撞上，正处在两方面的前沿阵地上。换句话说，新加坡是东西文化交光互影最显著最剧烈的地方。只有在这样的地方，才能出陈瑞献这样多才多艺几乎是全能的人物。事情不是非常明显的吗？

具体一点说，陈瑞狱献所受的教育，他受薰陶的文化环境，都是有东也有西。这一点是非常明显的。我在这里所讲的东方文化，除了包括中国文化以外，还包括印度文化。陈先生不但了解中国文化——这是他的根，而且也了解印度文化。他的一幅巨型的画，名字是 Poem on Suchness。Suchness 这个英文字翻译的是梵文原文的 Tathātā，中国古代佛典译为"真如"。陈先生以此字为名自己的画，可见他对印度佛教哲学之理解，之欣赏。而他在学术上的全面造诣，于此也可见一斑。

西方文化主宰世界已经有几百年了。它的光辉成就给世界人民带来了幸福和繁荣。这一点谁也否定不了。但是，它同时也带来了麻烦与灾难。这一点也是谁也否定不了的。死掉了几千万人的两次世界大战，不是都以西方爆发的吗？现在困扰世界人民的许多祸害，比如环境污染、大气污染、破坏自然界的生态平衡、淡水资源匮乏、新疾病的出现，甚至人口爆炸等等，都直接地或间接地同西方文化是密不可分的。这些祸害威胁着人类生存的前途。

我个人认为，世界上所有的有识之士应该有足够的明智，应该有足够的勇气，来面对这个非常严酷的现实。不面对，不承认是不行的。回避也是没有出路的。

那么，我们应该何去何从呢？

唯一的一条出路就是：三十年河东的现象再次出现：东西两大文化体系沟通融合，以东方文化的综合的思维模式济西方文化的分析的思维模式之穷；在西方文化已经达到了的已经奠定了的基础上，把人类文化的发展推向一个新的高度。只有这样，我在上面提到的那一些危害人类未来生存的灾害才有可能得到遏制，人类才能顺利地生存下去。

我觉得，在陈瑞献先生身上，这种沟通融合东西文化的倾向已经表现了出来。所以我说，他代表着东西文化发展的未来。

陈先生的国当然是新加坡，而他的文化之根则是中华。为了弘扬中华的优秀文化，为了加强中新两国人民的友谊与理解，把陈瑞献先生介绍给中国的文艺界和学术界以及全中国的人民，是非常必要的。是会受到中国人民和新加坡人民的热烈欢迎的。现在中国人民文学出版社出版了这样一套《陈瑞献选集》，虽然还不足以窥全豹，然而鼎尝一脔，豹窥一斑，已足以慰情聊胜于无了。这实在是明智之时之举，值得我们热情祝贺。我只希望把陈先生的绘画和其他方面的成就也能介绍过来。这样我们就能对陈先生了解得更全面一些。能做到这一步，则我在上面引用的吴冠中先生对陈先生赞誉的两句话："东方毕竟的榴槤，杰出的炎黄子孙"才能充分变为事实，中新两国人民的友谊也从而会更进一步加强。这难道不是非常令人欢欣鼓舞的事情吗？是为序。

季羡林

1942.11.16

目　录

竖起文人铁脊梁

访绍兴鲁迅故居　/3

一个老知识分子的心声　/7

《胡适全集》序——还胡适以本来面目　/13

陈寅恪先生的爱国主义　/39

一个真正的中国人，一个真正的中国知识分子　/47

《第一届吴宓学术讨论会论文选集》序　/55

纪念陈寅恪教授国际学术研讨会闭幕词　/58

《神州学人丛书》序　/63

为胡适说几句话　/69

周作人论——兼及汪精卫　/74

彰显本色中国人

黄色的军衣　/83

一双长满老茧的手　/87

野火　/92

母与子　/95

至美哉中华文明

上海菜市场　/ 107

《百年百篇文学经典散文卷》序　/ 109

送礼　/ 113

长城与中华民族的民族性　/ 117

《彭松书法集》序　/ 119

《长歌当啸》序　/ 122

《京剧与中国文化》序　/ 129

《中国少林寺》序　/ 131

《敦博本禅籍校录》序　/ 133

《中国飞天艺术》序　/ 136

东方文化　/ 139

成语和典故　/ 145

《跨文化丛书·外国作家与中国文化》序　/ 147

于文章中续古今

《陈瑞献选集》序　/ 155

《赵元任全集》序　/ 159

《中华姓氏大辞典》序　/ 170

《唐·吐蕃·大食政治关系史》序　/ 175

《清代海外竹枝词》序　/ 179

《中国精神》序　/ 181

《20世纪中外文学交流史》序　/ 184

《成语源流大辞典》序　/ 189

《丝绸之路贸易史研究》序　/ 196

《新编百家姓印谱》序　/ 198

《海外中国学家译文丛书》序　/ 200

对21世纪人文学科建设的几点意见　/ 205

提高高校学生人文素质的必要和可能　/ 223

《玉华宫》序　/ 227

《绍兴百镇图赞》序　/ 230

团结起来，共同前进——祝贺中国民族古文字展览开幕　/ 233

翻译　/ 236

我看北大　/ 243

竖起文人铁脊梁

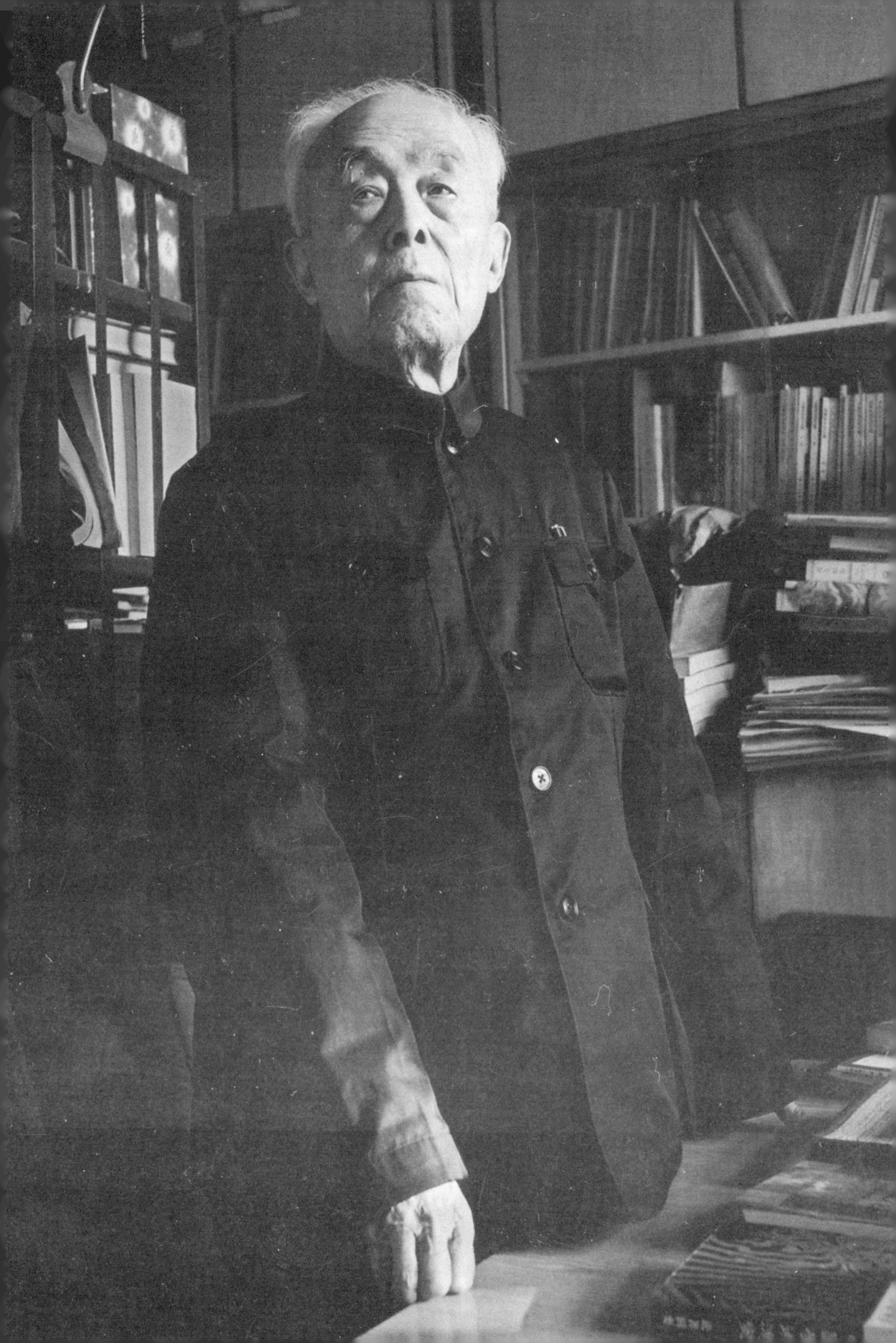

访绍兴鲁迅故居

一转入那个地上铺着石板的小胡同，我立刻就认出了那一个从一幅木刻上久已熟悉了的门口。当年鲁迅的母亲就是在这里送她的儿子到南京去求学的。

我怀着虔敬的心情走进了这一个简陋的大门。我随时在提醒自己：我现在踏上的不是一个平常的地方。一个伟大的人物、一个文化战线上的坚强的战士就诞生在这里，而且在这里度过了他的童年。

对于这样一个人物，我从中学时代起就怀着无限的爱戴与向往。我读了他所有的作品，有的还不止一遍。有一些篇章我甚至能够背诵得出。因此，对于他这个故居我是十分熟悉的。今天虽然是第一次来到这里，我却感到我是来到一个旧游之地了。

房子已经十分古老，而且结构也十分复杂，不像北京的四合院那样，让人一目了然。但是我仍觉得这房子是十分可爱的。我们穿过阴暗的走廊，走过一间间的屋子。我们看到了鲁迅祖母给他讲故事的地方，看到长妈妈在上面睡成一个"大"字的大床，看到鲁迅抄写《南方草木状》用的桌子，也看到鲁迅小时候的天堂——百草园。这都是一些普普通通的东西和地方，一点也看不出有什么神奇之处。但是，我却觉得这都是极其不平常的东西和地方。这里的每一块砖、每一寸土、桌子的每一个角、椅子的每一条腿，鲁迅都踏过、摸过、碰过。我总想多看这些东西一眼，在这些地方多流连一会。

鲁迅早已离开这个世界了。他生前，恐怕也很久没有到这一所房子里来过了。但是，我总觉得，他的身影就在我们身旁。我仿佛看到他在百草园里拔草捉虫，看到他同他的小朋友闰土在那里谈话游戏，看到他在父亲严厉监督之下念书写字，看到他做这做那。

这个身影当然是一个小孩子的身影。但是，就是当鲁迅还是一个小孩子的时候，他那坚毅刚强的性格已经有所表露。在他幼年读书的地方三味书屋里，我们看到了他用小刀刻在桌子上的那一个"早"字。故事是大家都熟悉的：有一天，他不知道是由于什么原因，上学迟到了，受到了老师的责问。他于是就刻了这一个字，表示以后一定要来早。以后他就果然再没有迟到过。

这是一件小事。然而，由小见大，它不是很值得我们深思自省吗？

这坚毅刚强的性格伴随了鲁迅一生。"他没有丝毫的奴颜和媚骨"，他一生顽强战斗，追求真理。"横眉冷对千夫指，俯首甘为孺子牛"。他对人民是一个态度，对敌人是完全不同的另一个态度。谁读了这样两句诗，不深深地受到感动呢？现在我在这一间阴暗书房里看到这一个小小的"早"字，我立刻想到他那战斗的一生。在我心目中，他仿佛成了一块铁，一块钢，一块金刚石。刀砍不断，石砸不破，火烧不熔，水浸不透。他的身影突然大了起来，凛然立于宇宙之间，给人带来无限的鼓舞与力量。

同刻着"早"字的那一张书桌仅有一壁之隔，就是鲁迅文章里提到的那一个小院子。他在这里读书的时候，常常偷跑到这里来寻蝉蜕，捉苍蝇。院子确实不大，大概只有两丈多长、一丈多宽。墙角上长着一株蜡梅，据说还是当年鲁迅在这里读书时的那一棵。按年岁计算起来，它的年龄应该有180岁了。可是样子却还是年轻得很。梗干苗壮坚挺，叶子是碧绿碧绿的。浑身上下，无限生机；看样子，它还要在这里站上一千年。在我眼中，这一株蜡梅也仿佛成了鲁迅那坚毅刚强的，威武不能屈、富贵不能淫的性格的象征。我从地上拾起了一片叶子，小心地夹在我的笔记本里。

把树叶夹在笔记本里，回头看到一直陪我们参观的闰土的孙子在对着我笑。我不了解他这笑是什么意思。也许是笑我那样看重那一片小小的叶子，也许是笑我热得满脸出汗。不管怎样，我也对他笑了一笑。我看他那壮健的体格，看他那浑身的力量，不由得心里就愉快起来，想同他谈一谈。我问他的生活情况和工作情况，他说都很好，都很满意。我这些问题其实都是多余的。从他那满脸的笑容、全身的气度来看，他生活得十分满意、工作得十分称心，不是很清清楚楚的吗？

我因此又想到他的祖父闰土。当他隔了许多年又同鲁迅见面的时候，他不敢再承认小时候的友谊，对着鲁迅喊了一声"老爷"。这使鲁迅打了一个寒噤。他给生活的担子压得十分痛苦，但却又说不出。这又使鲁迅吃了一惊。可是他的儿子水生和鲁迅的侄儿宏儿却非常要好。鲁迅于是大为感慨：他不愿意孩子们再像他那样辛苦辗转而生活，不愿意他们像闰土那样辛苦麻木而生活，也不愿意他们像别人那样辛苦恣睢而生活。他们应该有新的生活。

这样的生活鲁迅没有能够亲眼看到。但是，今天这新的生活却确确实实地成为现实了。他那老朋友闰土的孙子过的就是这样的新生活，是他们所未经生活过的。按年龄计算起来，鲁迅大概没有见到过闰土的这个孙子，但这是不重要的。重要的是，鲁迅一生为天下的

"孺子"而奋斗，今天他的愿望实现了。这真是天地间一大快事。如果鲁迅能够亲眼看到的话，他会感到多么欣慰啊！

我从闰土的孙子想到闰土，从现在想到过去。今昔一比，恍若隔世。我眼前看到的虽然只是闰土的孙子的笑容；但是，在我的心里，却仿佛看到了普天下千千万万孩子们的笑容，看到了全国人民的笑容。幸福的感觉油然流遍了我的全身。我就带着这样的感觉离开了那一个我以前已经熟悉、今天又亲眼看到的门口。

1963 年 11 月 23 日写毕

一个老知识分子的心声

按我出生的环境,我本应该终生成为一个贫农。但是造化小儿却偏偏要播弄我,把我播弄成了一个知识分子。从小知识分子把我播弄成一个中年知识分子;又从中年知识分子把我播弄成一个老知识分子。现在我已经到了望九之年,耳虽不太聪,目虽不太明,但毕竟还是"难得糊涂"。仍然能写能读,焚膏继晷,兀兀穷年,仿佛有什么力量在背后鞭策着自己,欲罢不能。眼前有时闪出一个长队的影子,是北大教授按年龄顺序排成了的。我还没有站在最前面,前面还有将近二十来个人。这个长队缓慢地向前迈进,目的地是八宝山。时不时地有人"捷足先登",登的不是泰山,而就是这八宝山。我暗暗下定决心:决不抢先加塞,我要鱼贯而进。什么时候鱼贯到我面前,我就要含笑挥手,向人间说一声"拜拜"了。

干知识分子这个行当是并不轻松的。在过去七八十年中,我尝够酸甜苦辣,经历够了喜怒哀乐。走过了阳关大道,也走过了独木小桥。有时候,光风霁月;有时候,阴霾蔽天;有时候,峰回路转;有时候,柳暗花明。金榜上也曾题过名,春风也曾得过意,说不高兴是假话。但是,一转瞬间,就交了华盖运,四处碰壁,五内如焚。原因何在呢?古人说:"人生识字忧患始。"这实在是见道之言。"识字"，当然就是知识分子了。一戴上这顶帽子，"忧患"就开始向你奔来。是不是杜甫的诗，"儒冠多误身"？"儒"，当然就是知识分子了，一戴上儒冠就倒霉。我只举这两个小例子，就可以知道，中国古代的知识分子们早就对自己这一行腻味了。"诗必穷而后工"，连作诗都必须先"穷"。"穷"并不是一定指的是没有钱，主要指的也是倒霉。不倒霉就作不出好诗，没有切身经历和宏观观察，能说得出这样的话吗？司马迁《太史公自序》说："昔西伯拘羑里，演《周易》；孔子厄陈蔡，作《春秋》；屈原放逐，著《离骚》；左公失明，厥有《国语》；孙子膑脚，而论兵法；不韦迁蜀，世传《吕览》；韩非囚秦，《说难》《孤愤》；《诗》三百篇，大抵圣贤发愤之所为作也。"司马迁算了一笔清楚的账。

世界各国应该都有知识分子。但是，根据我七八十年的观察与思考，我觉得，既然同为知识分子，必有其共同之处，有知识，承担延续各自国家的文化的重任，至少这两点必然是共同的。但是不同之处却是多而突出。别的国家先不谈，我先谈一谈中国历代的知识分子，中国有五六千年或者更长的文化史，也就有五六千年的知识分子。我的总印象是：中国知识分子是一种很奇怪的群体，是造化小儿加心加意创造出来的一种"稀有动物"。虽然十年浩劫中，他们被批为"一心只读圣贤书"的"修正主义"分子。这实际上是冤枉的。这样的人不能说没有，但是，主流却正相反。几千年的历史可以证明，中国知识分子最关心时事，最关心政治，最爱国。这最后一点，是由中国历史环境所造成的。在中国历史上，没有哪一天没有虎视眈眈伺机入侵的外敌。历史上许多赫然有名的皇帝，都曾受到外敌的欺侮。老百姓更不必说了。存在决定意识，反映到知识分子头脑中，就形成了根深蒂固的爱国心。"天下兴亡，匹夫有责"，不管这句话的原形是什么样子，反正它痛快淋漓地表达了中国知识分子的心声。在别的国家是没有这种情况的。

然而，中国知识分子也是极难对付的家伙。他们的感情特别细腻、锐敏、脆弱、隐晦。他们学富五车，胸罗万象。有的或有时自高自大，自以为"老子天下第一"；有的或有时却又患了弗洛伊德（？）讲的那一种"自卑情结"（inferiority complex）。他们一方面吹嘘想"通古今之变，究天人之际"，气魄贯长虹，浩气盈宇宙；有时却又为芝麻绿豆大的一点小事而长吁短叹，甚至轻生，"自绝于人民"。关键问题，依我看，就是中国特有的"国粹"——面子问题。"面子"这个词儿，外国文没法翻译，可见是中国独有的。俗话里许多话都与此有关，比如"丢脸""真不要脸""赏脸"，如此等等。"脸"者，面子也。中国知识分子是中国国粹"面子"的主要卫道士。

尽管极难对付，然而中国历代统治者哪一个也不得不来对付。古代一个皇帝说："马上得天下，不能马上治之！"真是一针见血。创业的皇帝绝不会是知识分子，只有像刘邦、朱元璋等这样一字不识的，不顾身家性命，"厚"而且"黑"的，胆子最大的地痞流氓才能成为开国的"英主"。否则，都是磕头的把兄弟，为什么单单推他当头儿？可是，一旦创业成功，坐上金銮宝殿，这时候就用得着知识分子来帮他们治理国家。不用说国家大事，连定朝仪这样的小事，刘邦还不得不求助于知识分子叔孙通。朝仪一定，朝廷井然有序，共同起义的那一群铁哥儿们，个个服服帖帖，跪拜如仪，让刘邦"龙心大悦"，真正尝到了当皇帝的滋味。

同面子表面上无关实则有关的另一个问题，是中国知识分子的处世问题，也就是隐居或出仕的问题。中国知识分子很多都标榜自己无意为官，而实则正相反。一个最有典型意义又众所周知的例子就是

"大名垂宇宙"的诸葛亮。他高卧隆中，看来是在隐居，实则他最关心天下大事。他的"信息源"看来是非常多的，否则，在当时既无电话电报，甚至连写信都十分困难的情况下，他怎么能对天下大势了如指掌，因而写出了有名的《隆中对》呢？他经世之心昭然在人耳目，然而却偏偏让刘先主三顾茅庐然后才出山"鞠躬尽瘁"。这不是面子又是什么呢？

我还想进一步谈一谈中国知识分子的一个非常古怪、很难以理解又似乎很容易理解的特点。中国古代知识分子贫穷落魄的多，有诗为证："文章憎命达。"文章写得好，命运就不亨通；命运亨通的人，文章就写不好。那些靠文章中状元、当宰相的人，毕竟是极少数。而且中国文学史上根本就没有哪一个伟大文学家中过状元。《儒林外史》是专写知识分子的小说。吴敬梓真把穷苦潦倒的知识分子写活了。没有中举前的周进和范进等的形象，真是入木三分，至今还栩栩如生。中国历史上一批穷困的知识分子，贫无立锥之地，绝不会有面团团的富家翁相。中国诗文和老百姓嘴中有很多形容贫而瘦的穷人的话，什么"瘦骨嶙峋"，什么"骨瘦如柴"，又是什么"瘦得皮包骨头"，等等，都与骨头有关。这一批人一无所有，最值钱的仅存的"财产"就是他们这一身瘦骨头。这是他们人生中最后的一点"赌注"，轻易不能押上的，押上一输，他们也就"涅槃"了。然而他们却偏偏喜欢拼命，喜欢拼这一身瘦老骨头。他们称这个为"骨气"。同"面子"一样，"骨气"这个词儿也是无法译成外文的，是中国的国粹。要举实际例子的话，那就可以举出很多来。《三国演义》中的祢衡，就是这样一个人，结果被曹操假手黄祖给砍掉了脑袋瓜。近代有一个章太炎，胸佩大勋章，赤足站在新华门外大骂袁世凯，袁世凯不敢动他一根毫毛，只好钦赠美名"章疯子"，聊以挽回自己的一点面子。

中国这些知识分子，脾气往往极大。他们又仗着"骨气"这个法宝，敢于直言不讳。一见不顺眼的事，就发为文章，呼天叫地，痛哭流涕，大呼什么"人心不古，世道日非"，又是什么"黄钟毁弃，瓦釜雷鸣"。这种例子，俯拾即是。他们根本不给当政的最高统治者留一点面子，有时候甚至让他们下不了台。须知面子是古代最高统治者皇帝们的命根子，是他们的统治和尊严的最高保障。因此，我就产生了一个大胆的"理论"：一部中国古代政治史至少其中一部分就是最高统治者皇帝和大小知识分子互相利用又互相斗争，互相对付和应付，又有大棒，又有胡萝卜，间或甚至有剥皮凌迟的历史。

在外国知识分子中，只有印度的同中国的有可比性。印度共有四大种姓，为首的是婆罗门。在印度古代，文化知识就掌握在他们手里，这个最高种姓实际上也是他们自封的。他们是地地道道的知识分子，在社会上受到普遍的尊敬。然而却有一件天大的怪事，实在出人意料。在社会上，特别是在印度古典戏剧中，少数婆罗门却受到极端的嘲弄和污蔑，被安排成剧中的丑角。在印度古典剧中，语言是有阶级性的。梵文只允许国王、帝师（当然都是婆罗门）和其他高级男士们说，妇女等低级人物只能说俗语。可是，每个剧中都必不可缺少的丑角也竟是婆罗门，他们插科打诨，出尽洋相，他们只准说俗语，不许说梵文。在其他方面也有很多嘲笑婆罗门的地方。这有点像中国古代嘲笑"腐儒"的做法。《儒林外史》中就不缺少嘲笑"腐儒"——也就是落魄的知识分子——的地方。鲁迅笔下的孔乙己也是这种人物。为什么中印同出现这个现象呢？这实在是一个有趣的研究课题。

我在上面写了我对中国历史上知识分子的看法。本文的主要目的就是写历史，连鉴往知今一类的想法我都没有。倘若有人要问："现在怎样呢？"因为现在还没有变成历史，不在我写作范围之内，所以我不答复，如果有人愿意去推论，那是他们的事，与我无干。

最后我还想再郑重强调一下：中国知识分子有源远流长的爱国主义传统，是世界上哪一个国家也不能望其项背的。尽管眼下似乎有一点背离这个传统的倾向，例证就是苦心孤诣千方百计地想出国，有的甚至归化为"老外"，永留不归。我自己对这个问题的看法是：这只能是暂时的现象，久则必变。就连留在外国的人，甚至归化了的人，他们依然是"身在曹营心在汉"，依然要寻根，依然爱自己的祖国。何况出去又回来的人渐渐多了起来呢？我们对这种人千万不要"另眼相看"，当然也大可不必"刮目相看"。只要我们国家的事情办好了，情况会大大地改变的。至于没有出国也不想出国的知识分子占绝对的多数。如果说他们对眼前的一切都很满意，那不是真话。但是爱国主义在他们心灵深处已经生了根，什么力量也拔不掉的。甚至泰山崩于前，迅雷震于顶，他们会依然热爱我们这伟大的祖国。这一点我完全可以保证。只举一个众所周知的例子，就足够了。如果不爱自己的祖国，巴老为什么以老迈龙钟之身，呕心沥血来写《随想录》呢？对广大的中国老、中、青知识分子来说，我想借用一句曾一度流行的，我似非懂又似懂得的话：爱国没商量。

我生平优点不多，但自谓爱国不敢后人，即使把我烧成了灰，每一粒灰也还是爱国的。可是我对于当知识分子这个行当却真有点谈虎色变。我从来不相信什么轮回转生。现在，如果让我信一回的话，我就恭肃虔诚祷祝造化小儿，下一辈子无论如何也别再播弄我，千万别再把我弄成知识分子。

1995 年 7 月 18 日

《胡适全集》序
——还胡适以本来面目

在中国近百年来的学术史上、思想史上、文化史上、文学史上，甚至教育史上，胡适都是一个举足轻重的人物，一个矛盾重重的人物，一个物议沸沸扬扬的人物，一个很值得研究而非研究不行的人物。

最近安徽教育出版社决定出版约莫有两千万字的《胡适文集》，征序于我。我没有怎样考虑，便轻率地答应了下来。现在说是轻率，但在当时并没有一点轻率的感觉，反而觉得确有点把握。因为我从中学起，一直到大学，到留学，到回国任教，胡适的著作从《尝试集》《胡适文存》起，一直到《胡适论学近著》，再加上报纸杂志上他的那一些政论文章都读过，有的还读了不止一遍。对他的学术造诣以及对政治和社会问题的看法，自己觉得颇有把握。在另一方面，在40年代后半期，我作为北京大学的一个系主任，同作为校长的胡适，经常有接触的机会，请示汇报，例所难免。在学术的研究方面，我同他一样，都推崇考据之学，颇能谈得来。从而对他的为人，待人接物，应对进退，有充足的感性认识。有了这两个方面，为他的《全集》写序，心里是觉得颇有底儿的，答应下来，难道还能算是轻率吗？

但是，一旦静心构思，准备动笔，我才憬然顿悟：自己答应的真是过于轻率了。我平时写东西，下笔颇快。这一次我却想一改旧习，学一学我的老祖宗季文子，要"三思而后行"，想把序写得好一点，写出一点水平来。适逢当今学坛突然掀起一股"胡适热"，仅就我视线所及，已经有十多种关于胡适的论著和胡适本人的著作出版问世。我觉得，要想写好这一篇序，必须熟读今贤书，从他们的书中吸取营养，扩大自己的眼界，开拓自己的思路。这个想法不能说不正确。古代中外许多圣贤不都提倡多闻吗？

于是我就多方搜求，得到了十几种胡适的书和关于胡适的书，整整齐齐，罗列案头，准备一一阅读，然后下笔，定能彩笔生花，写出一篇美妙的序文来。读了第一本，觉得获得了很多知识，心里甜丝丝的。读了第二本，又觉得增长了很多知识，心里又甜丝丝的。记得外国什么哲学家说过，读别人的书，好像是让别人在自己的脑袋里跑马。跑第一次马时，我觉得跑得好，跑得有道理。跑第二次马时，我就觉得有点不对头。比方说，第一次跑马，马头向东。第二次跑马，马头却突然转而向西。究竟是向东对呢，还是向西对？我有点糊涂起来了。我这"糊涂"并不"难得"，是于无意中得之的。在糊涂中，我自己暗自思忖：如果第三次跑马而马头向南，第四次跑马而马头向北，我脑袋里岂非天下大乱了吗？这样一来，我将茫然，懵然，无所适从，我将完全处于被动的地位，变成一位呆子。

我于是下定决心，当机立断，把案头的书推开，除了偶尔翻阅一下以外，不再从头认真细读。与其让别人在自己脑袋里跑马，何不让自己跑几趟马呢？此时，我仿佛成了菩提树下的如来佛，尘障全逝，本性固融，丢掉了桎梏，获得了大自在。

且看我跑出些什么结果来。

胡适在中国近百年来学术史思想史上的地位

中国近百年来的学术史，也可以说是20世纪的学术史，究竟应该怎样分期，我还没有读到并世贤哲们的著作。我自己在这方面决不敢以内行自居，本着"半瓶子醋晃荡"的原则，提出自己的看法。学术总是脱离不开政治的，以政治环境为纲，我想把20世纪的中国学术史分为五个阶段：

（一）1901—1911年

（二）1911—1919年

（三）1919—1949年

（四）1949—1978年

（五）1978—现在

我在下面试着加以简略的分析。

我觉得，要想探索中国近百年来的学术史，必须抓住三条线索或者三条脉络：一条是遵守乾嘉诸老的以考据为基础的治学方法；一条是利用西域和敦煌新发现或新出土的古代典籍和文物；一条是——利用美国学者费正清的现成的话——"中国对西方的反应"（China is response to the west）。第一条和第三条都明白易懂。只有第二条需要加点解释。中国学术史上——我想，世界学术史也一样——有一种现象或者甚至一条规律：有新材料发现，就能把学术研究向前推进一步，在学术史上形成一个新的阶段或新的时代。这样的例子，中外都不缺乏。在中国学术史上，最新的一次材料大发现，就是西域考古成果和敦煌遗书。关于这个问题，王静安先生做过演讲，而且他自己就是身体力行的人。陈寅恪先生在《王静安先生遗书·序》（见《金明馆丛稿二编》）一文中说："然详绎遗书，其学术内容及治学方法，殆可举三目以概括之者。一曰取地下之实物与纸上之遗文互相释证。……二曰取异族之故书与吾国之旧籍互相补正。……三曰取外来之观念，与固有之材料互相参证。"这真可谓要言不烦。以简单明了的三目概括了王静安一生"几若无涯岸之可望"的治学范围和治学方法，真是大手笔。寅恪先生的第一目和第二目，相当于我上面说的第二条，第三目相当于我说的第三条，大家一看就可以明白。

我在下面分析我提出来的五个阶段时，就以陈先生的三目为纲。只有提纲，才能挈领。我的分析当然以适之先生为主，因为我不是在写《中国近百年来学术史》，而是写《胡适全集》的序。在五个阶段中，第一阶段与胡适关系不大，那时他还是青年学生。第二阶段则与他关系至大，他是这一阶段的主角。第三阶段他仍然演重要的角色。第四阶段他居住在台湾和美国，几与大陆学术界脱离。第五阶段则他已去世，没有可能再扮演什么角色了。岁月流转，时移世变，对陈先生的三目必须有所增添。这是很自然的事，用不着多加解释了。

以下就是分析。

第一阶段

虽然清王朝已朝不虑夕，但仍然有一个太后和两个皇帝坐在宝座上，发号施令，天下依然是大清帝国的天下。这种政治环境不能不对人们的心态起着作用。

在这期间，乾嘉诸老的考据学风对一些学者仍有影响。学术界的一些领袖人物，像章太炎、梁启超等忙着以不同的形式进行反满的活动，想重振大汉之天声，对学术研究不能不有所忽视，研究成果难以出现。但是，正在同时，由西方人进行的西域考古则硕果累累，而敦煌遗书的发现者最初也是西方人。北京的学者们虽已有所闻，但他们中之奸猾腐败者，只知窃取，据为己有，而不知研究利用，与西方学人根本对立。在学术研究方面根本谈不到对西方的反应。

在这一阶段，胡适还是一个少年，谈不上什么参与。

第二阶段

1911年，辛亥革命成功。不管对这个成功如何评价，反正北京已把皇帝改成总统（最初叫普理玺天德），五族共和了，中国几千年来的封建统治结束了。这种政治环境也必然对中国人民——学者当然也包括在里面——的心态起着作用。在政治上，共和了没有多久，洪宪复辟的丑剧就出台而后又迅速地覆灭。接着来了军阀混战，民不聊生。在学术文化圈子里，老一辈的领袖人物，如章太炎、严复、康有为、梁启超等等，都有点功成身退的意味，一点也不活跃，在这一阶段的前一半，几乎成了真空，然而却给胡适准备好了活动舞台。

胡适于1910年赴美留学，先学农，后改文学，又改哲学。在文学和哲学中，他如鱼得水，欢游自如，找到了安身立命之地。初到美国时，他对美国政治感到极大的兴趣，并且亲自参加一些活动，达到如疯如狂的地步。因此，终其一生他认为美国式的民主政治是最好的政治，这里就埋下了他既反对共产党的政治，也反对国民党的政治之根。在哲学思想方面，他的最高理想就是杜威实验主义，也可以说是终生以之的。在学术研究方面，从他所写的三篇最早的文章——《〈诗〉三百篇言字解》《尔汝篇》《吾我篇》——中，依稀可以看见乾嘉诸大师的考据学对他的影响，他也是终生服膺增加了一点新成分的考据学，他有时称之为"科学方法"。

胡适于1917年回国。他虽然去国七年之久，但是对国内的情况，他还是相当清楚的。他回国后看到的是一个民生凋敝、政治混乱的局面。学术界几乎是一片荒芜，好像是等待着他来一试身手，大显身手。他一不颓唐，二不郁闷，而是精神抖擞，投入到祖国的改造中去。他带回来的是满脑袋的西方，特别是美国的思想。从对西方的反应这个角度上看，这是最激烈的时候，激烈地向西方倾斜。胡适的思想实际上是"全盘西化"的思想。陈独秀于1915年在上海创办的《新青年》，可以说是为胡适准备好了一片活动场所。1917年，胡适的石破天惊的文章《文学改良刍议》，就发表在《新青年》1917年1月号上。这是中国近代"文艺复兴"的第一声响炮，影响深远。胡适原意是掀起一场新文化的运动，然而最终却变成了一场声势浩大的政治运动，胡适对此曾多次表示不满。胡适因此以二十多岁的青年"暴得大名"。

总之，第二阶段的后半期，胡适意气风发，主宰了当时的文坛和学坛。

第三阶段

在这一阶段的前半期，胡适仍然是中国学术界和思想界的主将，同时他又涉足政治，发表了一些政论文章。在学术研究方面，乾嘉诸老的考据学对他仍有极大的影响。他锐意弘扬自己的"科学方法"。最著名的两句话"大胆的假设，小心的求证"，是他津津乐道而又人所共知的。西域考古资料，他不甚措意。敦煌遗书也仅仅利用了一点关于神会和尚的资料。而在同时，中国学术界的诸大师，如王国维、陈寅恪等等则精心利用地下发掘出来的资料和敦煌遗书，写出了超越欧洲和日本学者水平的文章。在对西方的反应方面，胡适一仍旧贯，向西方，特别是向美国倾斜，在学术方面和政治方面，都是如此。

第四阶段

此时中华人民共和国已经建立。胡适逃出了大陆，有时住在美国，有时住在台湾。在台湾，他并没有受到青睐，有时还遭到批判。在大陆，从50年代中期起，他遭到严厉的批判，成为著名的"反面教员"。对学术界的正面影响，可以说是一点也没有，有人甚至谈胡色变，在大陆，胡适时代早已经结束了。胡适毕竟还是一个爱国者，不愿老死异乡的美国，晚年回到了台湾，刚过古稀之年，就走完了自己的人生历程。

第五阶段

1978年中国大陆上执行了改革开放的方针以后，经济上发生了天翻地覆的变化。文化界和学术界，也在多年窒息之后，从外面吹进了一股新风。中国的知识分子，被除掉了桎梏，思想活泼起来。在学术研究方面，敦煌学取得了辉煌的成绩，吐鲁番学也初具规模，一批年轻学人脱颖而出，预示出中国学术万紫千红、繁花似锦的时期即将在新的一个世纪内来临。对西方的反应是积极的。我们既主张拿来主义，也推行送去主义，这给我们带来了莫大的益处。胡适虽然早已离开了人世，但在这一股和煦的春风吹拂中，学术界正掀起一股"胡适热"，关于胡适的著作已经出版了十几种。胡适自己的著作也陆续出版，《胡适全集》即将出版，这将是胡适研究、的登峰造极之举。对胡适的评价，也一反过去那种僵化死板的教条主义，转向比较实事求是的、公平合理的康庄大道。还胡适以本来面目，此其时矣。

作为学者的胡适

我认为,胡适首先是一个学者,所以我把评估他的学术成就列为第一项。这里用"评估"二字,似乎夸大了一点,只能说是我对他的学术成就的印象而已。而且学者和思想家往往紧密相连,你中有我,我中有你。硬分为二,是不得已之举。其间界限是十分模糊的。

我不是写《胡适传》,我不想把他的学术著作一一罗列。如果举书名的话,也不过是为了便于说明问题。我想把他的学术著作粗略地分为六大类:

(一)早年的《〈诗〉三百篇言字解》《尔汝篇》《吾我篇》;

(二)整理国故和国学研究;

(三)以《说儒》为中心的《胡适论学近著》;

(四)关于神会和尚的研究;

(五)关于《水经注》的研究;

(六)为许多旧的长篇小说写序、作考证,一直到新红学、《白话文学史》和《哲学史》等。

这六大类约莫可以概括他的学术研究范围。

我对以上六大类都不一一做细致的论述和分析。我只根据我在上面划分中国近百年学术史的阶段时提出来的三条线索或者三条脉络,来笼统地加以概括,第一类中的三篇文章,明显地表现出来了,它们一方面受到了乾嘉考据的影响,另一方面又受到了西方语言研究的影响,特别是"吾""我""尔""汝"这几个人称代词。汉字是没有曲折变化的,完全不像西方那样。在西方语言中,人称代词有四格——主格、宾格、所有格和受事格——从字形上来看,泾渭分明,而汉字则不然,格变只能表现在字变上。这一点很容易为不通西语者所疏忽。胡适至少通英语，对此他特别敏感，所以才能写出这样的文章。胡适自己说：

我那时对归纳法已经发生了兴趣，也有所了解，至少我已经知道了"归纳法"这个词汇了。同时我也完全掌握了以中国文法与外国文法作比较研究的知识而受其实惠。（《胡适口述自传》页120—121）

可以看出他自己的认识。

谈到国学研究，先要澄清一个误解。我往往听到有人怀疑：胡适是新文化运动的领袖，怎么会一变而整理起国故来？这是不了解全面情况的结果。胡适说：

中国文艺复兴运动有四重目的：
（1）研究问题，特殊的问题和今日迫切的问题；
（2）输入学理，从海外输入那些适合我们作参考和比较研究用的学理；
（3）整理国故（把三千年来支离破碎的古学，用科学方法做一番有系统的整理）；
（4）再造文明，这是上三项综合起来的最后目的。（上引书，页203）

原来胡适是把整理国故或国学研究纳入他的"中国文艺复兴"的范畴之内的，同平常所理解的不同。

胡适对中国近三百年来的学术研究做了几点总结。在成就方面，他认为有三项：第一项是"有系统的古籍整理"；第二项是发现古书和翻刻古书；第三项是考古——发现古物。同时，他也指出了三大严重的缺点：第一个缺点是研究范围太狭窄；第二个缺点是太注重功力，而忽略了理解；第三个缺点是缺少参考比较的材料。他针对这三大缺点，提出了复兴和提倡国学研究的三点意见：第一，用历史的方法来尽量扩大研究的范围；第二，注意有系统地整理；第三，"专史式"地整理——诸如语言文字史、文学史、经济史、政治史、国际思想交流史、科技史、艺术史、宗教史、风俗史等等。（上引书，页204—207）

以上就是胡适对整理国故的意见和贡献。

至于《胡适论学近著》中《说儒》那一篇长达数万言的论文，确是他的力作。他认为，"儒"字的原意是柔、弱、懦、软等等的意思。孔子和老子都属于被周灭掉的殷遗民的传教士，由于他们是亡国之民，他们不得不采取那种柔顺以取容的人生观。唐德刚先生对《说儒》这篇文章给予了至高无上的评价。他说：

适之先生这篇《说儒》，从任何角度来看，都是我国国学现代化过程中，一篇继往开来的、划时代的著作。

他又说：

胡氏此篇不但是胡适治学的巅峰之作，也是中国近代文化史上最光辉的一段时期，所谓"30年代"的巅峰之作。我国近代学术，以五四开其端，到30年代已臻成熟期。那时五四少年多已成熟，而治学干扰不大，所以宜其辉煌也。这个时期一过以至今日，中国再也没有第二个"30年代"了。适之先生这篇文章，便是30年代史学成就的代表作。（上引书，页273—274）

我个人认为，唐先生对《说儒》的评价和对30年代学术的估价，是颇值得商榷的。《说儒》意见虽新颖，但并没有得到学术界的公认。郭沫若就有文章反驳。所谓"30年代"的学术成就，不知何所指。当时日寇压境，举国同愤，也不能说"干扰不大"。

关于适之先生的神会和尚的研究和《水经注》的研究，他的确用力很勤，可以说是半生以之。前者的用意在研究中国禅宗史，后者的用意在为戴震平反昭雪，其成绩都应该说是在《说儒》之上。

为旧小说写序，作考证，在这方面胡适的贡献是很大的，而影响也很大。在旧时代，小说不能登大雅之堂。由于胡适和其他一些学者的努力，小说公然登上了文学的殿堂，同其他昔日高贵的文学品种平起平坐。他对《红楼梦》的研究，我个人觉得是合情合理的。至于与此有联系的《白话文学史》，我认为是失败之作。因为白话同浅显的文言并无泾渭分明的界限，反不如用模糊理论来解释——可惜当时这个理论还没有产生。胡适有时牵强附会，甚至捉襟见肘，不能自圆其说。《中国哲学史》始终没有写完，晚年虽立下宏愿大誓，要把它写完，可惜他过早地逝去，留下一部"未完成的杰作"。适之先生在学术问题上有时候偏激得离奇，比如对中国的骈文，他说"有欠文明"。他认为"四六"体起标点符号的作用，他把中国中古期文章体裁说成"鄙野"或"夷化"，因为它同古代老子和孔子所用的体裁完全不同，同后来唐宋八家的古文，也迥然有别。他拿欧洲"修道士的拉丁"和印度的"沙门梵文"来相比，前者我不懂，后者则完全不是这么一回事。我认为这是一位极其谨严的学者的极其可怪的偏见。这一点,唐德刚先生也是完全不同意的。(上引书,页274—275)

作为思想家的胡适

胡适不喜欢"哲学史"这个词儿,而钟爱"思想史"这个词儿。因此,我不称他为"哲学家",而称他为"思想家"。

不管是哲学,还是思想,他都没有独立的体系,而且好像也从来没有想创立什么独立的体系,严格地讲,他不能算是一个纯粹的思想家。我给他杜撰了一个名词:行动思想家,或思想行动家。他毕生都在行动,是有思想基础的行动。大名垂宇宙的五四运动,在中国学术史上,中国文学史上,甚至中国政治史上,是空前的,而执大旗作领袖的人物,不能不说是胡适,这是他在既定的思想基础上行动的结果。一个纯粹的思想家是难以做到的。

说到思想,胡适的思想来源是相当复杂的,既有中国的传统思想,又有西方的古代一直到近代的思想,以后者为主。中国"全盘西化"的思想和他有密切的关系。年轻时候信仰世界主义、和平主义和国际主义。在这方面影响他的有中国的老子。老子主张"不争"说:"夫惟不争,故天下莫能与之争。"还有墨子的《非攻》。此外还有西方的耶稣教的《圣经》,讲什么人家打你的右颊,你把左颊再转过去要他打。他这样的信仰都是历四五十年而不衰的。胡适的行动看起来异常激进,但是他自己却说,自己是保守分子。(上引书,页138—161)表面上看,他是"打倒孔家店"的急先锋,他却不但尊崇孔子,连儒家大儒朱熹也尊崇。唐德刚先生甚至称他为"最后的一位理学家"。

胡适的意见有时候也流于偏激，甚至偏颇。他关于骈文的看法，上面已经介绍过了。与此有关联的是他对于文言的看法。他说：

死文字不能产生活文学。我认为文言文在那时已不止是半死，事实已全死了，虽然文言文之中，尚有许多现时还在用的活字，文言文的文法，也是个死文字的文法。（上引书，页161）

那么，胡适真正的主要的思想究竟是什么呢？一言以蔽之，曰实验主义。我现在根据胡适的自述，简略地加以介绍。实验主义是19世纪末叶至20世纪初叶流行于美国的有影响的大哲学派别之一。当时最主要的大师是查理·皮尔士（Chanler Pierce）、威廉·詹姆士（William James）和约翰·杜威（John Dewey）。第一人逝世于1914年，第二人1910年。胡适不可能从他们受学。只有杜威还健在，胡就成了他的学生。胡适自己说，杜威对他有"终身影响"。

什么又叫做"实验主义"呢？必须先介绍一点欧洲哲学史，特别是古希腊的哲学，才能知道杜威一些说法的来源。这要从苏格拉底（Socrates，公元前470？—前399）讲起。我现在根据唐德刚先生的注释（上引书，页108—114）极其简略地加以说明。苏格拉底对"知识"这个概念有特殊看法。人性是本善的，之所以有不善，是由于"无知"的缘故。"知"是"行"的先决条件。"知"中有善而无恶，有恶之"知"，不是真"知"，无"知"则"行"无准则。要了解什么是"知"，必须了解什么是"不知"。所有的事物和概念都有真"知"，一般人不了解真"知"而自以为"知"。所以都是糊涂一辈子。他十分强调"自知之明"。他之所以拼命反对"民主"，就是因为他认为芸芸众生都是无"知"之辈，他们不能"主"，"主"者只能是有德者,"德"只是"知"的表现。有"知"自有"德"。从"无知"到"有知",有一个从无到有的过程和方法,这就是"苏格拉底法则"。苏格拉底认为,天下任何事物和概念都各有其"普遍界说"(universal definition),比如说,猫的"普遍界说"就是"捉老鼠"。世界上的事物和概念,都将由其本身的"普遍界说"而形成一个单独的"形式"(form),这个"形式"有其特有的"次文化"(subculture)。

上述这种推理法,就是所谓"苏格拉底法则"。杜威对这个法则极为赞赏,胡适亦然。他们认为,"法则"只是一种法则,是一种寻求真理、解决问题的方法,并不是替任何"主义"去证明那种毫无讨论余地的"终极真理"(ultimate truth)。他们实验主义者是走一步算一步的,不立什么"终极真理"。

苏格拉底的再传弟子——柏拉图的弟子亚里士多德(公元前384—前322),批评他的师祖和老师的推理杂乱无章,他搞了一个"三段论法"。所谓"三段",指的就是大前提、小前提和结论。这可以称为"演绎推理法"(deductive method)。这方法的核心是"证明真理",而不是"寻求真理"。后来它为中世纪的耶稣教神学所利用。这种神学已经有"终极真理"和"最后之因",只需要证明,而不需要探求,这与亚里士多德的三段论法一拍即合,所以就大行其道了。

胡适经常讲他的方法是"归纳法",就是针对这种演绎法而发的。

既然讲到了方法,我现在就来谈一谈胡适的"实证思维术"。胡适说:

我治中国思想与中国历史的各种著作，都是围绕着"方法"这一观念打转的。"方法"实在主宰了我四十多年来所有的著述。从基本上说，我这一点实在得益于杜威的影响。（上引书，页94）

这是"夫子自道"，由此可见他毕生重视方法，在思想方面和治学方面的方法，而这方法的来源则是杜威的影响。

根据胡适的论述，杜威认为人类和个人思想的过程都要通过四个阶段：

第一阶段，固定信念阶段。

第二阶段，破坏和否定主观思想的阶段。这第二个阶段杜威称之为讨论阶段。

第三阶段，是从苏格拉底法则向亚里士多德的逻辑之间发展的阶段。杜威用溢美之词赞扬苏格拉底，而对亚里士多德的三段论法，则颇有微词。

第四阶段，也就是最后阶段，是现代的归纳实证和实验逻辑。（上引书，页93—94）

杜威在另一本举世闻名的著作《思维术》中，认为有系统的思想通常要通过五个阶段：

第一阶段，为思想之前奏（antecedent），是一个困惑、疑虑的阶段，导致思想者去认真思考。

第二阶段，是决定这疑虑和困惑究在何处。

第三阶段，为解决这些困惑和疑虑，思想者自己会去寻找一个解决问题的假设，或面临一些现成的假设的解决方法，任凭选择。

第四阶段，思想者只有在这些假设中，选择其一作为对他的困惑和疑虑的可能解决的办法。

第五阶段，也是最后阶段。思想者要求证，他把大胆选择的假设，小心地证明出来，哪个是对他的疑虑和困惑最满意的解决。（上引书，页96）

我想，大家一看就能够知道，胡适有名的"大胆的假设，小心的求证"，来源就在这里，是他从杜威那里学来而加以简化和明确化了的。

根据我个人肤浅的分析，在对外方面，在对西方的反应方面，胡适这个思想的来源还不仅限于杜威，一定还有尼采的影响在，他那"重新评估一切价值"的名言，影响了整个世界。在对内方面，胡适也受到了影响，最突出的是宋代哲学家张载。张载说："在可疑而不疑者，不曾学；学则须疑。"（《大学·原下》）他又说："无征而言，取不信。启诈妄之道也。杞宋不足征吾言，则不言；周足征，则从之。故无征不信，君子不言。"（《正蒙·有德篇》）（以上引文都见上引书，页20。参看同书，页12，胡适自己的说法）

多少年来，我就认为："大胆的假设，小心的求证"，这十个字是胡适对思想和治学方法最大、最重要的贡献。胡适自己在《胡适口述自传》中"青年期逐渐领悟的治学方法"这一节里说：

我的治学方法似乎是经过长期琢磨，逐渐发展起来。……我十几岁的时候便已有好怀疑的倾向，尤其是关于宗教方面。

下面他讲到"汉学",又说:

近三百年来学术方法上所通行的批判研究实自北宋开始,中国考古学兴起的时候。古代的文物逐渐发展成历史工具来校勘旧典籍,这便是批判的治学方法的起源。"考据学"或"考证学"于焉产生。

胡适在十九岁前读中国经书,发现了汉、宋注疏之不同,企图自己来写点批判性的文章。这种以批判法则治学的方法,胡适名之为"归纳法"。(上引书,页118—119)

在这同一节中,胡适又说:

我举出了这些例子,也就是说明我要指出我从何处学得了这些治学方法,实在是很不容易的。我想比较妥当的方法,是我从考据学方面着手逐渐地学会了校勘学和训诂学。由于长期钻研中国古代典籍,而逐渐的(应作"地"——美林)学会了这种治学方法。所以我要总结我的经验的话,我最早的资本或者就是由于我有怀疑的能力。(上引书,页125)

最了解自己的老师的胡适的学生唐德刚说,胡适的治学方法只是集中西"传统"方法之大成,他始终没有跳出中国的"乾嘉学派"和西洋中古僧侣所搞的"圣经学"(Biblical Scholarship)的窠臼。(上引书,页133)唐又本着"吾爱吾师,吾尤爱真理"的精神说,胡适"不成一套!"(上引书,页111)

竖起文人铁脊梁 | 29

唐德刚先生的话不无道理，胡适的"治学方法"确实是中西合璧的。但是，我认为，决不能就因此贬低了胡适的"大胆的假设，小心的求证"。我上面已经提到，这是胡适最大的贡献之一。无论是人文社会科学家，还是自然科学家，真想做学问，都离不开这十个字。在这里，关键是"大胆"和"小心"。研究任何一个问题，必先有假设，否则就是抄袭旧论，拾人牙慧。这样学问永远不会有进步。要想创新，必有假设，而假设则是越大胆越好。在神学统治的重压下，哥白尼敢于假设地球围着太阳转，胆子可真够大的了。但是，大胆究竟能够或者应该大到什么程度，界限很难确定，只好说"存乎一心"了。有了假设，只是解决问题第一步。这种假设往往是出于怀疑，很多古圣先贤都提倡怀疑，但是怀疑了，假设了，千万不要掉以轻心，认为轻而易举就能得到结论，必须求证，而求证则是越小心越好。世界上，万事万物都异常复杂，千万不要看到一些表面就信以为真，一定要由表及里，多方探索，慎思明辨，期望真正能搔到痒处。到了证据确凿，无懈可击，然后才下结论。有的学者甚至认为，孤证难信。这做起来比较难。如果真正只有一个孤证，你难道就此罢手吗？

胡适毕生从事考据之学，迷信考据之学。他在《齐白石传》中说过几句话：白石先生用"瞒天过海"的迷信方法，来隐瞒自己的年龄，却瞒不过考学。可见他对考据学信仰之虔诚。我再重复说一句：十字诀是胡适重大贡献之一，对青年学者有深远的影响。

作为政治家和社会活动家的胡适

刚写上了"政治家"这个词儿，我就想改为"政治活动家"，或者由我杜撰的"政治热心家"或"政治欣赏家"。因为我始终认为，胡适不是一位"政治家"。在胡适所处的时代和地区，同中国历史上一样，一个不"厚"不"黑"的人，是不能成为"政治家"，享受高官厚禄的，而胡适所缺乏的正是这两个要害之点，他仅仅是热衷政治的书生或者"书呆子"。在这一方面，胡适是缺乏自知之明的。

胡适毕生喜欢政治。他以一个不到20岁的中国青年，一到美国，立即迷上了美国的政治。他大概认为，政治的最高目标就是"民主"，而美国政治正体现了这个最高目标。其实，美国的"民主"究竟是怎么一回事，明眼人都能看得清楚。可是适之先生竟一叶障目，偏偏视而不见。根据他的《口述自传》，他初到美国时，对美国的政治情况并不清楚。但是，当他听了一位讲美国政治的老师的课以后，立即兴趣大增。他最初本来是学农的，但兴趣全不在农上。美国的总统选举实与一个想学农的中国青年风马牛不相及，可是他也积极参加美国人的会议，并佩戴支持什么候选人的襟章。罗斯福被刺之后，群众集会，表示同情，并为罗斯福祈祷，好多教授也参加了。他说：

> 令我惊奇的却是此次大会的主席，竟是本校史密斯大楼（Goldlwin Smith Hall）的管楼工人。这座楼是康大各系和艺术学院的办公中心。这种由一位工友所主持的大会的民主精神，实在令我神往之至。（上引书，页33）

他以后还参加了很多政治性的会。他说：

> 我可以说，由这些集会引起我的兴趣也一直影响了我以后一生的生活。（上引书，页34）

在"我对美国政治的兴趣"这一节最后一段话中,他"夫子自道"地说:

我对美国政治的兴趣和我对美国政治的研究,以及我学生时代所目睹的两次美国大选,对我后来对中国政治和政府的关心,都有着决定性的影响。其后在我一生之中,除了一任四年的战时中国驻美大使之外,我甚少参与实际政治。但是在我成年以后的生命里,我对政治始终采取了我自己所说的不感兴趣的兴趣(disinterested interest),我认为这种兴趣是一个知识分子对社会应有的责任。(上引书,页36)

这些都是真话,胡适确实是毕生对政治感兴趣,他自己所说的"不感兴趣",我却只能画一个问号。我现在讲一件我亲眼目睹的事实。在解放前夕,蒋介石出于政治需要,在南京导演了一幕选举国大代表和选举总统的喜剧。不知是出于什么用心,忽然传出了一阵流言说,蒋介石要让胡适当总统。对于这个流言,我们几个对政治最无经验、最不感兴趣的在适之先生身边工作的人,都觉得好笑,这是蒋介石的一种政治手法。蒋介石是什么人,他焉能把即使只是傀儡性的"总统"让别人干呢?然而,根据我们的观察,胡适却真信以为真。当年他虽是北大校长,但是在南京的时间却比在北平的时间长。后来,总统选出来了,当然是蒋介石,然而胡先生却至死未悟。他在美国还有时对唐德刚说,是CC派反对他当总统。有时候又忽然说,CC派赞成他当总统。他让蒋介石玩于股掌之上而一点感觉都没有。我称他是"书呆子",难道还算是过分吗?

至于胡适对国共两党的态度，那是众所周知的，他不赞成共产主义。但是，据他自己说，他没有写过一篇批判共产主义的文章。这可能是真的。但是，表示不满的地方却是多而又多的。对于国民党，他虽然当过国民党政府的驻美大使，也算是大官了，平常也与国民党政府和许多政府要人打交道，竞选国民党政府的国大代表，但是也并没有卖身依附，唯命是听，他还经常闹点独立性，写文章提倡"好政府主义"，又说什么，知难行亦不易，是针对"国父"的。因此，国共两方都不喜欢他。大陆上从50年代起对他批判之激烈，之普遍，延续时间之长，是大家都知道的。个中原因究竟何在呢？我读过许多批判胡适的文章，台湾方面的文章由于两岸隔绝，我没有读到过。大陆方面的文章，在当年那种极"左"思潮影响下，满篇僵硬庸俗的教条，有的竟流于谩骂、污蔑，殊不足以服人。我没有读到一篇真正能搔到痒处的文章。我现在斗胆提出一个个人的解释，请大家指正。我觉得，胡适之所以这样做，其根源全在他的哲学思想中。我在上面已经讲过，胡适追随他的老师杜威之后，相信"苏格拉底法则"，而反对亚里士多德的"三段论法"。前者是归纳的，不立什么"终极真理"；后者是演绎法，先立一个"终极真理"，然后加以证明。胡适认为，国共两党都先立一个"终极真理"，只要求或者只允许人们了解和信奉。这与他的哲学思想直接矛盾，所以他才加以反对。

总之，我想说的是，胡适是一个政治活动和社会活动家，而不是一个政客，说文雅一点就是政治家。在那样的社会，不厚不黑，焉能从政？

作为人，作为"朋友"的胡适

我从小就读胡适的书，从我这一方面来讲，我们算是神交已久。从年龄上来看，我们是相差一个辈分。当他在北大教书最辉煌的时期，我还在读中学，无缘见他，也无缘听他的课。上大学时，我上的是清华大学，所以始终没有一面之缘。我在德国待了十年之后，由于我的恩师陈寅恪先生的推荐，当时北大校长正是胡适，代理校长是傅斯年，文学院长是汤用彤，他们接受了我，我才能到北大来任教。作为全国最高学府的北大，门槛是非常高的，学生进北大不容易，教师就更难。而我一进北大，只当了一两个星期的副教授——这是北大的规定，拿到外国学位的回国留学生只能担任副教授，为期数年——立即被提为正教授兼东方语言文学系主任。当时我只有三十几岁。因此，我毕生感激他们几位先生对我有知遇之恩。

我同适之先生共同工作了才短短三年。在这段时间内，他还经常飞往南京，在北平的时间不算太多。但是，做的事情却真还不少。我是系主任，经常要向他这位校长请示汇报工作。我们又同是北大教授会或校委会（准确的名称我记不大清楚了）的成员，同是北大文科研究所（有点像现在的文科研究生院，理科好像是没有）的导师，同是北京图书馆的评议会的成员。最后这一个职位一直到今天对我还是一个谜。评议会成员只有六七位，都是北平学术界的显赫人物。为什么独独聘我这个名不见经传的毛头小伙子担任评议员？我是既喜，又愧，又迷惑不解。

适之先生对印度研究，很重视，很感兴趣。他对汉译佛经相当熟悉，他大概读过不少。尼赫鲁派来一位访问教授师觉月博士，他委托我照顾。印度政府又派来十几位研究生，他也委托我照顾他们。他安排师觉月作学术报告，亲自主持会议，用英文发表欢迎词。他曾多次会见师觉月和印度留学生，都要我参加。我写了一篇论文：《列子与佛典》，送给他看。他写了几句话说："《生经》一证，确凿之至。"这表示他完全同意我那篇论文的结论。

适之先生待人亲切、和蔼，什么时候见他，都是满面笑容，从来不摆教授架子，不摆名人架子，不摆校长架子，而且对什么人都是这样，对教授是这样，对职员是这样，对学生是这样，对工友也是这样。我从来没有看到他疾言厉色，发脾气。同他在一起，不会有任何一点局促不安之感。他还不缺乏幽默感。有一次，在教授会上，杨振声教授新得到了一张异常名贵的古画，愿意与同仁们分享快乐，于是把画带到了会上，大家都啧啧称赞。这时胡先生把画拿起来，做装入自己口袋里之状，引得大家哄堂大笑。

适之先生对学生是非常爱护的。"沈崇事件"发生以后，北京大学和北平其他大学的学生们，怀着满腔爱国热情，上街游行抗议。国民党在北下的宪兵三团和其他一些机构，包括特务机构在内，逮捕了不少爱国学生。我第一次看见胡适面有怒容。他乘着他那一辆在北平还极少见的汽车，奔走于国民党驻北平的各大衙门之间，会见当时一些要人，要他们释放被捕的爱国学生。震于胡适的威名，特别是在美国的威名，他们不敢不释放学生。据说现在还能找到胡适当时写给一些国民党军政要员的信。胡适不会不知道，当时的学生运动，如上述的"沈崇事件"，以及反饥饿、反迫害的运动等等背后实有中共地下党的推动力。但是此时他关心的是学生，而不是什么党员。平时我在他那一间相当简陋的校长办公室中也有时碰到学生会的领导人去找他，提出什么请求和意见，这些学生大部分是左派学生，他通通和蔼相待，并无所轩轾。

我在上面曾称胡适为"书呆子",这绝不是无根据的。有一次,记得是在北京图书馆开评议会。会前,他说他有其他约会,必须提前离开。然而,会开着开着就离了题,忽然谈起了《水经注》。一听《水经注》,胡先生的兴致勃然而起,座位上仿佛有了胶,把他粘住,侃侃而谈,再也不提"走"字,一直到散会为止。他的那个约会早被他忘得无影无踪了。难道这还不算有点"呆"气吗?

我同适之先生总共在一起工作了三年。三年的时间并不算长,但是留给我的印象却不少,上面所列举的不过是其中最主要的、最鲜明的而已。我的总印象是:胡适是一个好"朋友",胡适是一个好人。

我在上面写了作为学者、作为思想家、作为政治家、作为"朋友"的胡适之。我曾多次引用唐德刚先生的意见。因为,我觉得,唐先生是《胡适口述自传》的笔记者和翻译者,他又博学多能,很有独到的见解。他最了解胡适。但是,他的意见我并不完全赞成,特别是他说"胡适是发展中的学者",因为他处于发展中国家之中。这种把学术研究与经济发展等量齐观的看法,是值得怀疑的。对于自然科学和技术来说,也许还能讲得通,因为这些学问需要大量的钱,需要实验室,钱越多越好。而对人文社会科学来说,则是另外一码事儿。

唐先生对"发展中的学术"做了解释,他举的例子偏偏是机械技术。他认为,发展中国家只能搞初级机械,如小型水力发电机、沼气灯等等。如果妄想到超发达的国家去采购"精密机器",不但不适宜,而且会造成浪费和混乱。现代西方搞经济发展的学者们认为,引进科技,要恰如其分,他们把这种科技叫作"恰当科技"(appropriate technology)。唐先生接着说:"在一个国家的'学术'发展的程序中,亦复如是。在'发展中学术'这个阶段里,他们所能搞的也就是一种'恰当学术'(appropriate scholarship)。换言之,也就是一种不新不旧，不中不西，土洋并举，风力电力两用的'机械学术'……老实说，胡适之先生搞了一辈子所谓'科学方法的批判的整理国故'，便是那个时代的'恰当学术'；他老人家本身也就是一位了不起的'恰当学人'（appropriate scholar）。既然我们整个的国家，整个的学术界还停滞在'发展中'阶段，胡公受了时代的限制，他也不能单枪匹马，闯入'已发展'阶段了。"（上引书，页271）唐先生又说："胡先生那一套，再向前走一步，就进入社会科学的领域了。"（上引书，页272）这真令我有点糊涂，我不了解唐先生所说的"社会科学"指的是什么。专就我个人比较了解的文艺理论和语言理论而言，西方（美国当然也包括在里面）异说蜂起，日新月异。我再套用赵瓯北的诗说："江山年有才人出，各领风骚数十天。"唐先生所说的"社会科学"，难道就是指这种学问吗？

一部人类文化史证明，经济的发展与学术的昌明，往往并不同步。欧洲的许多文化巨人的出现，往往并不在他们国家经济发展的巅峰时期。这些巨人之所以能成为巨人，依我看，不出三个原因：一是他们个人的天才与勤奋；二是他们国家雄厚的文化积淀；三是靠机遇，这最后一点，英国诗人Thomas Gray在他那一首咏乡村墓地的诗中曾有所暗示。我现在提一个大胆而无偏见的看法：不管美国经济还要怎样"超发展"，不管它还能得多少诺贝尔奖金，像欧洲的那些巨人是出不来的，因为美国几乎没有什么文化积淀。真正典型的美国东西，如爵士乐之类，总给人一种肤浅庸俗的感觉。

拿中国文学史来看，真正的伟大作家之出现，多由于他们个人的不幸，比如司马迁遭宫刑，李后主亡国。中国古人说："诗必穷而后工。"指的就是这种现象。有些伟大作家遭逢乱离之后，才写出了不朽的作品，比如杜甫、李清照等等都是这样。这些文学巨人的出现，绝不是由于经济高度发展，甚至可以说：适得其反，经济遭到破坏的时期反而能出大文学家。

总之，说胡适是一个"发展中的学者"，只因他出于一个"发展中的国家"，唐先生的这种说法和他的解释，我都是不能同意的。

这一篇相当长的序就要结束了。回头再看我在开头时写下的那一个副标题：还胡适以本来面目，觉得自己未免太轻率了，太大胆了，太不自量力了。通过我在上面写的这一些话，就不难看出，胡适是一个非常复杂的人物，是一个充满了矛盾的人物。我有何德何能，能够还胡适以本来面目！我看到的现在已经出版的有十几种论胡适的著作，每一个作者几乎都有自己心目中的胡适的"本来面目"。有一些书，大概由于作者对胡适和胡适的时代缺乏感性认识，我读了后只感到他们颇为"隔膜"。我自己不让他们在我脑海里跑马，我自己来跑，看来跑的结果也并不太美妙。唐德刚先生对适之先生是有充分的感性认识的，但他心目中的胡适的"本来面目"也不能令我完全心服。印度古代寓言中有一个瞎子摸象的故事。看来我们在胡适这一位巨人面前，都成了摸象的瞎子。胡适的"本来面目"还隐在一片云雾中，至少有一部分是这样的。想要拨云雾而见青天，还需要进一步去研究、探索。

但是，有一点我们都是应该肯定的：胡适是个有深远影响的大人物，他是推动中国"文艺复兴"的中流砥柱，尽管崇美，他还是一个爱国者。多少年来泼到他身上的污泥浊水必须清洗掉。我们对人，对事，都要实事求是，这是我们从事学术研究的人的起码的准则。

我现在借安徽教育出版社出版《胡适全集》之机，明确地亮出我的观点。是为序。

1996 年 12 月 24 日写毕

陈寅恪先生的爱国主义

各位来宾，朋友们：

刚才主席让我作学术演讲。我本来就有点惶恐。这样一来的话我更加惶恐了，为什么呢？因为作为陈先生的弟子，我对陈先生的道德文章学习得相当不好，在座的好多陈先生的弟子都比我强，今天安排我来讲话，胡守为同志给我讲过几次，一定要我讲。我说我不行，现在又来了一个学术报告。实在是不敢当。我也没有什么稿子。昨天下午我才开始考虑这个问题，因此我的很多看法是昨天才形成的，也就是说，昨天下午才把整个的今天要讲话的大体框架完成，因此，我讲的话，恐怕很多地方是外行，请大家指正。

我今天讲，也要有个题目，我想讲讲"陈寅恪先生的爱国主义"。这个题目是怎么来的呢？大家都知道，陈先生的一家是爱国之家，从陈先生的祖父陈宝箴先生开始就是爱国的，散原老人是爱国的，陈先生是爱国的，陈先生的第四代流求、美延和她们的下一代，我想都是爱国的。四代、五代爱国的，起码三代。英法联军攻进北京，火烧圆明园，当时陈宝箴先生在城里，看到火光，痛哭流涕。大家都知道，散原老人实际上是因日本侵略中国，老人拒绝服药、拒绝吃饭而去世的。那么，陈先生的爱国主义表现在什么地方？我想就这个题目，谈点我个人的看法，这里面牵涉到《柳如是别传》。

爱国主义这个词是很好的词，大家一听爱国主义啊，都是不会批判的，因为每个民族都有权利爱自己的国家。这几年呢，我就考虑爱国主义，词是个好词，可是我就考虑这又和我们市场上的货物一样，有真货，有假货，有冒牌的。我就说爱国主义应该区分两种：一种真正的，一种假冒伪劣的。这个区别并不难。大家知道，日本侵略中国，中国人，不管是国民党还是共产党，都要抗日的。这个大家没有否定。那么日本人也高呼爱国主义，东条英机也高呼爱国。但是把中国的爱国主义与日本的爱国主义一对比，中间的区别是很大的。因此我就想，真正的爱国主义是正义的爱国主义，应该是这么一个样子，它不允许别的民族侵略自己，这是一；第二，也不侵略别的民族。因此，我认为真正的爱国主义与国际主义是相联系的。假的爱国主义就是侵略别人，压迫别人，然后反而高呼爱国。我干脆举日本军国主义为例，再举的话也容易：希特勒就是。希特勒的爱国主义喊得雷一般响，但却对别的国家发起了闪电战。他爱什么国呢？他爱他的法西斯国家，侵略别人，压迫别人，奴役别人。所以爱国主义应该分成两种，其道理是比较容易懂的，这我就不多说了。这真正的爱国主义呢，就是我刚才讲的陈宝箴先生、陈散原老人、寅恪先生的，为什么呢？因为它是抵抗外寇、不允许别的民族侵略自己，是正义的。后来我又想这个问题，恐怕正义的爱国主义又应当分为两个层次：一般人，我们中国人受别人侵略，我们起来反抗，爱我们的国家，我觉得这个是我们应该歌颂的、赞扬的。但我觉得这种爱国主义是一般的，层次不高；层次更高的是与文化联系起来。我想陈先生所撰的《王观堂先生挽词》的序，大家都看过，序很短，可是道理很深刻。怎么说呢，王静安先生与陈先生的岁数虽有差别，环境也不一样，可是两个人的关系真是心心相印、息息相关，"心有灵犀一点通"。诗中讲："回思寒夜话明昌，相对南冠泣数行。"从中可以知道，当年陈先生与王观堂先生在清华大学工字厅寒夜中谈论过去的事，所以二人相对流泪，二人的感情是完全一致的。为什么？我今天想解释这个问题，我觉得这个问题实质上就是高层次的爱国主义。陈先生的这段挽词同在清华立的碑上的碑文（也出自陈先生之手）内容差不多。碑文也很短，讲的问题就是众所周知的中国文化。我们高喊弘扬中华民族的优秀文化。我们中华民族优秀文化究竟表现在什么地方，大家各自的看法可能不尽一致，我自己感觉到中华民族优秀文化的一个表现就是爱国主义。这一点我在北京已经讲过，可能有些同志不同意我的看法。我的看法也不是瞎想的。我不专门搞哲学，严格讲也不专门搞历史。但是喜欢胡思乱想。我想中国的爱国主义者，像中国汉朝的苏武、宋朝的岳飞及文天祥、明代的戚继光、史可法等，都是我们熟悉的。所以，我们中国的历史上，从汉朝一直到清朝有一系列爱国主义人物，深入人心。这种情况在别的国家很少见，我在欧洲待了好多年，因此了解一点，欧洲如举一个著名的爱国者就不好举，什么原因呢？在座的都是历史学家，也有搞外国历史的，都清楚。原因很简单，我们是实事求是的，这是我们中国历史所决定的。中国这个国家非常奇怪。立国几千年，我们天朝大国，按道理讲，我们这样一个国家，在封建社会，那个天子、皇帝享有至高无上的权威，只允许侵略别人，不允许别人侵略，应该能够这么讲。可事实并不是这样子，大家都知道，从先秦的周代等时期开始，中国就被当时称为"蛮夷戎狄"的少数民族所侵扰；秦朝，秦始皇是一个了不起的人物，为了抵御北方的匈奴，他主持修筑长城。当然长城并不只是秦始皇时代才修筑的，在战国时期就修了。长城的修筑，有效地抵御了匈奴的侵扰；到了汉代，开国之主刘邦也被匈奴包围于平城；后来汉武帝时几员著名大将，跟匈奴作战，打了几个胜仗。可无论如何，北方的威胁却始终没有解除。曹操时，北方威胁仍存；到了五胡乱华时代则更不必说了。唐朝是一个了不起的朝代，唐太宗李世民的父亲李渊却对突厥秘密称臣。后来，唐太宗觉得称臣于突厥不大光彩，想方设法掩盖这个事实。整个唐代，北方的威胁一直没有解除。到了宋朝那就更清楚了，先是辽，后来是金。两个北宋皇帝徽宗、钦宗让人俘虏，这在中国历史上是很少见的。后来宋廷偏安于中国东南一隅。到了元朝，其统治民族蒙古是我们今天的兄弟民族，在当时不能这样看，蒙古在灭宋以前，已经建成了一个大帝国。我们不能把古代现代化。中华民族这个包括56个民族的大家庭，是在中国共产党领导下才明确形成的。满族，今天也是我们的兄弟民族，当时满族的文化与我们不一样，当然，满族一入关就汉化，可毕竟是另一个文化体系。

总而言之，我认为中国之所以产生爱国主义，就因为有外敌，而且一直没断，原来一直在北方，后来是东方，主要是倭寇，西方最厉害的是明朝末年从澳门进来的西方资本主义国家，后来形成了帝国主义。还有南方。东西南北都有外敌。我们讲历史唯物主义，要讲事实，存在决定意识，在这种情况下中国必然产生爱国主义，而这种爱国主义必然是正确的。当然，我们也不能说，中国封建社会以皇帝为代表的统治阶级没有侵略过别人，这话是不对的。封建时代的中国，汉族也侵略了别的不少民族，这是不能否定的。可总起来的话，是御外敌的。这是历史决定的，不是中华民族天生就爱国，这也不符合历史情况。欧洲则不是这种情况，欧洲长期是乱七八糟的，建国时间又短。美国的情况更特殊，它建国以来，基本上没有外敌，所以美国讲爱国主义，我不知道怎么爱法。这是我信口谈来。由此，我就想陈先生在给王观堂所撰的挽词前的短序中讲了这么一个想法：中华文化是三纲六纪。三纲六纪，据我的体会，里面就包括了爱国主义精神。如"君为臣纲"，说君臣这一纲，陈先生举了一个例子，"君为李煜亦期之以刘秀"，意思就是，人君的贤与否，无关重要。他只是一个符号，一个象征，他象征的是文化，象征的是国家。陈先生又讲，三纲六纪是抽象理想。文化是抽象的，抽象的东西必然有所寄托，陈先生原文作"依托"。一个是依托者，一个是被依托者。文化、三纲六纪是抽象的，抽象的本身表现不出来，它必然要依托他物，依托什么东西呢？陈先生讲的是社会制度，特别是经济制度，总起来就是国家。文化必然依托国家，然后才能表现，依托者没有所依托者不能表现，因此，文化与国家成为了同义词。再回过头来，王国维先生之所以自杀，当时外面议论很多，陈寅恪先生认为他不是为了具体的人，不是忠于清王室或宣统皇帝，认为他忠于清朝或宣统皇帝不过是流俗之见。王国维先生之所以执意自杀，就是因为他是这个文化所化之人，文化本身有一个依托——国，以王国维先生而言，这个依托就是清朝。所以，清朝是他的文化理想的依托者。后来陈先生讲十七年（1911—1928），从辛亥革命起，清朝灭亡，受清朝文化所化的最高代表王国维先生，这个国家不能存在了，按陈先生之意，所依托者一旦不能存在，文化也不能存在，那么，为这个文化所化之人也必然不能存在。所以，陈先生认为王静安先生之所以自杀是因为他所依托的那个国不能存在了，具体的东西不存在了，抽象的文化也无法依存，于是执意自杀。

那么，陈先生为什么与王国维先生心心相通？陈先生为什么写《柳如是别传》，这就是我的解释。中国外来文化，第一个是佛教，佛教有一个特点，就是它是不依靠武力而传播到中国的；后来元朝文化进入中国，靠的是武力；清朝满族文化亦然。日本人侵略中国，背后有武力。这二者之间的很大不同是，有些外来文化传入中国，不依靠武力，有的则依靠武力。就明末清初而言，正是清朝族文化与汉族文化冲突很剧烈的一个时期，在这个时期，钱牧斋与柳如是及其他一大批文化人首当其冲。他们的心态，是为中国的汉族文化所化之人的心态。当明朝这个代表文化、使之具体化的国家不存在了，所依托的人，一批自杀了。钱牧斋虽说没有自杀，可是从他的心态看得出来。到了后来辛亥革命彻底推翻了封建王朝，这又是一个文化大变革的时期。王国维先生与陈先生均生活于当时，故陈先生对王先生之所以执意自杀，不同于流俗的那种解释，而是从文化的角度去看。因此，我说爱国主义有两个层次：一般的层次是我爱我的国家，不允许别人侵略；更高层次的则是陈先生式的爱国、王国维先生式的爱国。

有一个问题是近来常谈的。我看本次与会论文中也有，讲陈先生的诗中含有悲观主义情绪，调子不是那么乐观的。为什么呢？还有一个问题，大家都说陈先生是一位考据大师，这话一点也不错。考据这个学问到了陈先生手中得心应手，是到家了。那么，陈先生的考据与乾嘉朴学大师的有没有区别呢？我看区别很大。陈先生为人，不慕荣利，不与人争，大家都很容易误认为陈先生是"两耳不闻窗外事，一心只读圣贤书"，不关心时事的。实际上，在座的各位陈先生的弟子都知道，陈先生绝不是那种人，陈先生是一位感情非常丰富，对自己的国家、人民非常爱护的人。他非常关心时事，他不仅关心过去的时事，也关心现在的时事。陈先生诗中，有古典，有今典，还有佛典，很复杂，我们甚至可以这么说，陈先生的所有著作中，都有一种感情，表面看起来是泛泛的考证，考证是无懈可击的，但考证里面有感情，乾嘉大师们就做不到这点，也不可能做到，二者所处的环境不一样。所以，我们了解、学习陈先生，一方面是学习他的考证、他的学术成就；另一方面，应学习他寄托在考证中的感情，他的每一篇论文（著），特别是《柳如是别传》，他的思想、感情寄托在里面。表面上看起来是烦琐考证——人名、地名，或者日期，核心却是爱国、爱文化。陈先生在1929年写了一首诗，送给北大历史系的学生，诗曰："群趋东瀛受国史，神州士夫羞欲死"，说学习中国史却要到日本去学。后来，陈先生寄望于北大历史系学生，希望他们一洗这一耻辱，这当然是爱国主义的表现。我看在这里爱国主义也有两种解释，一种是爱我的国家，一般的；一种是高层次的，爱我们的文化。陈先生此诗，包含高、低两个层次的含义。

陈先生之所以在晚年费那么大的力量，克服那么大的困难来写《柳如是别传》，绝对不是为了考证而考证，从陈先生的考证，我们可以学习很多东西，不仅限于此，陈先生真正的感情、真正的对中国文化的感情，都在里面。

解放以后，陈先生也写了不少的诗，外面有很多传说。陈先生在诗中是否对现实都满意呢？我认为这不可能，我甚至可以这么说，任何时代的政治也不能为当时的人百分之百地完全接受，我想将来也不会。陈先生的诗十分难懂，周一良先生讲过几次，的确是非常难懂，有些话不能直说，婉转地说，用典，所用的典也很冷僻，很难查。陈先生诗中表现的感情，我觉得并不奇怪，若在50年代，我还不能这样讲，经过了45年，陈先生的想法未必不正确。他忧国忧民，才如此作想。他若对我们的国家、我们的文化根本毫不在意，他就绝对不会写这样的诗。歌颂我们的国家是爱国，对我们的国家不满也是爱国，这是我的看法。若陈先生是真的不爱国的话，他就根本不会做学问、写诗。这正如当时某些上海人所说的"国事管他娘，打打麻将"。对国家漠不关心，才会这样。而陈先生的关心，就是爱国的表现，不管这个国正确不正确。

中山大学多次召开纪念陈寅恪先生的学术讨论会，我觉得非常英明，这为我们活着的人和下一代的人树立了一个爱国主义的榜样，应该得到最高的赞扬。我已说过，历史不是我的本行，所以，今天所讲，是我的乱想乱讲，说得不对的，请大家批评，谢谢大家。

羡林按：

我这一篇发言，既无讲稿，连提纲也没有。中大历史系的同志们，根据录音，整理成这个样子，实在不容易，应当向他们致谢。我看了一遍，只做了极小的改动。原来的口气都保留了。

1994 年 10 月 26 日

一个真正的中国人，一个真正的中国知识分子

我的题目"一个真正的中国人，一个真正的中国知识分子"，分为两个问题，"一个真正的中国人"讲陈先生的爱国主义，因为近几年国内外对陈先生的著作写了很多文章，今天我们召开研讨会，我初看了一下论文的题目，也是非常有深度的，可是我感到有一点不大够，我们中国评论一个人是"道德文章"，道德摆在前面，文章摆在后面，这标准看起来很简单，实际上并不简单。据我知道，在国际上评论一个人时把道德摆在前面并不是太多。我们中国历史上的严嵩，大家知道是一个坏人，可字写得非常好。传说北京的"六必居"，还有山海关"天下第一关"都是严嵩写的，没有署名，因为他人坏、道德不行，艺术再好也不行，这是咱们中国的标准。今天我着重讲一下我最近对寅恪先生道德方面的一些想法，不一定都正确。

第一个讲爱国主义。关于爱国主义，过去我写过文章，我听说有一位台湾的学者认同我所说的陈先生是爱国主义者，我感到很高兴。爱国主义这个问题我考虑过好多年，什么叫爱国主义？爱国主义有几种、几类？是不是一讲爱国主义都是好的？在此我把考虑的结果向大家汇报一下。

爱国须有"国"，没有"国"就没有爱国主义，这是很简单的。

有了国家以后就出现了爱国主义。在中国，出现了许多爱国者，比欧洲、美国都多：岳飞、文天祥、史可法等。在欧洲历史上找一个著名的爱国者比较难。我记得小学时学世界历史，有法国爱国者Jeanne d'Arc（贞德），好像在欧洲历史上再找一个岳飞、文天祥式的爱国者很难，什么原因呢？并不是欧洲人不爱国，也不是说中国人生下来就是爱国的，那是唯心主义。我们讲存在决定意识，因此可以说，是我们的环境决定我们爱国。什么环境呢？在座的都是历史学家，都知道我们中国几千年的历史有一个特点，北方一直有少数民族的活动。先秦，北方就有少数民族威胁中原。先秦之后秦始皇雄才大略，面对北方的威胁派出大将蒙恬去征伐匈奴。到了西汉的开国之君刘邦时，也曾被匈奴包围过；武帝时派出卫青、霍去病征伐匈奴，取得胜利，对于丝绸之路的畅通等有重大意义。六朝时期更没法说了，北方的少数民族或者叫兄弟民族到中原来，隋朝很短。唐代是一个伟大的朝代，唐代的开国之君李渊曾对突厥秘密称臣，不敢宣布，不敢明确讲这个问题。到了宋代，北方辽、金取代了突厥，宋真宗"澶渊之盟"大家都是知道的，不需我讲了，宋徽宗、宋钦宗都被捉到了北方。之后就是南宋，整个宋代由于北方少数民族的威胁，产生了大爱国主义者岳飞、文天祥。元代是蒙古贵族当政，也不必说了。明代又是一个大朝代，明代也受到北方少数民族的威胁，明英宗也有土木堡之围。明代之后清朝又是满族贵族当政。

中国两千多年以来的历史一直有外敌或内敌（下面还将讲这个问题）威胁，如果没有外敌的话，我们也产生不出岳飞、文天祥，也出不了爱国诗人陆游及更早牧羊北海的苏武。中华民族近两千年的历史一直受外敌，后来是西方来或南来的欧洲，或东方来的敌人的威胁。

所以，现在中国56个民族，过去不这么算，始终都有外敌。外敌存在是一种历史存在，由于有这么一个历史存在，决定了中国56个民族爱我们的祖国。

欧洲的历史与这不一样，很不一样。虽然难于从欧洲史上找出爱国主义者，但是欧洲人都爱国，这是毫无问题的，他们都爱自己的国家。我说中国人、中华民族爱国是存在决定意识，这是第一个问题。

第二个问题，爱国主义是不是好的？大家一看，爱国主义能是坏东西吗？我反复考虑这个问题，觉得没那么简单。我在上次纪念论文集的序言中讲了一个看法，认为爱国主义有广义、狭义之分。狭义的爱国主义指敌我矛盾时的表现，如苏武、岳飞、文天祥、史可法；还有一种爱国主义不一定针对敌人，像杜甫"致君尧舜上，再使风俗淳"，"君"嘛，当然代表国家，在当时爱君就是爱国家，杜甫是爱国的诗人。所以，爱国主义有狭义、广义这么两种。最近我又研究这一问题，现在有这么一种不十分确切的看法，爱国主义可分为正义的爱国主义与非正义的爱国主义。正义的爱国主义是什么呢？一个民族、一个国家受外敌压迫、欺凌、屠杀，这时候的爱国主义我认为是正义的爱国主义，应该反抗，敌人来了我们自然会反抗。还有一种非正义的爱国主义，压迫别人的民族，欺凌别人的民族，他们也喊爱国主义，这种爱国主义能不能算正义的？国家名我不必讲，我一说大家都知道是哪个国家，杀了人家，欺侮人家，那么你爱国爱什么国，这个国是干吗的？所以，我将爱国主义分为两类，即正义的爱国主义与非正义的爱国主义，爱国主义不都是好的。

我这个想法惹出一场轩然大波。北京有一个大学校长，看了我这个想法，非常不满，给我写了一封信，说：季羡林你那个想法在我校引起了激烈的争论，认为你说的不对，什么原因呢？你讲的当时的敌人现在都是我们56个民族之一，照你这么一讲不是违反民族政策吗？帽子扣得大极了。后来我一想，这事儿麻烦了，那个大学校长亲自给我写信！我就回了一封信，我说贵校一部分教授对我的看法有意见，我非常欢迎，但我得解释我的看法，一是不能把古代史现代化，二是你们那里的教授认为，过去的民族战争，如与匈奴打仗是内战，岳飞与金打仗是内战，都是内战，不能说是爱国。我说，按照这种讲法，中国历史上没有一个爱国者，都是内战牺牲者。若这样，首先应该把西湖的岳庙拆掉，把文天祥的祠堂拆掉，这才属于符合"民族政策"，这里需加上引号。

关于内战，我说我给你举一个例子，元朝同宋朝打仗能说是民族战争吗？今天的蒙古国承认是内战吗？别的国家没法说的，如匈奴，现在我们已经搞不清楚了。鲁迅先生几次讲过，当时元朝征服中国时，已经征服俄罗斯了，所以不能讲是内战。我说，你做校长的，真正执行民族政策应该讲道理，不能歪曲，我还听说有人这样理解岳飞的《满江红》，岳飞的《满江红》中有一句"壮志饥餐胡虏肉，笑谈渴饮匈奴血"，他们理解为你们那么厉害，要吃我们的肉，喝我们的血。岳飞的《满江红》是真是假，还值得研究，一般认为是假的。但我知道，邓广铭教授认为是真的。不管怎么样，我们不搞那些考证。虽然这话说得太厉害了，内战嘛，怎么能吃肉喝血？我给他们回信说，你做校长的要给大家解释，说明白，讲道理，不能带情绪。我们56个民族基本上是安定团结的，没问题的。安定团结并不等于说用哪一个民族的想法支配别的民族，这样不利于安定团结。后来他没有给我回信，也许他们认为我的说法有道理。

现在我感觉到爱国主义不一定都是好的，也有坏的。像牧羊的苏武、岳飞、文天祥，面对匈奴，抵抗金、蒙古，这些都是真的爱国主义。那么，陈先生的爱国主义呢？

大家都知道，我说陈先生是三世爱国，三代人。第一代人陈宝箴出生于1831年，1860年到北京会试，那时候英法联军火烧圆明园，陈宝箴先生在北京城里看见西方烟火冲天，痛哭流涕。1895年陈宝箴先生任湖南巡抚，主张新政，请梁启超做时务学堂总教习。陈宝箴先生的儿子陈三立是当时的大诗人，陈三立就是陈散原，也是爱国的，后来年老生病，陈先生迎至北京奉养。1937年陈三立先生生病，后来卢沟桥事变，陈三立老人拒绝吃饭，拒绝服药。前面两代人都爱国，陈先生自己对中国充满了热爱，有人问为什么1949年陈先生到南方来，关键问题在上次开会之前就有点争论。有一位台湾学者说陈先生对国民党有幻想，要到台湾去。广州一位青年学者说不是这样。实际上可以讲，陈先生到了台湾也是爱国，因为台湾属于中国，没有出国，这是诡辩。事实上，陈先生到了广东不再走了，他对蒋介石早已失望。40年代中央研究院院士开会，蒋介石接见，陈先生回来写了一首诗，"看花愁近最高楼"，他对蒋介石印象如此。

大家一般都认为陈先生是钻进象牙塔里做学问的，实际上，在座的与陈先生接触过的还有不少，我也与陈先生接触了几年，陈先生非常关心政治，非常关心国家前途，所以说到了广东后不再走了。陈先生后来呢，这就与我所讲的第二个问题有关了。

陈先生对共产主义是什么态度，现在一些人认为他反对共产主义，实际上不是这样的。大家看一看浦江清《清华园日记》，他用英文写了几个字，说陈先生赞成Communism（共产主义），但反对Russian Communism，即陈先生赞成共产主义，但反对俄罗斯式的共产主义。浦江清写日记，当时不敢写"共产"两个字，用了英语。说陈先生反对共产主义是不符合事实的。那么，为什么他又不到北京去，这就涉及我讲的第二个问题。第一个问题我讲了陈先生是一个真正的中国人，重点在"真正"，三代爱国还不"真正"吗？这第二个问题讲陈先生是一个真正的中国知识分子。

我自己作为一个中国的知识分子，也做了有80年了，有一点体会。中国这个国家呢，从历史上讲始终处于别人的压迫之下，当时是敌人现在可能不是了，不过也没法算，你说他们现在跑到哪里去了，谁知道。世界上哪有血统完全纯粹的人！没有。我们身上流的都是混血，广州还好一点，广东胡血少。我说陈先生为什么不到北京去？大家都知道，周总理、陈毅、郭沫若他们都希望陈先生到北方去，还派了一位陈先生的弟子来动员，陈先生没有去，提出的条件大家都知道，我也就不复述了。到了1994年，作为一个中国的知识分子，我写过一篇文章《一个老知识分子的心声》，我说中国的知识分子由于历史条件决定有两个特点：第一个爱国，刚才我已讲过了；第二个骨头硬，硬骨头，骨头硬并不容易。赞扬鲁迅，毛泽东说鲁迅的骨头最硬，这是中国知识分子的优良传统。

三国时祢衡骂曹操。章太炎骂袁世凯，大家都知道，章太炎挂着大勋章，赤脚，到新华门前骂袁世凯，他那时就不想活着回来。袁世凯这个人很狡猾，未敢怎么样。中国知识分子的这种硬骨头，这种精神，据我了解，欧洲好像也不大提倡。我在欧洲待了多年，有一点发言权，不过也不是百分之百的正确。所以，爱国是中国知识分子几千年来的一个传统，硬骨头又是一个传统。

陈先生不到北京，是不是表示他的骨头硬，若然，这下就出问题了：你应不应该啊？你针对谁啊？你对我们中华人民共和国骨头硬吗？我们50年代的党员提倡做驯服的工具，不允许硬，难道不对吗？所以，中国的问题很复杂。

我举两个例子，都是我的老师，一个是金岳霖先生，清华园时期我跟他上过课；一个是汤用彤先生，到北大后我听过他的课，我当时是系主任。这是北方的两位，还可以举出其他很多先生，南方的就是陈寅恪先生。

金岳霖先生是伟大的学者，伟大的哲学家，他平常非常随便，后来他在政协待了很多年，我与金岳霖先生同时待了十几年，开会时常在一起，同在一组，说说话，非常随便。有一次开会，金岳霖先生非常严肃地做自我批评，绝不是开玩笑的，什么原因呢？原来他买了一张古画，不知是唐伯虎的还是祝枝山的，不清楚，他说这不应该，现在革命了，买画是不对的。玩物丧志，我这个知识分子应该做深刻的自我批评，深挖灵魂中的资产阶级思想，不是开玩笑，真的！当时我也有点不明白，因为我的脑袋也是驯服的工具，我也有点吃惊，我想金先生怎么这样呢，这样表现呢？

汤用彤先生也是伟大学者，后来年纪大了，坐着轮椅，我有时候见着他，他和别人说话，总讲共产党救了我，我感谢党对我的改造、培养。他说，现在我病了，党又关怀我，所以，我感谢党的改造、培养、关怀，他也是非常真诚的。金岳霖、汤用彤先生不会讲假话的，那么对照一下，陈先生怎么样呢？我不说了。我想到了孟子说的几句话："富贵不能淫，贫贱不能移，威武不能屈，此之谓大丈夫。"

陈先生真够得上一个"大丈夫"。

现在有个问题搞不清楚，什么问题呢？究竟是陈先生正确呢，还是金岳霖、汤用彤先生和一大批先生正确呢？我提出来，大家可以研究研究。现在比较清楚了，改革开放以后，知识分子脑筋中的紧箍咒少了，感觉舒服了，可是50年代的这么两个例子，大家评论一下。像我这样的例子，我也不会讲假话，我也不肯讲假话，不过我认为我与金岳霖先生一派，与汤用彤先生一派，这一点无可怀疑。到了1958年大跃进，说一亩地产十万斤，当时苏联报纸就讲一亩地产十万斤的话，粮食要堆一米厚，加起麦秆来更高，于理不通的。"人有多大胆，地有多大产"，完全是荒谬的，当时我却非常真诚，像我这样的人当时被哄了一大批。我非常真诚，我并不后悔，因为一个人认识自己非常困难，认识社会也不容易。

我常常讲，我这个人不是"不知不觉"，更不是"先知先觉"，而是"后知后觉"，我对什么事情的认识，总比别人晚一步。今天我就把我最近想的与知识分子有关的问题提出来，让大家考虑考虑，我没有答案。我的行动证明我是金岳霖先生一派、汤用彤先生一派，这一派今天正确不正确，我也不说，请大家考虑。

1999 年 11 月

《第一届吴宓学术讨论会论文选集》序

吴雨僧（宓）先生逝世后12年，"文化大革命"泼到他身上的污泥浊水，已被完全洗清。他的亲属和弟子们会于陕西西安和泾阳，隆重举行"吴宓先生诞辰95周年纪念大会暨国际学术讨论会"。作为他的及门弟子，我虽然没能躬与盛会，但是衷心感慰激动，非可言宣。被污蔑、被诽谤只能是暂时的，而被推重、被怀念则是永恒的。历史上不乏先例。

将近六十年前，我在清华大学外国语言文学系读书时，听过雨僧先生两门课："英国浪漫诗人"和"中西诗之比较"。当时他主编天津《大公报·文学副刊》，我忝列撰稿人名单中，写过一些书评之类的文章。因此同他接触比较多。工字厅"藤影荷声之馆"也留下了我的足迹。当时我和我的同学们对雨僧先生的态度是有矛盾的。一方面，我们觉得他可亲可敬；他为人正派，表里如一，没有当时大学教授们通常有的那种所谓"教授架子"，因而对他极有好感。但是另一方面，我们对他非常不了解，认为他是怪人，古貌古心，不随时流，又在搞恋爱，大写其诗，并把他写的《空轩十二首》在课堂上发给同学们，从而成为学生小报的嘲笑对象。我对他最不了解的是他对当时新文学运动的态度。我们这一群年轻学生，无一不崇拜新派，厌恶旧派。解放后有一段时期流行的"左"比"右"强的风气，不意我们已经有了，虽然是无意识的。所谓"新派"指的是胡适、陈独秀、鲁迅等文坛上的著名人物。所谓"旧派"则指的是以雨僧先生为首的"学衡派"。我们总认为学衡派保守复古，开历史倒车。实际上，我们对新派的主张了解得比较多，对旧派的主张则可以说是没有了解，有时还认为不屑一顾。这种偏见在我脑海里保留了将近六十年。一直到这一次学术讨论召开，我读了大会的综合报导和几篇论文，才憬然顿悟：原来是自己错了。

五四运动，其功决不可泯。但是主张有些过激，不够全面，也是事实，而且是不可避免的。有人主张矫枉必须过正，不过正不足以矫枉。这个道理也可以应用到五四运动上。特别是用今天的眼光来看，五四运动在基本上正确的情况下，偏颇之处也是不少的，甚至是相当严重的。主张打倒孔家店，对中国旧文化不分青红皂白一律扬弃，当时得到青年们的拥护。这与以后的"文化大革命"确有相通之处。其错误是显而易见的。

雨僧先生当时挺身而出，反对这种偏颇，有什么不对？他热爱祖国，热爱祖国文化，但并不拒绝吸收外国文化的精华。只因他从来不会见风使舵，因而被不明真相者或所见不广者视为顽固，视为逆历史潮流而动。这真是天大的冤枉。

而我作为雨僧先生的学生又景仰先生为人者，竟也参加到这个行列里来，说来实在惭愧。如果只有我一个人这样一时糊涂，倒也罢了。据我所知，当时几乎所有的年轻人都同我一样，这就非同小可了。如果没有这一次纪念会，我这愚蠢的想法必然还会继续下去。现在，我一方面感谢这一次纪念会给了我当头一棒，另一方面又痛感对不起我的老师。我们都应该对雨僧先生重新认识，肃清愚蠢，张皇智慧，这就是我的愿望。我希望，这次纪念会是一个良好的开端，对雨僧先生我们还要继续研究，深入研究，大大地发扬他那颗热爱祖国，热爱人民，热爱祖国文化的拳拳赤子之心，永远纪念他，永远学习他。

我感谢李赋宁教授和蔡恒教授要我写这一篇序，我因而得到机会，彻底纠正我对雨僧先生的一些不正确的看法。

1990 年 9 月 23 日

纪念陈寅恪教授国际学术研讨会闭幕词

我想讲三点意见。第一是对大会的评价。

我听了许多先生的谈话，他们都认为这次会是成功的会。我认为这反映了客观实际。我们过去在开完会后习惯讲什么"团结的大会""胜利的大会"，好像一个俗套。但今天我们要说会议是成功的，并非俗套，而有事实根据，这主要表现在：

一、认识了会议的重大意义。许多先生都持同样看法。在来参加会议之前，我并没有认识到会议的意义有多大，经过两天多的会议，认识到这个会的意义非常大。

二、各抒己见，畅所欲言。这次小组会分两个组，每组的讨论都各抒己见，大家有什么意见都讲出来了，畅所欲言，大家没有什么保留。中央的政策就是要大家讲话，这是一个了不起的变化。这个良好的会风是成功的一个标志。

三、我们对陈寅恪先生的了解加深了。我从30年代就开始听陈先生的课，陈先生的著作几乎都拜读了。可我对陈先生的了解同三天之前比，不是量变，而是质变，对陈先生的了解加深了。

四、以文会友，以友辅仁。我们有以文会友的优良传统，我们的文是陈先生的学术，以学术会朋友。许多先生的著作我都读过，名字听过，可未见过，而这次都见到了。参加这次会的是老中青学者，这次我们认识了，我相信以后我们还是朋友。

五、小组会的形式灵活。过去我们在国内开会，小组分得很死，指定名字把人员固定到一个小组，这次我们采取自愿的形式，这样的形式好。

以上五点说明我们的会是成功的，不是一句空话。这个评价是我自己的评价，同时参考了许多先生的意见。

第二，对陈寅恪先生学术或者对其整个人的看法。

就我所听到的，几乎所有到会的人都认为陈先生是个大学者，一代大师，他融合中西，学贯古今，博大精深，爱国，才、学、识都具备等。其中一些学者也有些疑问。刚才黄约瑟先生谈到历史唯物主义问题，但未讲下去，我是否理解错你的意思。陈先生在解放后对马列主义史学是什么态度，这是一个问题。这个问题在"文革"前提出，我没有异议，陈先生不是一个马克思主义者，可现在我则不敢说。郭沫若先生、范文澜先生、翦伯赞先生这几位马列主义史学家对中国历史的分析判断，与陈先生对中国历史的分析判断，根本区别究竟何在？这很简单，过去可以说，有没有阶级观点，有没有以阶级斗争为纲，就是区别。阶级本身很复杂，我并没有否定马克思主义的意思。近来我有些偏见，对理论毫不感兴趣，因为碰钉子太多了。但我对一个理论信服，即马克思主义理论。马克思的《资本论》中的"剩余价值""劳动价格与价值"的理论，我觉得分析得细致入微，很能说服人，讲历史的生产关系和生产力发展的矛盾，这能说服人。我认为，只有马克思主义的基本理论才是理论，我不是否定马克思主义，我是否定教条的马克思主义。现在的理论太多了，如果搞一点考据有人则瞧不起你。陈先生从未标榜自己是马克思主义者，但在会上的报告中间，占一半的先生认为陈先生有朴素的唯物主义、朴素的辩证法，这就与马克思主义有相通之处，这可能高了，但我说不出高在哪里。世界学术史上，不管社会科学、人文科学还是自然科学，一个学者如果是实事求是的，有良心的，他就必然是唯物主义者。一个人标榜自己是马克思主义者，他可能是马克思主义者，也可能不是。他不标榜自己是马克思主义者，但可能是唯物主义者。我们总讲陈先生实事求是，实事求是就是唯物主义。关于陈先生和马克思主义的关系，我建议，史学界的先生们，将前面所谈到的郭老、翦老、范老等几老对待一个简单问题的分析，与陈先生的分析研究一下，看看究竟差别在何处？是不是除了马列主义之词句以外，就没有什么东西了。如果陈先生的方法实事求是，马列主义也应实事求是，那么对一个问题的研究不会产生两种可能。我认为值得研究。第三，我们今天从陈寅恪先生那里究竟能学习什么东西。

我们开这个会，有的先生不远千里而来，有的不远万里而来，说明我们开这个会意义重大。汪荣祖先生讲得好，我们现在只是开始，不是终结。我现在主要对青年学者讲几句话，我们应该考虑一下，通过这个会，我们，特别是青年学者从这次会中应学到什么东西。中国有句老话，"长江后浪推前浪，世上新人换旧人"，这是一个自然规律，社会发展规律，社会永远不能停留在一个地方，所以我们任何人，都只能是环节中的一环。打一个比喻，跑接力赛，我们跑一阵，把棒递给你们，你们再跑下去。我听说有的青年人开玩笑说，要打倒老家伙。我现在说，你们不要打倒我们，否则等你们年龄大了，别人也要打倒你。我们手里都有接力棒，谁也不是开始，谁也不是终结。可是我们承认，年轻人比我们好，否则人类就不能进步。我们走在前边，年轻人在后边跟来。你们一定要超过我们，不超过我们，原地踏步走，踏两万年也不能进步。因此，我对年经同志讲，将来我们把棒交给你，你要跑了，将来你要交给你的学生，你应该比我们强。我们应该为你让路，创造机会，不能做绊脚石，老人容易保守，但年轻人要警惕骄傲，要互相学习，谁也不要打倒谁，老的学者要为年轻人开路，做先锋，年轻人要认真学习老人的优点。

我谈一谈超越问题。超越陈先生并不简单。整个社会是在发展，是在前进的，这是一般的情况。但是中间应该有一些例外，一般来讲，后人要超越前人，但是那些高峰、巨人在某些方面是超越不了的。主要原因是环境不允许再出那样的人。马克思讲希腊神话有永久的魅力，理由在此。陈先生是学术巨人，在他的范围之内无法超越，原因就是我们今后不可能再有他那样的条件。总的倾向是可以超越的，但又不可以超越。我同意汪先生的观点，又可以超越，又不可以超越。

我个人认为通过这次会，年轻人可以向陈先生学习的东西，可归纳为六句话：

一、不泥古人，不做古人的奴隶。陈先生不做古人的奴隶，我希望年轻人也不做古人的奴隶。

二、跟上时代。陈先生最大的特点是"预流"，"预流"就是跟上时代潮流，每个时代有每个时代的新学问，王国维先生也是这样讲的。他讲有新材料有新学问，新材料是主要的，但我认为完全归于新材料上也不一定准确。每个时代有每个时代的潮流，学者应赶上潮流，赶不潮流，则要落伍。要预流，必须跟上时代。陈先生是跟上时代的，现在的时代潮流我说不清楚，主潮是什么东西，我谈不出。现在有一个不好的现象，名词多，内容少，新名词是必要的，问题是吸收外来东西，光吸收名词不行，重要的是吸收内容。现在的年轻人应踏踏实实，学术要讲道德，自己不懂的不要愚弄别人。现在有很多人写文章时，引别人的书不讲出处，这是不好的学风。

三、实事求是。它牵涉考证问题。我受了些影响，喜欢考证。陈先生的绝大部分文章是考证。对考证如何看是一个问题，现在的年轻人最讨厌考证。胡适先生非常注重考证。读书，首先要看懂，考证，有时是看懂的必要手段。研究任何问题，特别是历史，必须要走的第一步是要看懂文章，看不懂文章，任何现代的主义都没有用，要看懂文章，非要考证。年轻的同志对考证不要讲得太神，也不要全盘否定，这条路是不能逾越的，否则出笑话。

四、独辟蹊径。前人走的路你不要走，一定要开辟新道路。陈先生在他涉足的领域都有新见解，而且他写文章有一个大的特点，没有水分，开门见山谈问题，花言巧语他不讲。

五、关心时事。对陈先生很难得，他非常关心时事，当我们解放初一边倒时，陈先生写诗表示忧虑。当原子弹上天时，陈先生非常兴奋，他认为我们有力量摆脱外国人的控制。

六、热爱祖国。这一点很清楚，用不着多说。

以上几点都是陈先生身上具备的，也是我们应该向陈先生学习的。

1990年9月23日

《神州学人丛书》序

我是一个老留学生,在国外学习和工作了十年有余,后来我又到过全世界许多国家,对于留学生的情况,我应该说是了解的。但是,俗话说:"老年的皇历看不得了。"我回国至今已有半个世纪,可谓"老矣",我这一本皇历早已经看不得了。可为什么我现在竟斗胆来写这样一篇序呢?

原因当然是有的。虽然相距半个世纪,在这期间,沧海桑田,世界发生了天翻地覆的变化,留学生自不能例外。但是,既同称留学生,必然仍有其共同之处。我的一些看来似已过时的看法和经验,未必对今天的留学生没有用处。这有点像翻看旧书,偶尔会发现不知多少年前压在书中的一片红叶,岁月虽已流逝,叶片却仍红艳如新,它会勾引起我和别人一些对往事栩栩如在目前的回忆。

我现在就把这些回忆从心中移到纸上来。

中国之有"留学热",不自今日始。30年代初起一直到后来很长的时间内,此"热"未消,而且逐年增温。当年的大学生,一谈到留学,喜者有之,悲者亦有之。虽同样炽热,而心态却又天地悬殊。父母有权、有势、有钱,出国门易如反掌,自然是心旷神怡,睥睨一切。无此条件者,唯有考取官费一途,而官费则名额只有几个,僧多粥少，向隅而叹者，比比皆是，他们哪能不悲呢？我曾亲眼看到，有的人望"洋"兴叹，羡慕得浑身发抖，遍体生热。

留学的动机何在呢？高者胸怀"科学救国"的大志，当时"科学"只能到外国去学。低者则一心只想"镀金"。在当时大学毕业生找"饭碗"十分困难的情况下，想出国镀一下金，用现在的话说，就是"包装"，以便回国后在抢饭碗的搏斗中靠自己身上的金色来震撼有权势、有用人权者的心，其用心良苦，实亦未可厚非，我们大可以不必察察为明，细细地去追究别人心中的"活思想"和"一闪念"，像"四人帮"那样，这一帮人是彻头彻尾的伪君子。

尽管在当时留学生出国的目的各不相同，但是也有共同的地方。据我的观察，这个共同性是普遍的，几乎没有任何例外的。这就是：出国是为了回国，想待在或者赖在外国不回来的想法，我们连影儿都没有，甚至连"一闪念"中也没有闪过。

写到这里，我再也无法抑制住同今天的留学生比一比的念头。根据我所看到的或者听到的情况来看，今天的留学生，其数目大大地超过了50年前。其中绝不缺少有"出国是为了回国"的仁人志士。但是大部分——大到什么程度，我没有做过统计，不敢乱说——却是"出国为了不回来"的。这种现象，自然会有其根源，而且根源还是明摆着的。无论什么根源也决不能为这个现象辩解。我虽年迈，但尚未昏聩。对于这个现象我真是大为吃惊，大为浩叹，不经意中竟成了九斤老太的信徒。

根据我多年的观察与思考，我觉得，世界上各国都有自己的知识分子。既然同为知识分子，必然有其共同点。这个共同点并不神秘，不用说人们也明白，这就是：他们都有知识，否则，没有知识，就不能称其为"知识分子"。但是，最重要的，还是他们都有不同之处。

别的国家，我先不谈，只谈中国。同别的国家的知识分子比较起来，中国知识分子的特点是异常鲜明、异常突出的。也许有人会问：你不是正讲留学生吗？怎么忽然讲开了知识分子？原因十分清楚，因为留学生都是知识分子，是知识分子中一个独特的部分。所以讲留学生必须讲知识分子。

那么，中国知识分子的异常鲜明、异常突出之处究竟何在呢？归纳起来，我认为有两点：一是讲骨气，二是讲爱国。所谓"骨气"，就是我们常说的"有骨头""有硬骨头"等等，还有"不吃嗟来之食"也属于这一类。至于"宁死不屈""宁为玉碎，不为瓦全"一类的话，更是俯拾即是。《孟子·滕文公上》说："富贵不能淫，贫贱不能屈，威武不能移，此之谓大丈夫。"这说得多么具体，多么生动，掷地可作金石声。我们不但这样说，而且这样做。三国时祢衡击鼓骂曹，被曹操假黄祖之手砍掉了脑袋。近代章太炎胸佩大勋章，赤足站在新华门前，大骂住在里面的袁世凯，更是传为佳话，引起普遍的尊重。这种例子，中国历史上还多得很。其他国家，不能说一点也不提倡骨气，但绝没有中国这样普遍，这样源远流长。

我觉得，我们中国人民，我们中国知识分子，我们中国留学生都必须有这样的骨气。

说到爱国，中国更为突出。在世界上众国之林中，没有哪一个国家宣传不爱国的。任何国家的人民都有权利和义务爱自己的国家。但是，我们必须对爱国主义加以分析。不能一见爱国主义，就认为是好东西。我个人认为，世界上有两种爱国主义，一真一假；一善一恶。被压迫、被侵略、被剥削国家和人民的爱国主义，是真爱国主义，是善的、正义的爱国主义。而压迫人、侵略人、剥削人的国家和人民的爱国主义，是邪恶的、非正义的假爱国主义，实际上应该称之为"害国主义"。这情况一想就能明白。德国法西斯和日本军国主义者狂喊"爱国主义",喊得震天价响。这样的国能爱吗?值得爱吗?谁爱这样的国,谁就沦为帮凶。而我们中国,以汉族为基础的中国,虽号称天朝大国,实则每一个朝代都有"边患",我们反而是被侵略、被屠杀者。这些少数民族,现在已融入中华民族这个大家庭中;但在历史上却确是敌人。我们不能把古代史现代化。因为中国人民始终处在被侵略、被屠杀的环境中,存在决定意识,我们就形成了连绵数千年根深蒂固的爱国主义。中国历史上有名的爱国者灿如列星,光被四表。汉朝的苏武,宋朝的岳飞、文天祥、辛弃疾、陆游等等,至今都是家喻户晓的人物,为中华民族增添了正气,为我们后代做出了榜样,永远照亮我们前进的道路。

我觉得,我们中国人民,我们中国知识分子,我们中国留学生都必须爱国。

说到这里,我不妨讲几个我们五六十年前老留学生的故事。在"二战"期间,我正在德国留学和工作。我们住在小城哥廷根的几个留学生,其中有原清华大学副校长、中国科学院院士张维教授等。我们常想,一个人在国内要讲人格。在国外,除了人格,还要讲国格。因为你在国外,在外国人眼中,你就是中国的代表。他们没有到过中国,你是什么样子,他们就认为中国是什么样子。你的一举一动,都不能掉以轻心。我们常讲,如果同德国学生有了冲突,他出言不逊,侮辱了我们自身,这样的情况还可以酌情原谅。如果他侮辱我们国家,我们必须跟他玩儿命。幸而,我们从来没有碰到这样的情况。我们十分感谢诚实可靠、待人以礼的伟大的德国人民。

1942年,国民党政府的使馆从柏林撤走,取而代之的是日军走狗汉奸汪精卫的使馆。这对我们来说是一个十分关键、意义异常重大的事情。我同张维等商议，决不能同汉奸使馆发生任何关系。我们毅然走到德国警察局，宣布我们无国籍。要知道，宣布无国籍是有极大的危险性的。一个无国籍的人，就等于天空中的一只飞鸟，任何人都可以捕杀它，受不到任何方面的保护。我们冒着风险这样做了。一个有良心的中国人也只能这样去做。然而我们内心中却是十分欣慰的，认为自己还不是孬种，还能够算得上一个堂堂正正的中国人。我们没有失掉人格，也没有失掉国格。

我说这一番话，好像是"老王卖瓜，自卖自夸"，意在吹擂自己。我全没有这样的想法。我比今天的留学生年龄要大上五六十岁。我不愿意专门说些好听的话，取悦于你们。如果我还有什么优点的话，那就是：我敢于讲点真话，肯讲点真话。我上面讲到的今天留学生的情况，也全是真话，没有半句谎言。

如果真是这样的话，我岂不是认为"今不如昔"了吗？岂不是认为"黄鼬降老鼠，一窝不如一窝"了吗？我决不这样相信。我上面虽然说到：我成了九斤老太的信徒。其实并没有。我的信条一向是"长江后浪推前浪，世上新人换旧人"。我始终相信"雏凤清于老凤声"。我认为人类总会越来越好的，而绝不是相反。今天留学生的情况只能是暂时的现象。目前我们国家在生活福利方面还赶不上发达的国家，还有一些不尽如人意的地方，但这也只能是暂时的现象。我们有朝一日总会好起来的。今天有些留学生不想回国，我不谴责他们，我相信他们仍然是爱国的。即使已经"归化"了其他国家的人，他们的腔子里仍然会有一颗中国的心。那种手执刀叉，口咽大菜，怀里揣满了美元而认为心满意足，认为是实现了人生的意义与价值的人，毕竟只能是极少数。

我倚老卖老，刺刺不休，在上面讲了这一些并不是每一个人都爱听的话。俗话说:"良药苦口利于病,忠言逆耳利于行。"我相信,我的话不会没有用处的。话中如果有可取之处,则请大家取之。如果认为根本没用,则请大家弃之如敝屣,我绝不会有任何怨言。

              1995 年 11 月 5 日

为胡适说几句话

在中国近现代史上,胡适是一个起过重要作用但争议又非常多的人物。过去,在极"左"思想的支配下,我们曾一度把他完全抹杀,把他说得一文不值,反动透顶。十一届三中全会以后,我们看问题比较实事求是了。因此对胡适的评价也有了一些改变。但是,最近我在一份报刊上一篇文章中读到,(胡适)"一生追随国民党和蒋介石",好像他是一个铁杆国民党员、蒋介石的崇拜者。根据我的了解,好像事情不完全是这个样子,因此禁不住要说几句话。

胡适不赞成共产主义,这是一个事实,是谁也否认不掉的。但是,他是不是就是死心塌地地拥护国民党和蒋介石呢?这是一个值得探讨的问题。他从来就不是国民党员,他对国民党并非一味地顺从。他服膺的是美国的实验主义,他崇拜的是美国的所谓民主制度。只要不符合这两个尺度,他就挑点小毛病,闹着独立性。对国民党也不例外。最著名的例子是他在《新月》上发表的文章:《知难行亦不易》,是针对孙中山先生的著名学说"知难行易"的。我在这里不想讨论"知难行易"的哲学奥义,也不想涉及孙中山先生之所以提出这样主张的政治目的。我只想说,胡适敢于对国民党的"国父"的重要学说提出异议,是需要一点勇气的。蒋介石从来也没有听过"国父"

的话，他打出孙中山先生的牌子，其目的只在于欺骗群众。但是，有谁胆敢碰这块牌子，那是断断不能容许的。于是，文章一出，国民党蒋介石的御用党棍一下子炸开了锅，认为胡适简直是大不敬，竟敢在太岁头上动土，一犬吠影，百犬吠声，这一群走狗一拥而上。但是，胡适却一笑置之，这一场风波不久也就平息下去了。

另外一个例子是胡适等新月派的人物曾一度宣扬"好人政府"，他们大声疾呼，一时甚嚣尘上。这立刻又引起了一场喧闹。有人说，他们这种主张等于不说，难道还有什么人主张坏人政府吗？但是，我个人认为，在国民党统治下而提倡好人政府，其中隐含着国民党政府不是好人政府的意思。国民党之所以暴跳如雷，其原因就在这里。

这样的小例子还可以举出一些来，但是，这两个也就够了。它充分说明，胡适有时候会同国民党闹一点小别扭。个别"诛心"的君子义正词严地昭告天下说，胡适这样做是为了向国民党讨价还价。我没有研究过"特种"心理学，对此不敢赞一辞，这里且不去说它。至于这种小别扭究竟能起什么作用，也不在我研究的范围之内，也不去说它了。我个人觉得，这起码表明胡适不是国民党蒋介石的忠顺奴才。

但是，解放以后，我们队伍中的一些人创造了一个新术语，叫作"小骂大帮忙"。胡适同国民党闹点小别扭就归入这个范畴。什么叫"小骂大帮忙"呢？理论家们说，胡适同国民党蒋介石闹点小别扭，对他们说点比较难听的话，这就叫作"小骂"。通过这样的"小骂"，给自己涂上一层保护色，这种保护色是有欺骗性的，是用来迷惑人民的。到了关键时刻，他又出来为国民党讲话。于是人民都相信了他的话，天下翕然从之，国民党就"万寿无疆"了。这样的"理论"未免低估了中国老百姓的觉悟水平。难道我们的老百姓真是这样糊涂、这样低能吗？国民党反动派最后垮台的历史，也从反面证明了这种说法是不正确的，是不符合实际情况的。把胡适说得似乎比国民党的中统、军统以及其他助纣为虐的忠实走狗还要危险，还要可恶，也是不符合实际情况的。

我最近常常想到，解放以后，我们中国的知识分子学习了辩证法，对于这一件事无论怎样评价也不会过高的。但是，正如西方一句俗语所说的那样：一切闪光的不都是金子。有人把辩证法弄成了诡辩术，老百姓称之为"变戏法"。辩证法稍一过头，就成了形而上学、唯心主义、教条主义，就成了真正的变戏法。一个最著名的例子就是，在封建时代赃官比清官要好。清官能延长封建统治的寿命，而赃官则能促其衰亡。周兴、来俊臣一变而为座上宾，包拯、海瑞则成了阶下囚。当年我自己也曾大声疾呼宣扬这种荒谬绝伦的谬论，以为这才是真正的辩证法，为了自己这种进步，这种"顿悟"，而心中沾沾自喜。一回想到这一点，我脸上就不禁发烧。我觉得，持"小骂大帮忙"论者的荒谬程度，与此不相上下。

上面讲的对胡适的看法，都比较抽象。我现在从回忆中举两个具体的例子。我于1946年回国后来北大工作，胡适是校长，我是系主任，在一起开会，见面讨论工作的机会是非常多的。我们俩都是国立北平图书馆的什么委员，又是北大文科研究所的导师，更增加了见面的机会。同时，印度尼赫鲁政府派来了一位访问教授师觉月博士和六七位印度留学生。胡适很关心这一批印度客人，经常要见见他们，到他们的住处去看望，还请他们吃饭。他把照顾印度朋友的任务交给了我。所有这一切都给了我更多的机会，来观察、了解胡适这样一个当时在学术界和政界都红得发紫的大人物。我写的一些文章也拿给他看，他总是连夜看完，提出评价。他这个人对任何人都是和蔼可亲的，没有一点盛气凌人的架子。这一点就是拿到今天来也是颇为难能可贵的。今天我们个别领导干部那种目中无人、天上天下唯我独尊的气势我们见到的还少吗？根据我几年的观察，胡适是一个极为矛盾的人物。要说他没有政治野心，那不是事实。但是，他又死死抓住学术研究不放。一谈到他有兴趣的学术问题，比如说《水经注》、《红楼梦》、神会和尚等等，他便眉飞色舞，忘掉了一切，颇有一些书呆子的味道。蒋介石是流氓出身，一生也没有脱掉流氓习气。他实际上是玩胡适于股掌之上。可惜胡适对于这一点似乎并不清醒。有一度传言，蒋介石要让胡适当总统。连我这个政治幼儿园的小学生也知道，这根本是不可能的，这是一场地地道道的骗局。可胡适似乎并不这样想。当时他在北平的时候不多，经常乘飞机来往于北平与南京之间，仆仆风尘，极为劳累，他却似乎乐此不疲。我看他是一个异常聪明的糊涂人。这就是他留给我的总印象。

我现在谈两个小例子。首先谈胡适对学生的态度。我到北大以后，正是解放战争激烈地展开，国民党反动派垂死挣扎的时候。北大学生一向是在政治上得风气之先的，在反对国民党反动统治方面，也是如此。北大的民主广场号称北京城内的"解放区"。学生经常从这里列队出发，到大街上游行示威，反饥饿，反迫害，反内战。国民党反动派大肆镇压、逮捕学生。从"小骂大帮忙"的理论来看，现在应当是胡适挺身出来给国民党帮忙的时候了，是他协助国民党反动派压制学生的时候了。但是，据我所知道的，胡适并没有这样干，而是张罗着保释学生，好像有一次他还亲自找李宗仁，想利用李的势力让学生获得自由。有的情景是我亲眼目睹的，有的是听到的。恐怕与事实不会相距过远。

还有一件小事，是我亲身经历的。大约在1948年的秋天，人民解放军已经对北平形成了一个大包围圈，蒋介石集团的末日快要来临了。有一天我到校长办公室去见胡适，商谈什么问题。忽然走进来一个人——我现在忘记是谁了，告诉胡适说，解放区的广播电台昨天夜里有专门给胡适的一段广播，劝他不要跟着蒋介石集团逃跑，将来让他当北京大学校长兼北京图书馆馆长。我们在座的人听了这个消息，都非常感兴趣，都想看一看胡适怎样反应。只见他听了以后，既不激动，也不愉快，而是异常地平静，只微笑着说了一句："他们要我吗？"短短的五个字道出了他的心声。看样子他已经胸有成竹，要跟国民党逃跑。但又不能说他对共产党有刻骨的仇恨。不然，他决不会如此镇定自若，他一定会暴跳如雷，大骂一通，来表示自己的对国民党和蒋介石的忠诚。我这种推理是不是实事求是呢？我认为是的。

总之，我认为胡适是一位非常复杂的人物，他反对共产主义，但是拿他那一把美国尺子来衡量，他也不见得赞成国民党。在政治上，他有时候想下水，但又怕湿了衣裳。他一生就是在这种矛盾中度过的。他晚年决心回国定居，说明他还是热爱我们祖国大地的。因此，说他是美国帝国主义的走狗，说他"一生追随国民党和蒋介石"，都不符合实际情况。

解放后，我们有过一段极"左"的历史，对胡适的批判不见得都正确。十一届三中全会以后，我们拨乱反正，知人论世，真正的辩证法多了，形而上学、教条主义、似是而非的伪辩证法少了。我觉得，这是了不起的成就，了不起的转变。在这种精神的鼓舞下，我为胡适说了上面这一些话，供同志们探讨时参考。

1987年11月25日

周作人论
——兼及汪精卫

研究中国近代文学史，周作人这个人是一个难以绕过的人物，是一个不容忽视的人物。但是，偏偏这个人又是一个性格十分复杂、经历十分跌宕的人。因此，在评论这个历史人物时，在论者基本上调子一致的情况下，也时有杂音出现。我个人不是研究近代中国文学的人，但年轻时读过周作人的许多书，也许是当时已经出版的全部的书，对此人颇感兴趣，因此不揣谫陋，也想发表点意见。

促使我想发表一点意见的最直接的动力，来自我最近读的一篇文章：《另一个周作人》（作者傅国涌，见《书屋》2001第11期，页23—27）。文章一开头就说："我们现在所知道的周作人和真实的周作人是有很大距离的。"这里使用了"真实的周作人"这样一个词儿，意思就是说，我们现在所知道的周作人是不"真实"的或者竟可以说是"虚假"的。如果想勉强把周作人划分为几"个"的话，那么只有两"个"：一个是"五四"时期向着旧势力冲锋陷阵的勇猛的战士，一个则是在日寇侵华后成为日本的华北教育督办的民族败类臭名永垂的大汉奸，两者都是真实的。两个周作人的历史都是同一个周作人写成的。从生理学上来讲，一个人不可能劈成两个。傅国涌先生的意思大概是说，我们现在一般知道的周作人是后者，是不真实的，只有前者真实。前者是"另一个周作人"。

我个人对于这种提法有不同的看法，现在想提出来供大家讨论。

我们感谢傅国涌先生对"另一个周作人"搜集了丰富翔实的资料。他在本文中有时也提出一些对周作人的看法，比如"其实起码在1928年以前，周作人的血并没有冷却、凝固，没有躲进他的书斋，品苦茶、写小品文，而是尽到了一个知识分子应尽的责任"。（页24）又如傅先生讲到，1922年3月，李大钊、陈独秀、蔡元培、汪精卫、邓中夏等一大批非常有影响的知识分子，在北京成立了"非宗教大同盟"，旨在反对宗教，尤其是基督教。周作人、钱玄同、沈兼士、马裕藻等则大倡信教自由。傅先生说："八十年后回过头来看这段公案，如果不因人废言，是非是很清楚的，周作人他们'少数'人无疑站在正确的一面。"（页25）

傅先生在不厌其详地列举了前期周作人的丰功伟绩之后，对他转变的过程和原因也做了一些分析。他写道："他后期的变化（大致上在1927年冬天以后）在思想、性格上的根源也许由来已久，但李大钊的惨死，北新书局被迫停业，《语丝》被禁止（周作人和刘半农曾到一个日本朋友家避了一次难），这些变故对他的转变恐怕都产生了相当深刻的影响。""1928年11月，周作人发表了《闭户读书论》，我把这看作是他生命的分界线，从此以后那个曾和民族共同体共命运，与大时代同呼吸的周作人就彻底告别了过去，回到书斋。那一年周作人仅仅44岁，离轰轰烈烈的五四运动也不到十年。"（页27）我认为，傅先生的分析是完全正确的，特别是他提到了"在思想、性格上的根源也许由来已久"，更具有真知灼见。鲁迅和周作人同出一个破落的书香门第，幼年所受的教育和环境熏陶几乎完全一样。但是，到

竖起文人铁脊梁 | 75

了后来，两人却走了截然不同的两条道路，其中思想和性格上的根源起着主导作用。这样说，可能有背于某一些教条。但是，如果不这样解释，又当怎样去解释呢？

傅国涌先生的文章《另一个周作人》就介绍这样多。我在上面已经说到过，傅先生笔下"另一个周作人"是真实的，这里指的是五四时期叱咤风云的周作人。这当然是"真实的"。但是，日寇入侵后当了华北教育督办的周作人也是"真实的"。看样子，傅先生是想给前一个周作人打抱不平，"发潜德之幽光"。实际上，根据我个人的观察，第一个周作人，"另一个周作人"，现在也没有完全被遗忘，在五四运动的资料中还能够找到他的材料。

我认为，我们所面临的困难是如何实事求是地评价像周作人这样一个知识分子。这种人的生命历程变动太大，几乎是从一个极端变到另一个极端，令人抓不住重点，也不知道从何处下手。

我在上面的叙述中，好像是把周作人的生命历程分为前后两大部分，这是不够精确的。实际上应该分为三个阶段。第一阶段，由五四运动到1928年。在这个阶段中，周作人是那一群对准旧堡垒冲锋陷阵的最英勇的战士中的一员。第二阶段，约摸自1928—1937年日寇正式入侵。在这一个阶段中，周作人回到了书斋，"闭户读书"，邀集了一批志同道合者，"且到寒斋吃苦茶"，倡导小品文，写写打油诗。这一批人批阅新生国文试卷，发现了一些错别字，如获至宝，诗兴大发，纷纷写诗加以讽刺，引起了鲁迅的强烈不满。这可以说是一个过渡阶段，主要原因是由周作人的思想和性格所决定的。第三阶段就是日寇正式大举入侵后一直到1945年日寇垮台。令人奇怪的但也并不太奇怪的是，在第一阶段，周作人风华正茂时就常常发表不喜欢谈政治的言论。但是到了第三阶段，他不但谈了政治，而且身体力行当了大官，不是共产党的官，也不是国民党的官，而是外来侵略者的官。这一顶汉奸的帽子是他给自己戴上的，罄东海之水也是洗不清的。在这个问题上，同周作人境况类似的人往往祭起动机这个法宝来企图逃脱罪责。我没有研究过周作人，不敢乱说。即使他有的话，也自在意料之中。我们是动机与效果的统一论者，但是归根结底，效果起决定性的作用。

在这里，我忽然想到了汪精卫。他同周作人有十分相似的经历，但更为鲜明、突出。年轻的汪精卫，一腔热血，满怀义愤，到北京来想炸死摄政王，不幸失败被俘。他写了一首有名的诗：

慷慨歌燕市，

从容作楚囚。

引刀成一快，

不负少年头。

诗句豪气冲天，掷地可作金石声。可惜他没能如愿，他被营救了出来。从那以后，在长达几十年的漫长的时期中，汪精卫活跃在国民党的政坛上，翻手为云，覆手为雨，极尽云谲波诡之能事。最终充当了日伪政权的主席。我在什么地方读到过他的一番谈话，大意是说：如果他不出来充当日伪政府的主席，日寇杀中国人将会更多。这就是汪精卫的动机论。这话大有佛祖说"我不入地狱，谁入地狱！"的气概，真不知人间尚有"羞耻"二字！

从周作人和汪精卫事件中，我想到了两个问题：一个是人生的寿夭问题，一个是保持晚节的问题。这两个问题有区别，又有联系。我先从第一个问题谈起。除非厌世自杀的极少数人以外，人类，同其他一切生物一样，没有不想寿而想夭的。在人们的口头语中有大量这样的话，比如"长命百岁""寿比南山""福寿双全"等等，对皇帝则说"万岁""万寿无疆"等等颂词。在许多年前中国"造神"运动达到顶峰的时候，我们不是也都狂呼"万岁"和"万寿无疆"吗？总之，在一般人的思想中，长寿是一件好事。这对绝大多数的人来说也是正确的。但对极少数的人来说，长寿不但不是好事，而且是天大的坏事。比如，如果周作人在五四运动中或者其后不久就死掉的话，他在中国文学史上将永远成为一个新文化的斗士。然而他偏偏长寿了，长寿到成为不齿于人类的大汉奸卖国贼。对周作人来说，长寿不是一种不折不扣的灾难吗？再比如汪精卫。如果他那"引刀成一快"的愿望得以实现的话，他将成为同岳飞等并列的民族英雄，流芳千古。然而他偏偏又长寿了，长寿到成为比周作人更令人憎恨的狗屎堆，遗臭万年。对汪精卫来说，长寿也成了一场灾难。这种想法，古代人也有过。唐代大诗人白居易有一首诗：

周公恐惧流言后，
王莽谦恭未篡时。
向使当初身便死，
一生真伪复谁知。

王莽就是死得太晚了。他因长寿而露了马脚，成为千古巨奸。

谈到这里，就同第二个问题联结上了，保持晚节的问题。中国自古以来一向非常重视晚节的问题。《战国策·秦策五》说："诗云，行百里者，半于九十。此言末路之难也。"宋代的大政治家韩琦在

《在北门九日燕诸曹》一诗中写道:"莫羞老圃秋容淡,要看寒花晚节香。"寓意深远,值得玩味。中国还有"盖棺论定"的说法,意思是,人只要活着,不管年纪多大,就有变的可能。只有盖棺以后,才能对他论定。周作人和汪精卫晚节不保,没有盖棺,即可论定了。我们从这两个人身上可以"学习"到很多东西,他们是地地道道的反面教员。

我们的祖国早已换了人间。在今天的国势日隆,人民生活水平迅速提高的大好形势下,保持晚节的问题还有什么现实意义吗?有,而且很迫切。一些曾经出生入死为人民立过大功的人,一旦晚节不保,立即堕落为人民的罪人,走上人民的法庭,这样的例子还少吗?我们每个人都要警惕。

2002 年 1 月 7 日

彰顯本色中國人

季羨林

黄色的军衣

我是多么爱那黄色的军衣啊！这黄色，正如我们国旗的红色一样，是世界上最美丽的颜色。我爱琥珀的黄色，它黄得透明，黄得发亮。我也爱花朵的黄色，它黄得娇艳，黄得鲜嫩。但是，我却更爱这军衣的黄色。它并不透明，也不发亮；它当然更不娇艳，更不鲜嫩。然而它是朴素的，像真理那样朴素；它是动人的，像真理那样动人。

我一看到这黄的颜色，心里就思绪万端，想到许许多多事情。我想到我们的党，想到毛主席，想到八一起义，想到两万五千里长征，想到爬雪山、过草地，想到艰苦的抗日战争和解放战争，想到抗美援朝，一连串地想下来，一直想到今天的铜墙铁壁般的国防和人民的安居乐业。

我更喜欢想到一件小事。

1949年春的一天，中国人民解放军进了北京城。我冒着大风，到离开我的住处不远的东四牌楼去欢迎他们。这些人我从来没有见过面；但是他们的事迹我却是十分熟悉的。在"万家墨面没蒿莱"的黑暗的年代里，我曾经不知道有多少次从报纸的字里行间读到他们胜利的消息，因而感到无限的振奋。现在看到他们雄赳赳气昂昂地开进北京城，我仿佛是碰到了久别重逢的故人。我跟着群众鼓掌、喊口号。

有时候内心激动，热泪盈眶。剧烈的风沙似乎被人们的热情压下去了，一点也显不出平常的那种威风来了。

  当天下午，我到西城去看朋友，走到什刹海桥上，正巧有一个解放军在那里站岗。他背着背包，全副武装，军帽下一双浓眉，两只炯炯发光的眼睛。从远处我就看到他那一身厚墩墩的黄色军衣，已经不新了，但洗得干干净净。我陡然觉得这个士兵特别可爱，觉得他那一身黄色的棉军衣特别可爱。它仿佛象征着勇敢、纪律、忠诚、淳朴；它仿佛也象征着解放、安全、稳定。只要穿这样军衣的人在这里一站，各行各业的人就都有了保障，可以安心从事自己的工作，工厂的工人可以安心生产，拖拉机手可以安心耕地，学生可以安心上学，小孩子可以安心在摇篮里熟睡。只要他在这里一站，整个北京城，整个新中国就可以稳如泰山，那一群魑魅魍魉就会销声匿迹。我左思右想，一时万感集心，很想走上前去，用手摸一摸那一身黄色的军衣。我是多么爱那黄色的军衣啊！

  当然，我没有真的走上前去摸，我仍然走我的路。可是，我又真舍不得那一个年轻的士兵。我回头看了又看，一直到我眼中只留下一个隐隐约约的黄色的影子。这影子就永远镌刻在我的心头。

  从那以后，我在北京城，在祖国的其他城市和乡村里，在火车上，在电车上，在公共汽车上，在马路上，在公园里，在商店里，在市场上，不知道有多少次碰到了解放军的军官和士兵。他们当然不会就是我在什刹海桥头碰到的那一位，但是我觉得他们都同样可爱。在电车上和公共汽车上，我愿意同他们挤在一起。即使是在三九严冬，朔风凛冽，他们站在我哪一边，我就觉得哪一边温暖。即使车里面摇摇晃晃，他们站在我哪一边，我就觉得哪一边有了依靠。我有时候故意去摸一摸或者碰一碰他们那黄色的军衣，心里感到无限的幸福和愉快。

曾经有好多年，每到"五一"和"十一"，我就在天安门前观礼台上看到人民解放军的官兵的代表们。在金水桥后面台上的是将军们，制服一片亮蓝色。在桥前面台上的是军官和士兵，制服一片草黄色。在这时候，天安门广场上，万紫千红，五彩缤纷，万头攒动，一片花海。在这样彩色如绘的炫目的花海里，亮蓝色和草黄色应该说并不突出。然而，在我眼里，这一片淳朴的亮蓝和草黄不但没有相形见绌，给那些绚烂的颜色压住，而且十分引人注目。这两种颜色仿佛给整个花海、整个广场增加了色彩与光辉，使它显得更美、更可爱。

难道这仅仅是我一个人的偏爱吗？不是的。这样的想法和看法许多人都有，连小孩子也不例外。今天早晨我乘无轨电车进城。我前面坐着一个五六岁的小孩子和她的母亲。小孩子透过玻璃窗子看到外面车站上站着几个解放军在那里排队等车，小小的黑眼睛立刻亮了起来，似乎是对着解放军，又似乎是对着母亲，高声喊道：

"解放军叔叔！"

母亲问：

"解放军叔叔好吗？"

小孩子立刻用清脆得像银铃一般的声音回答说道：

"解放军叔叔好！"

接着她就拍着小手唱起了《我是一个兵》。我真是从心里羡慕这幸福的孩子。我像她这样大的时候，看到当兵的那一副手里提着皮带、斜愣着眼、满脸杀气的样子，就像是老鼠见了猫，远远地躲开，哪里还敢同他们说什么话呢？

我自然而然地就想到了雷锋。他不也是一个穿黄色军衣的解放军，而且又是儿童义务辅导员吗？我相信，小孩子们也管他叫"解放军叔叔"，或者"雷锋叔叔"。他怎样进行辅导，我不清楚。但是，他一定会把他那些优秀的品质在潜移默化中传给孩子们,他那光辉灿烂的人格一定会照亮儿童们的心。孩子们看到他,也一定会眼里闪出亮光。

雷锋同小孩子们在一起的时候,穿的当然也就是这样的黄色军衣。为了穿上这一身军衣,他经过了许多波折,做过很大的努力。最后终于偿了宿愿。他在当天的日记上写道:"这天是我永远不能忘记的日子,这天是我最大的荣幸和光荣的日子。我走上了新的战斗岗位,穿上了黄军服,光荣地参加了中国人民解放军。我好几年来的愿望在今天已实现了,真感到万分的高兴和喜悦,这是我一生最大的幸福。"我能想象,当他穿上这一身黄色军衣的时候,他的心情是多么激动,他会用手抚摸它,感到它比丝绸还更柔滑,比世界上一切美的东西都更美。从此,这黄色的军衣就同雷锋结了不解缘。他驾驶汽车执行任务的时候,穿的是这黄色的军衣。他去医院看病的路上,看到工地上有人劳动,因而脱下自己的衣服参加到里面去,他脱的是这黄色的军衣。他在火车上当义务服务员的时候,穿的当然也是这黄色的军衣。黄色的军衣穿到雷锋身上,难道会是偶然的吗?

我因此就又想到许许多多的事情。我不但像以前那样想到过去,而且更多地想到将来。我相信,像雷锋这样的人将来还会不断地出现,数目会越来越多。他们就像是报春的燕子,从他们身上我们可以看到人类最美好的社会的影子。这样的人,穿黄色军衣的人们里面会出现,穿别的颜色的衣服的人们里面,也会出现。可是我偏又把他们同黄色的军衣联系在一起,难道这也是偶然的吗?我是多么爱那黄色的军衣啊!

1963 年 5 月 1 日

一双长满老茧的手

有谁没有手呢？每个人都有两只手。手，已经平凡到让人不再常常感觉到它的存在了。

然而，一天黄昏，当我乘公共汽车从城里回家的时候，一双长满了老茧的手却强烈地引起了我的注意。我最初只是坐在那里，看着一张晚报。在有意无意之间，我的眼光偶尔一滑，正巧落在一位老妇人的一双长满老茧的手上。我的心立刻震动了一下，眼光不由地就顺着这双手向上看去：先看到两手之间的一个胀得圆圆的布包；然后看到一件洗得挺干净的褪了色的蓝布褂子；再往上是一张饱经风霜布满了皱纹的脸，长着一双和善慈祥的眼睛；最后是包在头上的白手巾，银丝般的白发从里面披散下来。这一切都给了我极好的印象。但是给我印象最深的还是那一双长满了老茧的手，它像吸铁石一般吸住了我的眼光。

老妇人正在同一位青年学生谈话，她谈到她是从乡下来看她在北京读书的儿子的，谈到乡下年成的好坏，谈到来到这里人生地疏，感谢青年对她的帮助。听着她的话，我不由深深地陷入回忆中，几十年的往事蓦地涌上心头。

在故乡的初秋，秋庄稼早已经熟透了，一望无际的大平原上长满了谷子、高粱、老玉米、黄豆、绿豆等等，郁郁苍苍，一片绿色，里面点缀着一片片的金黄和星星点点的浅红和深红。虽然暑热还没有退尽，秋的气息已经弥漫大地了。

我当时只有五六岁，高粱比我的身子高一倍还多。我走进高粱地，就像是走进大森林，只能从密叶的间隙看到上面的蓝天。我天天早晨在朝露未退的时候到这里来擗高粱叶。叶子上的露水像一颗颗的珍珠，闪出淡白的光。把眼睛凑上去仔细看，竟能在里面看到自己的缩得像一粒芝麻那样小的面影，心里感到十分新鲜有趣。老玉米也比我高得多，必须踮起脚才能摘到棒子。谷子同我差不多高，现在都成熟了，风一吹，就涌起一片金浪。只有黄豆和绿豆比我矮，我走在里面，觉得很爽朗，一点也不闷气，颇有趾高气扬之概。

因此，我就最喜欢帮助大人在豆子地里干活。我当时除了跟大奶奶去玩以外，总是整天缠住母亲，她走到哪里，我跟到哪里。有时候，在做午饭以前，她到地里去摘绿豆荚，好把豆粒剥出来，拿回家去煮午饭。我也跟了来。这时候正接近中午，天高云淡，蝉声四起，蝈蝈儿也爬上高枝，纵声欢唱，空气中飘拂着一股淡淡的草香和泥土的香味。太阳晒到身上，虽然还有点热，但带给人暖烘烘的舒服的感觉，不像盛夏那样令人难以忍受了。

在这时候，我的兴致是十分高的。我跟在母亲身后，跑来跑去。捉到一只蚱蜢，要拿给她看一看；掐到一朵野花，也要拿给她看一看。棒子上长了乌霉，我觉得奇怪，一定问母亲为什么；有的豆荚生得短而粗，也要追问原因。总之，这一片豆子地就是我的乐园，我说话像百灵鸟，跑起来像羚羊，腿和嘴一刻也不停。干起活来，更是全神贯注，总想用最高的速度摘下最多的绿豆荚来。但是，一检查成绩，却未免令人气短：母亲的筐子里已经满了，而自己的呢，连一半还不到哩。在失望之余，就细心加以观察和研究。不久，我就发现，这里面也并没有什么奥妙，关键就在母亲那一双长满了老茧的手上。

这一双手看起来很粗，由于多年劳动，上面长满了老茧，可是摘起豆荚来，却显得十分灵巧迅速。这是我以前没有注意到的事情。在我小小的心灵里不禁有点困惑。我注视着它，久久不愿意把眼光移开。

我当时岁数还小，经历的事情不多。我还没能把许多同我的生活有密切联系的事情都同这一双手联系起来，譬如说做饭、洗衣服、打水、种菜、养猪、喂鸡，如此等等。我当然更没能读到"慈母手中线，游子身上衣"这样的诗句。但是，从那以后，这一双长满了老茧的手却在我的心里占据了一个重要的地位，留下了一个不可磨灭的印象。

后来大了几岁，我离开母亲，到了城里跟叔父去念书，代替母亲照顾我的生活的是王妈，她也是一位老人。

她原来也是乡下人，干了半辈子庄稼活。后来丈夫死了，儿子又逃荒到关外去，二十年来，音讯全无。她孤苦伶仃，一个人在乡里活不下去，只好到城里来谋生。我叔父就把她请到我们家里来帮忙。做饭、洗衣服、扫地、擦桌子，家里那一些琐琐碎碎的活全给她一个人包下来了。

王妈除了从早到晚干那一些刻板工作以外，每年还有一些带季节性的工作。每到夏末秋初，正当夜来香开花的时候，她就搓麻线，准备纳鞋底，给我们做鞋。干这活都是在晚上。这时候，大家都吃过了晚饭，坐在院子里乘凉，在星光下，黑暗中，随意说着闲话。我仰面躺在席子上，透过海棠树的杂乱枝叶的空隙，看到夜空里眨着眼的星星。大而圆的蜘蛛网的影子隐隐约约地印在灰暗的天幕上。不时有一颗流星在天空中飞过，拖着长长的火焰尾巴，只是那么一闪，就消逝到黑暗里去。一切都是这样静。在寂静中，夜来香正散发着浓烈的香气。

这正是王妈搓麻线的时候。干这个活本来是听不到多少声音的。然而现在那揉搓的声音却听得清清楚楚。这就不能不引起我的注意了。我转过身来，侧着身子躺在那里，借着从窗子里流出来的微弱的灯光，看着她搓。最令我吃惊的是她那一双手，上面也长满了老茧。这一双手看上去拙笨得很，十个指头又短又粗，像是一些老干树枝子。但是，在这时候，它却显得异常灵巧美丽。那些杂乱无章的麻在它的摆布下，服服帖帖，要长就长，要短就短，一点也不敢违抗。这使我感到十分有趣。这一双手左旋右转，只见它搓呀搓呀，一刻也不停，仿佛想把夜来香的香气也都搓进麻线里似的。

这样一双手我是熟悉的，它同母亲的那一双手是多么相像呀。我总想多看上几眼。看着看着，不知道在什么时候，竟沉沉睡去了。到了深夜，王妈就把我抱到屋里去，同她睡在一张床上。半夜醒来，还听到她手里拿着大芭蕉扇给我赶蚊子。在朦朦胧胧中，扇子的声音听起来好像是从很远很远的地方传来似的。

去年秋天，我随着学校里的一些同志到附近乡村里一个人民公社去参加劳动。同样是秋天，但是这秋天同我五六岁时在家乡摘绿豆荚时的秋天大不一样。天仿佛特别蓝，草和泥土也仿佛特别香，人的心情当然也就特别舒畅了。——因此，我们干活都特别带劲。人民公社的同志们知道我们这一群白面书生干不了什么重活，只让我们砍老玉米秸。但是，就算是砍老玉米秸吧，我们干起来，仍然是缩手缩脚，一点也不利落。于是一位老大娘就走上前来，热心地教我们：怎样抓玉米秆，怎样下刀砍。在这时候，我注意到，她也有一双长满了老茧的手。我虽然同她素昧平生，但是她这一双手就生动地具体地说明了她的历史。我用不着再探询她的姓名、身世，还有她现在在公社所担负的职务。我一看到这一双手，一想到母亲和王妈的同样的手，我对她的感情就油然而生，而且肃然起敬，再说什么别的话，似乎就是多余的了。

就这样，在公共汽车行驶声中，我的回忆围绕着一双长满了老茧的手联成一条线，从几十年前，一直牵到现在，集中到坐在我眼前的这一位老妇人的手上。这回忆像是一团丝，愈抽愈细，愈抽愈多。它甜蜜而痛苦，错乱而清晰。在我一生中给我印象最深的三双长满了老茧的手，现在似乎重叠起来化成一双手了。它在我眼前不停地晃动，体积愈来愈扩大，形象愈来愈清晰。

这时候，老妇人同青年学生似乎发生了什么争执。我抬头一看：老妇人正从包袱里掏出来两个煮鸡蛋，硬往青年学生手里塞，青年学生无论如何也不接受。两个人你推我让，正在争执得不可开交的时候，公共汽车到了站，蓦地停住了。青年学生就扶了老妇人走下车去。我透过玻璃窗，看到青年学生用手扶着老妇人的一只胳臂，慢慢地向前走去。我久久注视着他俩逐渐消失的背影。我虽然仍坐在公共汽车上，但是我的心却仿佛离我而去。

1961 年 9 月 25 日

野火

天寒风急，风沙击面，镐下如雨，地坚如石。北梁子上正展开一场挖坑田的大战。这地方是一个山岗，四面都没有屏障。从八达岭上扫下来的狂风以惊人的力量和速度扑向这里，把人们吹得像水上的浮萍。而挖坑的活也十分艰苦。地面上松松的一层浮土，几镐刨下去，就露出了胶泥。这玩意儿是软硬不吃，一镐刨上仿佛是块硬橡皮，只显出一点浅浅的镐痕，却掉不下多少来。刨不了几下，人们的手就给震出了血，有的人连虎口都给震裂了。

往年在这数九寒天，人们早已停了地里的活，待在家里的热炕头上，搓搓棒子，干些轻活，等着过春节吃饺子了。最多也不过是到山上去打上几次柴，准备过春节的时候烧。这当然也不是什么重活。真没有想到，今年在这样的时候，在这样的天气中，来到这样一个地方，干这样扎手的活。

可是，那过去的老皇历一点也没有影响他们的情绪，他们个个精神抖擞，干劲冲天。在飞沙走石中，他们沉着、勇猛，身上的热气顶住了寒气，手下的镐声压住了风声。一团热烈紧张的气氛直冲九霄。

蓦地，不知是谁喊了一声：

"野火！"

是的,是野火。在远处的山麓上腾起一股浓烟,被大风吹得摇摇晃晃。最初并不大,但很快就扩散开来,有的地方还隐隐约约地露出了火苗。在烟火特别浓厚的地方,影影绰绰地看到有人在努力扑打。但是风助火势,火仗风威,被烧的地面越来越大。没有着火的地方是一片枯黄色,着过了火则是一片黑色。仿佛有人在那里铺开一张黑色的地毯,地毯边上镶着金边。只见金边迅速地扩大,转眼半个山麓就给这地毯铺满了。

这当然引起人们的注意。人们边刨地,边瞭望,指指点点,交换着意见。一个人说:

"这火下了山岗了。"

过了一会,又有人说:

"这火爬上另一个山岗了。"

再隔一会,又有人说:

"这火快到山沟了。"

他们以为沟会把火挡住,所以谁也没有动,仍然是边刨地,边瞭望,指指点点,交换着意见。

忽然,不知谁喊了一声:"火已经过了山沟!"大家立刻一愣。原来过了沟就是一片苹果园。野火烧山草,这是比较常见的事。但是,让野火烧掉人民的财富,却是不允许的。大家几乎是在同一秒钟内,丢下手中的铁镐,扛起铁锹,向着野火,飞奔而去。

地势是忽高忽低崎岖不平的,还不知道有多少山沟,多少沙滩。地边上、沟边上又长满了葛针,浑身是刺,在那里等候着人们。衣服碰上,会被撕破;手碰上,会被扎伤。可是这一群扛铁锹的人,却不管这一切,他们像是空中的飞将,跨涧越沟,来到了着火的地方。

这时候的风至少有七八级,这个山麓又正在风口上。狂风以雷霆万钧之力从山口里蹿出来，从山岗上呼啸而过。疾风卷烈火，烈火焚枯草，一片黄色的草地转眼就变成了一片黑。你看到草尖上一点火、草茎上一点火、草根上一点火，一刹那就聚拢起来，形成一团火。你看到脚下一点火、身边一点火，一刹那就跑出去老远，像海滩上退潮那样，刚才在脚底下，冷不防就退了回去，要追也追不上。看样子，野火一定想把山岗烧遍，把苹果树烧光。可是人们并没有被它吓住，一定不让它过沟。有人用铁锹扑打，有人用衣服扑打，有人甚至用自己的手脚扑打，衣服烧着了，鞋了烧破了，手烧伤了，脸烧黑了。但是，野火再快，也不如人的腿快；风再硬，也不如人的心硬。大片的野火终于被扑灭了，只是无可奈何地冒着轻烟。

大家擦了擦脸上的黑灰，披上了烧破的衣服，扛起铁锹，谈笑风生地走回北梁子。没有一个人想到自己所受的损失：工分减少了，衣服撕破了，身体受伤了。他们也没有感到，这是什么了不起的事情。他们似乎认为，这是很自然的，很平常的，像每天吃饭睡觉那样平常。

这时候，风更大了，天更冷了，飞沙更多了。但是，在雨点般的铁锹的飞落下，胶泥却似乎变得软了起来，几锹就刨出一个坑来。成排成排的坑迅速地出现在田地上，好像有意要显示农民的英雄气概。同我共同劳动的这些农民，我应该说是非常熟悉的。我知道他们的姓名、爱好，也曾在他们家里吃过饭。平常日子我并没有感觉到他们身上有什么特异之处。可是今天，他们的形象在我眼内高大了起来。我想到毛主席的一句诗，"遍地英雄下夕烟"。我眼前站着这样一群老实朴素的农民，不正是"遍地英雄"吗？

1966 年 2 月 17 日

母与子

　　一想到故乡,就想到一个老妇人。我自己也觉得奇怪:干皱的面纹,霜白的乱发,眼睛因为流泪多了镶着红肿的边,嘴瘪了进去。这样一张面孔,看了不是很该令人不适意的吗?为什么它总霸占住我的心呢?但是再一想到,我是在怎样的一个环境里遇到了这老妇人,便立刻知道,她不但现在霸占住我的心,而且要永远地霸占住了。

　　现在回忆起来,还恍如眼前的事。——去年的初秋,因为母亲的死,我在火车里闷了一天,在长途汽车里又颠荡了一天以后,又回到八年没曾回过的故乡去。现在已经不能确切地记得是什么时候,只记得才到故乡的时候,树丛里还残留着一点浮翠;当我离开的时候就只有淡远的长天下一片凄凉的黄雾了。就在这浮翠里,我踏上印着自己童年游踪的土地。当我从远处看到自己的在烟云笼罩下的小村的时候,想到死去的母亲就躺在这烟云里的某一个角落里,我不能描写我的心情。像一团烈焰在心里烧着,又像严冬的厚冰积在心头。我迷惘地撞进了自己的家,在泪光里看着一切都在浮动。我更不能描写当我看到母亲的棺材时的心情。几次在梦里接受了母亲的微笑,现在微笑的人却已经睡在这木匣子里了。有谁有过同我一样的境遇吗?他大概知道我的心是怎样地绞痛了。我哭,我哭到一直不知道自己是在哭。

渐渐地听到四周有嘈杂的人声围绕着我，似乎都在劝解我。都叫着我的乳名，自己听了，在冰冷的心里也似乎得到了点温热。又经过了许久，我才睁开眼。看到了许多以前熟悉现在都变了但也还能认得出来的面孔。除了自己家里的大娘婶子以外，我就看到了这个老妇人：干皱的面纹，霜白的乱发，眼睛因为流泪多了镶着红肿的边，嘴瘪了进去……

她就用这瘪了进去的嘴，一凹一凹地似乎对我说着什么话。我只听到絮絮地扯不断拉不断仿佛念咒似的低声，并没有听清她对我说的什么。等到阴影渐渐地从窗外爬进来，我从窗棂里看出去，小院里也织上了一层朦胧的暗色。我似乎比以前清楚了点，看到眼前仍然挤着许多人。在阴影里，每个人摆着一张阴暗苍白的面孔，却看不到这一凹一凹的嘴了。一打听，才知道，她就是同村的算起来比我长一辈的，应该叫做大娘之流的我小时候也曾抱我玩过的一个老妇人。

以后，我过的是一个极端痛苦的日子。母亲的死使我对一切都灰心。以前也曾自己吹起过幻影：怎样在十几年的漂泊生活以后，回到故乡来，听到母亲的一声含有温热的呼唤，仿佛饮一杯甘露似的，给疲惫的心加一点儿生气，然后再冲到人世里去。现在这幻影终于证实了是个幻影，我现在是处在怎样一个环境里呢？——寂寞冷落的屋里，墙上满布着灰尘和蛛网。正中放着一个大而黑的木匣子。这匣子装走了我的母亲，也装走了我的希望和幻影。屋外是一个用黄土堆成的墙围绕着的天井。墙上已经有了几处倾地的缺口，上面长着乱草。从缺口看出去是另一片黄土的墙，黄土的屋顶，黄土的街道，接连着枣树林里的一片淡淡的还残留着点绿色的黄雾，枣林的上面是初秋阴沉的也有点黄色的长天。我的心也像这许多黄的东西一样地黄，也一样地阴沉。一个丢掉希望和幻影的人，不也正该丢掉生趣吗？

我的心，虽然像黄土一样地黄，却不能像黄土一样地安定。我被圈在这样一个小的天井里：天井的四周都栽满了树。榆树最多，也有桃树和梨树。每棵树上都有母亲亲自砍伐的痕迹。在给烟熏黑了的小厨房里，还有母亲没死前吃剩的半个茄子，半棵葱。吃饭用的碗筷，随时用的手巾，都印有母亲的手泽和口泽。在地上的每一块砖上，每一块土上，母亲在活着的时候每天不知道要踏过多少次。这活着，并不渺（邈）远，一点儿都不；只不过是十天前。十天算是怎样短的一个时间呢？然而不管怎样短，就在十天后的现在，我却只看到母亲躺在这黑匣子里。看不到，永远也看不到，母亲的身影再在榆树和桃树中间，在这砖上，在黄的墙，黄的枣林，黄的长天下游动了。

虽然白天和夜仍然交替着来，我却只觉到有夜。在白天，我有颗夜的心。在夜里，夜长，也黑，长得莫名其妙，黑得更莫名其妙；更黑的还是我的心。我枕着母亲枕过的枕头，想到母亲在这枕头上想到她儿子的时候不知道流过多少泪，现在却轮到我枕着这枕头流泪了。凄凉零乱的梦萦绕在我的四周，我睡不熟。在朦胧里睁开眼睛，看到淡淡的月光从门缝里流进来，反射在黑漆的棺材上的清光。在黑影里，又浮起了母亲的凄冷的微笑。我的心在战栗，我渴望着天明。但夜更长，也更黑，这漫漫的长夜什么时候过去呢？我什么时候才能看到天光呢？

时间终于慢慢地走过去。——白天里悲痛袭击着我，夜间里黑暗压住了我的心。想到故都学校里的校舍和朋友，恍如回望云天里的仙阙，又像捉住了一个荒诞的古代的梦。眼前仍然是一片黄土色。每天接触到的仍然是一张张阴暗灰白的面孔。他们虽然都用天真又单纯的话和举动来对我表示亲热，但他们哪能了解我这一腔的苦水呢？我感觉到寂寞。

就在这时候，这老妇人每天总到我家里来看我。仍然是干皱的面纹，霜白的乱发，眼睛镶着红肿的边，嘴瘪了进去。就用瘪了进去的嘴一凹一凹地絮絮地说着话，以前我总以为她说的不过是同别人一样的劝解我的话，因为我并没曾听清她说的什么。现在听清了，才知道从这一凹一凹的嘴里发出的并不是我想的那些话。她老向我问着外面的事情，尤其很关心地问着军队的事情，对于我母亲的死却一句也不提。我很觉到奇怪。我不明了她的用意。我在当时那种心情之下，有什么心绪同她闲扯呢？当她絮絮地扯不断拉不断地仿佛念咒似的说着话的时候，我仍然看到母亲的面影在各处飘，在榆树旁，在天井里，在墙角的阴影里。寂寞和悲哀仍然霸占住我的心。我有时也答应她一两句。她于是就絮絮地说下去，说，她怎样有一个儿子，她的独子，三年前因为在家没有饭吃，偷跑了出去当兵。去年只接到了他的一封信，说是不久就要开到不知道哪里去打仗。到现在又一年没信了。留下一个媳妇和一个孩子（说着指了指偎在她身旁的一个肮脏的拖着鼻涕的小孩）。家里又穷，几年来年成又不好，媳妇时常哭……问我知道不知道他在什么地方。说着，在叹了几口气以后，晶莹的泪点顺着干皱的面纹流下来，流过一凹一凹的嘴，落到地上去了。我知道，悲哀怎样啃着这老妇人的心。本来需要安慰的我也只好反过头来，安慰她几句，看她领着她的孙子沿着黄土的路踽踽地走去的渐渐消失的背影。

接连着几天的过午，她总领着她孙子来看我。她这孙子实在不高明，肮脏又淘气。他死死地缠住她。但是她却一点儿都不急躁。看着她孙子的拖着鼻涕的面孔，微笑就浮在她这瘪了进去的嘴旁。拍着他，嘴里哼着催眠曲似的歌。我知道，这单纯的老妇人怎样在她孙子身上发现了她儿子。她仍然絮絮地问着我，关于外面军队里的事情，问我知道她儿子在什么地方不。我也很想在谈话间隔的时候，问她一问我母亲活着时的情形，好使我这八年不见面的渴望和悲哀的烈焰消熄一点儿。她却只"唔唔"两声支吾过去，仍然絮絮地扯不断拉不断地仿佛念咒似的自己低语着，说她儿子小的时候怎样淘气，有一次，他打碎一个碗，她打了他一巴掌，他哭得真凶呢。大了怎样不正经做活。说到高兴的地方，也有一线微笑掠过这干皱的脸。最后，又问我知道她儿子在什么地方不。我发现了这老妇人出奇的固执。我只好再安慰她两句。在黄昏的微光里，送她出去。眼看着她领着她的孙子在黄土道上踽踽地凄凉地走去。暮色压在她的微驼的背上。

就这样，有几个寂寞的过午和黄昏就度过了。间或有一两天，这老妇人因为有事没来看我。我自己也受不住寂寞的袭击，常出去走走。紧靠着屋后是一个大坑，汪洋一片水，有外面的小湖那样大。是秋天，前面已经说过。坑里丛生着的芦草都顶着白茸茸的花。望过去，像一片银海。芦花的里面是水。从芦花稀处，也能看到深碧的水面。我曾整个过午坐在这水边的芦花丛里，看水面反射的静静的清光。间或有一两条小鱼冲出水面来喋喋着。一切都这样静。母亲的面影仍然浮动在我眼前。我想到童年时候怎样在这里洗澡；怎样在夏天里，太阳出来以前，水面还发着蓝黑色的时候，沿着坑边去摸鸭蛋；倘若摸到一个的话，拿给母亲看的时候，母亲的微笑怎样在当时的童稚的心灵里开成一朵花；怎样又因为淘气，被母亲在后面追打着，当自己被逼紧了跳下水去站在水里回头看岸上的母亲的时候，母亲却因了这过分顽皮的举动，笑了，自己也笑。……然而这些美丽的回忆，却随了母亲给死吞噬了去，只剩了一把两把的眼泪。我要问，母亲怎么会死了？我究竟是什么东西？但一切都这样静。我眼前闪动着各种的幻影。芦花流着银光，水面上反射着青光，夕阳的残晖照在树梢上发着金光：这一切都混杂地搅动在我眼前，像一串串的金星，又像迸发的火花。里面仍然闪动着母亲的面影，也是一串串地，——我忘记了自己，忘记了一切，像浮在一个荒诞的神话里，踏着暮色走回家了。

有时候，我也走到场里去看看。豆子谷子都从田地里用牛车拖了来，堆成一个个小山似的垛。有的也摊开来在太阳里晒着。老牛拖着石碾在上面转，有节奏地摆动着头。驴子也摇着长耳朵在拖着车走。在正午的沉默里，只听到豆荚在阳光下开裂时毕剥的响声和柳树下老牛的喘气声。风从割净了庄稼的田地吹了来，带着土的香味。一切都沉默。这时候，我又往往遇到这个老妇人，领着她的孙子，从远远的田地里顺着一条小路走了来，手里间或拿着几支玉蜀黍秸。霜白的发被风吹得轻微地颤动着。一见了我，立刻红肿的眼睛里也仿佛有了光辉。站住便同我说起话来。嘴一凹一凹地说过了几句话以后，立刻转到她的儿子身上。她自己又低着头絮絮地扯不断拉不断地仿佛念咒似的说起来。又说到她儿子小的时候怎样淘气。有一次他摔碎了一个碗。她打了他一巴掌，他哭得真凶呢。他大了又怎样不正经做活。说到高兴的地方，干皱的脸上仍然浮起微笑。接着又问到我外面军队上的情形，问我知道他在什么地方、见过他没有。她还要我保证，他不会被人打死的。我只好再安慰安慰她，说我可以带信给他，叫他回家来看她。我看到她那一凹一凹的干瘪的嘴旁又浮起了微笑。旁边看的人，一听到她又说这一套，早走到柳荫下看牛去了。我打发她走回家去，仍然让沉默笼罩着这正午的场。

这样也终于没能延长多久，在由一个乡间的阴阳先生按着什么天干地支找出的所谓"好日子"的一天，我从早晨就穿了白布袍子，听着一个人的暗示。他暗示我哭，我就伏在地上咧开嘴号啕地哭一阵，正哭得淋漓的时候，他忽然暗示我停止，我也只好立刻收了泪。在收了泪的时候，就又可以从泪光里看来来往往的各样的吊丧的人，也就号啕过几场，又被一个人牵着东走西走。跪下又站起，一直到自己莫名其妙，这才看到有几十个人去抬母亲的棺材了。——这里，我不愿意，实在是不可能，说出我看到母亲的棺材被人抬动时的心痛。以前母亲的棺材在屋里，虽然死仿佛离我很远，但只隔一层木板里面就躺着母亲。现在却被抬到深的永恒黑暗的洞里去了。我脑筋里有点儿糊涂。跟了棺材沿着坑走过了一段长长的路，到了墓地。又被拖着转了几个圈子……不知怎样脑筋里一闪，却已经给人拖到家里来了。又像我才到家时一样，渐渐听到四周有嘈杂的人声围绕着我，似乎又在说着同样的话。过了一会儿，我才听到有许多人都说着同样的话，里面杂着絮絮地扯不断拉不断的仿佛念咒似的低语。我听出是这老妇人的声音，但却听不清她说的什么，也看不到她那一凹一凹的嘴了。

在我清醒了以后，我看到的是一个变过的世界。尘封的屋里，没有了黑亮的木匣子。我觉得一切都空虚寂寞。屋外的天井里，残留在树上的一点浮翠也消失到不知哪儿去了。草已经都转成黄色，耸立在墙头上，在秋风里打颤。墙外一片黄土的墙更黄；黄土的屋顶，黄土的街道也更黄；尤其黄的是枣林里的一片黄雾，接连着更黄更黄的阴沉的秋的长天。但顶黄顶阴沉的却仍然是我的心。一个对一切都感到空虚和寂寞的人，不也正该丢掉希望和幻影吗？

又走近了我的行期。在空虚和寂寞的心上，加上了一点绵绵的离情。我想到就要离开自己漂泊的心所寄托的故乡。以后，闻不到土的香味，看不到母亲住过的屋子、母亲的墓，也踏不到母亲曾经踏过的地。自己心里说不出是什么味。在屋里觉得窒息，我只好出去走走。沿着屋后的大坑踱着。看银耀的芦花在过午的阳光里闪着光，看天上的流云，看流云倒在水里的影子。一切又都这样静。我看到这老妇人从穿过芦花丛的一条小路上走了来。霜白的乱发，衬着霜白的芦花，一片辉耀的银光。极目苍茫微明的云天在她身后伸展出去，在云天的尽头，还可以看到一点点的远村。这次没有领着她的孙子。神气也有点匆促，但掩不住干皱的面孔上的喜悦。手里拿着有一点红颜色的东西，递给我，是一封信。除了她儿子的信以外，她从没接到过别人的信。所以，她虽然不认字，也可以断定这是她儿子的信。因为村里人没有能念信的，于是赶来找我。她站在我面前，脸上充满了微笑；红肿的眼里也射出喜悦的光，瘪了进去的嘴仍然一凹一凹地动着，但却没有絮絮的念咒似的低语了。信封上的红线因为淋过雨扩成淡红色的水痕。看邮戳，却是半年前在河南南部一个做过战场的县城里寄出的。地址也没写对，所以经过许多时间的辗转。但也居然能落到这老妇人手里。我的空虚的心里，也因了这奇迹，有了点生气。拆开看，寄信人却不是她儿子，是另一个同村的跑去当兵的。大意说，她儿子已经阵亡了，请她找一个人去运回他的棺材。——我的手战栗起来。这不正给这老妇人一个致命的打击吗？我抬眼又看到她脸上抑压不住的微笑。我知道这老人是怎样切望得到一个好消息。我也知道，倘若我照实说出来，会有怎样一幅悲惨的景象展开在我眼前。我只好对她说，她儿子现在很好，已经升了官，不久就可以回家来看她。她喜欢得流下眼泪来。嘴一凹一凹地动着，她又扯不断拉不断地絮絮地对我说起来，不厌其详地说到她儿子各样的好处；怎样她昨天夜里还做了一个梦，梦着他回来。我看到这老妇人把信揣在怀里转身走去的渐渐消失的背影，我再能说什么话呢？

第二天，我便离开我故乡里的小村。临走，这老妇人又来送我。领着她的孙子，脸上堆满了笑意。她不管别人在说什么话，总絮絮地扯不断拉不断的仿佛念咒似的自己低语着，不厌其详地说到她儿子的好处，怎样她昨天夜里还做了一个梦，梦见她儿子回来，她儿子已经升成了官了。嘴一凹一凹地急促地动着。我身旁的送行人的脸色渐渐有点露出不耐烦，有的也就躲开了。我偷偷地把这信的内容告诉别人，叫他在我走了以后慢慢地转告给这老妇人，或者简直就不告诉她。因为，我想，好在她不会再有许多年的活头，让她抱住一个希望到坟墓里去吧。当我离开这小村的一霎那，我还看到这老妇人的眼睛里的喜悦的光辉，干皱的面孔上浮起的微笑……

不一会，回望自己的小村，早在云天苍茫之外，触目尽是长天下一片凄凉的黄雾了。

在颠簸的汽车里，在火车里，在驴车里，我仍然看到这圣洁的光辉，圣洁的微笑，那老妇人手里拿着那封信。我知道，正像装走了母亲的大黑匣子装走了我的希望和幻影，这封信也装走了她的希望和幻影。我却又把这希望和幻影替她拴在上面，虽然不知道能拴得久不。

经过了萧瑟的深秋，经过了阴暗的冬，看死寂凝定在一切东西上。现在又来了春天。回想故乡的小村，正像在故乡里回想到故都一样。恍如回望云天里的仙阙，又像捉住了一个荒诞的古代的梦了。这个老妇人的面孔总在我眼前盘桓：干皱的面纹，霜白的乱发，眼睛因为流泪多了镶着红肿的边，嘴瘪了进去。又像看到她站在我面前，絮絮地扯不断拉不断地仿佛念咒似的低语着，嘴一凹一凹地在动。先仿佛听到她向我说，她儿子小的时候怎样淘气，怎样有一次他摔碎了一个碗，她打了他一巴掌，他哭。又仿佛看到她手里拿着一封雨水渍过的信，脸上堆满了微笑，说到她儿子的好处，怎样她做了一个梦，梦着他回来……然而，我却一直没接到故乡里的来信。我不知道别人告诉她她儿子已经死了没有，倘若她仍然不知道的话，她愿意把自己的喜悦说给别人；却没有人愿意听。没有我这样一个忠实的听者，她不感到寂寞吗？倘若她已经知道了，我能想象，大的晶莹的泪珠从干皱的面纹里流下来，她这瘪了进去的嘴一凹一凹地，她在哭，她又哭晕了过去……不知道她现在还活在人间没有？——我们同样都是被厄运踏在脚下的苦人，当悲哀正在啃着我的心的时候，我怎忍再看你那老泪浸透你的面孔呢？请你不要怨我骗你吧，我为你祝福！

1934 年 4 月 1 日

至美哉中華文明

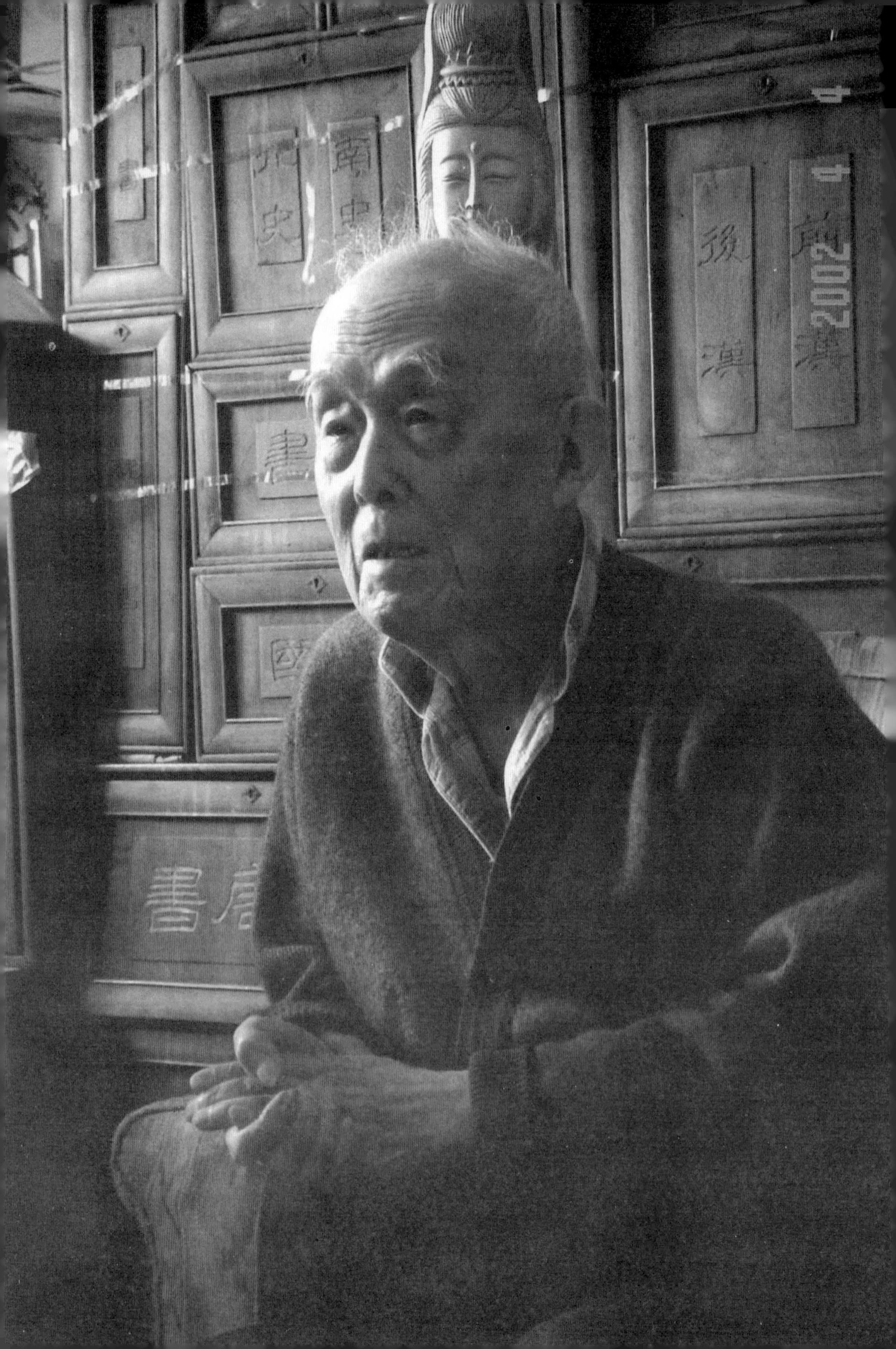
前漢
後漢
唐書

上海菜市场

上海尽有看不够数不清的高楼大厦，跑不完走不尽的大街小巷，满目琳琅的玻璃橱窗，车水马龙的繁华闹市；但是，我们的许多外国朋友却偏要去看一看早晨的菜市场。这是完全可以理解的。我们刚到上海的时候不是也想到菜市场去看一看吗？

那还是几年前的一个早晨，在太阳刚刚升起来的时候，踏着熹微的晨光，到一个离开旅馆不远的菜市场去。

到了邻（临）近菜市场的地方，市场的气氛就逐渐浓了起来。熙熙攘攘的人群，摩肩擦背，来来往往。许多老大娘的菜篮子里装满了蔬菜海味鸡鸭鱼肉。有的篮子里活鱼在摇摆着尾巴，肥鸡在咯咯地叫着。老大娘带着一脸笑意，满怀愉快，走回家去。

一走进菜市场，仿佛走进了另一个世界。这里面五光十色，令人眼花缭乱。但是，仔细一看，所有的东西却又都摆得整整齐齐，有条不紊。菜摊子、肉摊子、鱼虾摊子、水果摊子，还有其他的许许多多的摊子，分门别类，秩序井然，又各有特点，互（交）相辉映。你就看那蔬菜摊子吧。这里有各种不同的颜色：紫色的茄子、白色的萝卜、红色的西红柿、绿色的小白菜，纷然杂陈，交光互影。这里又有各种不同的线条：大冬瓜又圆又粗，豆荚又细又长，白菜的叶子又扁又宽。就这样，不同的颜色、不同的线条，紧密地摆在一起，于纷杂中见统一。我的眼一花,我觉得,眼前不是什么菜摊子,而是一幅出自名家手笔的彩色绚丽、线条鲜明的油画或水彩画。

不只菜摊子是这样,其他的摊子也莫不如此。卖鱼的摊子上,活鱼在水里游泳,十几斤重的大鲤鱼躺在案板上。卖鸡鸭的摊子上,鸡鸭在笼子里互相召唤。卖肉的摊子上,整片的猪肉、牛肉和羊肉挂在那里,还为穆斯林设了卖牛、羊肉的专柜。在其他的摊子上,鸡蛋和鸭蛋堆得像小山,一个个闪着耀眼的白光。咸肉和板鸭成排挂在架子上,肥得仿佛就要滴下油来。水果摊子更是琳琅满目。肥大的水蜜桃、大个儿的西瓜、又黄又圆的香瓜、白嫩的鲜藕,摆在一起,竞妍斗艳。我眼前仿佛看到葳蕤的果子园、十里荷香的池塘、翠叶离离的瓜地。难道这不是一幅美妙无比的图画吗?

说是图画,这只是一时的幻象。说真的,任何图画也比不上这一些摊子。图画里面的东西是死的、不能动的。这里的东西却随时在流动。原来摆在架子上的东西,一转眼已经到了老大娘的菜篮子里。她们站在摊子前面,眯细了眼睛,左挑右拣,直到选中了自己想买的东西为止。至于价钱,她们是不发愁的,因为东西都不贵。结果是皆大欢喜,在一片闹闹嚷嚷的声中,大家都买到了中意的东西。她们原来的空篮子不久就满了起来。当她们转回家去的时候,她们手中的篮子也像是一幅幅美丽的图画了。

我们的外国朋友是住在旅馆里的,什么东西都不缺少。但是他们看到这些美丽诱人的东西,一方面啧啧称赞,一方面又跃跃欲试,也都想买点什么。有人买了几个大香瓜,有人买了几斤西红柿,还有人买了一些豆腐干。这样就会使本来已经很丰富的餐桌更加丰富多彩。我们的外国朋友也皆大欢喜了。

1963 年 9 月 27 日

《百年百篇文学经典散文卷》序

我从小学起就爱上了散文这种文体。经过初中、高中，一直到大学，在国文课上，读的都是中国古代的散文。从先秦的庄子和孟子读起，经过了汉代的司马迁和贾谊等，南北朝时期的骈文和散文，唐初的四杰，以及以后的唐宋八大家，一直到明代的归有光，公安派和竟陵派小品，最后是清代的桐城派的龚自珍等人的文章，没有读不到的。到了今天，时间已经过去了七八十年，《昭明文选》《古文观止》等书早已从我的书案上绝迹；可是，偶尔在有意与无意之间，还会背诵起整篇或整段的少年时读过的古文来。那种惨淡经营的结构，铿锵悦耳的节奏，恢宏诡奇的想象，深邃精密的思想，灵动活泼的文体，石破天惊的比喻，丰盈充沛的真情，品味不尽的神韵，所有这一切，都"润物细无声"似的流入我的灵府，使我精神为之抖擞，心情为之振奋，心旷神怡，消除烦闷，仿佛受到了一次净化，乐不可支了。

中国确实是世界散文大国。

可是，这一个彰明昭著的事实，最初我却视而不见，是经过了一段很长的时间，我才认识到的。

我在大学里读的是西洋文学系，对西方散文情有独钟，平日侈谈英国散文诸大家，旁及法国和美国。德国也是西方文学大国，诗歌、小说、戏剧，成绩斐然，而散文名家则寥若晨星。可见文学品种是与民族性有密切联系的。这一点好像还没有人明确地谈到过，我颇以为是憾事。

中国的民族性大概最宜于散文和诗歌。我在这里讲的散文是指有真情实感又具有高超的艺术性的散文，一般用散文写成的文字，不管思想性多么高，如果缺少真感情和文采，也算不上文学散文。在中国浩如烟海的典籍中，文学散文占有很大的比例。经部中有好散文，史部中更多，司马迁不就是公认的伟大的散文作家吗？子部中有好散文，孟子（有时归入经部）和庄子可为代表。集部中除了诗歌外，绝大部分都是散文。我没有做过细致的统计，在中国古代文献中，散文的分量肯定占绝对的优势。名篇佳作，辉耀千古，中国是世界散文大国，还有什么值得怀疑的地方吗？

20世纪早期，中国爆发了一场文学革命，就是所谓五四运动，举凡文学、艺术、哲学，以及政治、经济，无不蒙受其影响，而文学为尤甚，最显著的标志就是文言改白话，这是几千年文学史上一大剧变。新旧两派争论极为激烈，最后是白话统一了文坛，没有人再怀疑白话的能力了。

到了今天，五四运动已经过去了八十多年。在这一段漫长的时期内，评论五四运动的文章，多如过江之鲫，至今未绝。但是，从各种不同的文体上评断其优劣成败者，愧我庸陋，尚未见到。我不是文学史家，对古代文学史和近现代文学史知之甚少。但是，常言道：一瓶醋不响，半瓶醋晃荡。我连半瓶也没有，却偏想晃荡一下。常言又道：抛砖引玉。我的意见连砖头都够不上，抛出去，用意不过是引起专家学者们的注意而已。

大家都知道，五四是中西文化碰撞的产物，结果是西方文化胜利了。专就文学而论，德国大诗人歌德晚年提出了"世界文学"这个想法。他究竟是怎样想的，我们并不完全清楚。事实是，随着西化在全世界的推进，欧美文学也一步一步地影响了全世界的文学创作。中国加入文学西化的行列相对来说是比较晚的，比印度晚得多。据我个人的看法，中国是从五四开始的，鲁迅的《狂人日记》可为代表。文学的世界化或者干脆说就是西化，其含义是什么呢？我认为，这主要表现在形式上，西方的文学创作形式，特别是小说和戏剧，几乎统一了全球，而其思想内涵和感情色彩，则仍然是民族的。这是轻易化不了的。

从小说来看，鲁迅以后的短篇小说，在形式上，同欧美的毫无差异。唐代的传奇一直到清代《聊斋志异》等等的影响一点也没有了。茅盾和巴金以后的长篇小说，情况也一样，《水浒传》《西游记》《红楼梦》等等的痕迹一点也不见了。从戏剧来看，曹禺的名剧在形式上同易卜生有什么区别呢？在其中还能看到关汉卿的影子吗？

诗歌的情况有所不同。西方诗歌，同世界上其他国家的诗歌一样，形式是多种多样的。因此，很难说，西方的诗歌在形式上统一了世界。中国古代诗歌，形式虽然也比较多，但数目究竟有限。五四改写白话诗以后，形式如脱缰的野马，每个诗人都有自己的形式，每一首诗形式都可以不同。有的诗有韵律，有的诗则什么都没有，诗与非诗的界限难以划分。我不是诗人，本来对新诗不应当乱发表意见。但是，我是一个诗歌爱好者，旧诗能背上一两百篇。我虽然不会摇头晃脑而曼声吟咏之，读来也觉得神清气爽，心潮震荡。但新诗我却一首都没背过，而且是越读越乏味。到了今天，看到新诗，我就望望然而去之。我以一个谈禅的野狐的身份，感觉到，新诗还没有找到自己的形式。既然叫诗，必有诗的形式。虽然目前的新诗在形式方面有无限的自由性，但是诗歌是带着枷锁的舞蹈，古今中外莫不如此。除掉枷锁，仅凭一点诗意——有时连诗意都没有——怎么能称之为诗呢？汉文是富于含蓄性和模糊性的语言，最适宜于诗歌创作，到了新诗，这些优点都不见了。总之，我认为，五四以后，在各种文体中，诗歌是最不成功的。

谈到散文，则情况完全相反。散文也没有固定的形式，所以，很难说，中国现代散文在形式上受了西方什么影响。在情调方面，在韵味方面，中国散文受点西方影响，是难以避免的。但中国白话散文凭借的是丰厚的几千年的优异传统。恐怕20世纪的散文家都或多或少地读过古文，受到古代散文的熏陶。在谋篇布局、遣词造句方面，不会不受到古代散文的影响。古代优秀的散文名篇没有哪一篇不是惨淡经营的结果。这一点也会影响当今的散文作家。总之，20世纪的中国散文，上承几千年的遗绪，含英咀华，吸萃扬芬，吞吐百家，熔铸古今，是五四运动以来最成功的文体。

天津百花文艺出版社，是以专出散文作品蜚声于中国文坛的。现在又推出谢冕教授主编、范希文先生襄助遴选的《百年百篇文学经典散文卷》，可谓锦上添花。谢冕教授是著名的文艺批评家，自己又是诗人，以这双重身份推出的散文精选，必有极其精到之处，可预卜也。我相信，这样一本书会对本来是中国文学创作强项的散文创作，起激浊扬清的作用，使我们的散文创作更上一层楼，在世界文坛上发出新的更耀眼的光芒。

2000 年 10 月 14 日

送礼

我们中国究竟是礼义之邦,所以每逢过年过节,或有什么红白喜事,大家就忙着送礼。既然说是"礼",当然是向对方表示敬意的。譬如说,一个朋友从杭州回来,送给另外一个朋友一只火腿,二斤龙井;知己的还要亲自送了去,免得受礼者还要赏钱,你能说这不是表示亲热吗?又如一个朋友要结婚,但没有钱,于是大家凑个份子送了去,谁又能说这是坏事呢?

事情当然是好事情,而且想起来极合乎人情,一点也不复杂;然而实际上却复杂艰深到万分,几乎可以独立成一门学问:送礼学。第一,你先要知道送应节的东西。譬如你过年的时候,提了几瓶子汽水,一床凉席去送人,这不是故意开玩笑吗?还有五月节送月饼,八月节送粽子,最少也让人觉得你是外行。第二,你还要是一个好的心理学家,能观察出对方的心情和爱好来。对方倘若喜欢吸烟,你不妨提了几听三炮台恭恭敬敬送了去,一定可以得到青睐。对方要是喜欢杯中物,你还要知道他是维新派或(是)保守派。前者当然要送法国的白兰地,后者(送)本地产的白干或五加皮也就行了。倘若对方的思想"前进",你最好订一份《文汇报》送了去,一定不会退回的。

但这还不够,买好了应时应节的东西,对方的爱好也揣摩成熟了，又来了怎样送的问题。除了很知己的以外，多半不是自己去送，这与面子有关系；于是就要派听差，而这个听差又必须是个好的外交家，机警、坚忍、善于说话，还要一副厚脸皮；这样才能不辱使命。拿了东西去送礼，论理说该到处受欢迎，但实际上却不然。受礼者多半喜欢节外生枝，东西虽然极合心意，却偏不立刻收下。据说这也与面子有关系。听差把礼物送进去，要沉住气在外面等。一会儿，对方的听差出来了，把送去的礼物又提出来，说："我们老爷太太谢谢某老爷太太，盛意我们领了，礼物不敢当。"倘若这听差真信了这话，提了东西就回家来，这一定糟，说不定就打破饭碗。但外交家的听差却决不这样做。他仍然站着不走，请求对方的听差再把礼物提进去。这样往来斗争许久，对方或全收下，或只收下一半，只要与临来时老爷太太的密令不冲突，就可以安然接了赏钱回来了。

上面说的可以说是常态的送礼，可惜（或者也并不可惜）还有变态的。我小的时候，我们街上住着一个穷人，大家都喊他"地方"，有学问的人说，这就等于汉朝的亭长。每逢年节的早上，我们的大门刚一开，就会看到他笑嘻嘻地一手提了一只鸡，一手提了两瓶酒，跨进大门来。鸡咯咯地大吵大嚷，酒瓶上的红签红得眩人眼睛。他嘴里却喊着："给老爷太太送礼来了。"于是我婶母就立刻拿出几毛钱来交给老妈子送出去。这"地方"接了钱，并不像一般送礼的一样，还要努力斗争，却仍旧提了鸡和瓶子笑嘻嘻地走到另一家去喊去了。这景象我一年至少见三次，后来也就不以为奇了。但有一年的某一个节日的清晨，却见这位"地方"愁容满面地跨进我们的大门，嘴里不喊"给老爷太太送礼来了"，却拉了我们的老妈子交头接耳说了一大篇，后来终于放声大骂起来，老妈子进去告诉了我婶母，仍然是拿了几毛钱送出去。这"地方"道了声谢，出了大门，老远还听到他的骂声。后来老妈子告诉我,他的鸡是自己养了预备下蛋的,每逢过年过节,就暂且委屈它一下,被缚了双足倒提着陪他出来逛大街。玻璃瓶子里装的只是水,外面红签是向铺子里借用的。"地方"送礼,在我们那里谁都知道他的用意,所以从来没有收的。他跑过一天,衣袋塞满了钞票才回来,把瓶子里的水倒出来,把鸡放开。它在一整天"陪绑"之余,还忘不了替他下一个蛋。但今年这"地方"倒运,向第一家送礼,就遇到一家才搬来的外省人。他们竟老实不客气地把礼物收下了。这怎能不让这"地方"愤愤呢?他并不是怕瓶子里的凉水给他泄漏(露)真相,心痛的还是那只鸡。

另外一种送礼法也很新奇,虽然是"古已有之"的。我们常在笔记小说里看到,某一个督抚把金子装到坛子里当酱菜送给京里的某一位王公大人。这是古时候的事,但现在也还没有绝迹。我的一位亲戚在一个县衙门里做事,因了同县太爷是朋友,所以地位很重要。在晚上回屋睡觉的时候,常常在棉被下面发现一堆银元或别的值钱的东西。有时候不知道,把这堆银元抖到地上,哗啦一声,让他吃一惊。这都是送来的"礼"。

这样的"礼"当然不是每个人都有资格接受的。他一定是个什么官,最少也要是官的下属,能让人生,也能让人死,所以才有人送这许多金子银元来。官都讲究面子,虽然要钱,却不能干脆当面给他,于是就想出了这种种的妙法。我上面已经提到送礼是一门学问,送礼给官长更是这门学问里面最深奥的。须要经过长期的研究、揣摩,再加上实习,方能得到其中的奥秘。能把钱送到官长手中,又不伤官长的面子,能做到这一步,才算是得其门而入了。也有很少的例外,官长开口向下面要一件东西,居然竟得不到。以前某一个小官藏有一颗古印,他的官长很喜欢,想拿走。他跪在地上叩头说:"除了我的太太和这块古印以外，我没有一件东西不能与大人共享的。"官长也只好一笑置之了。

普通人家送礼没有这样有声有色，但在平庸中有时候也有杰作。有一次我们家把一盒有特别标志的点心当礼物送出去，隔了一年，一个相熟的胖太太到我们家来拜访，又恭而敬之把这盒点心提给我们。嘴里还告诉我们：这都是小意思，但点心是新买的，可以尝尝。我们当时都忍不住想笑，好歹等这位胖太太走了，我们就动手去打开。盒盖一开，立刻有一股奇怪的臭味从里面透出来。再把纸揭开，点心的形状还是原来的，但上面满是小的飞蛾，一块也不能吃了，只好掷掉。在这一年内，这盒点心不知代表了多少人的盛意，被恭恭敬敬地提着或托着从一家到一家，上面的签和铺子的名字不知换过了多少次，终于又被恭而敬之提回我们家来。"解铃还是系铃人"，我们还要把它丢掉。

我虽然不怎样赞成这样送礼，但我觉得这办法还算不坏。因为只要有一家出了钱买了盒点心就会在亲戚朋友中周转不息，一手收进来，再一手送出去，意思表示了，又不用花钱。不过这样还是麻烦，还不如仿效前清御膳房的办法，用木头刻成鸡鱼肉肘，放在托盘里，送来送去，你仍然不妨说："这鱼肉都是新鲜的。一点小意思，千万请赏脸。"反正都是"彼此彼此，诸位心照不宣"。绝对不会有人来用手敲一敲这木头鱼肉的。这样一来，目的达到了，礼物却不霉坏，岂不是一举两得？在我们这喜欢把最不重要的事情复杂化了的礼义之邦，我这发明一定有许多人欢迎，我预备立刻去注册专利。

1947 年 7 月

长城与中华民族的民族性

……

我觉得,真正的爱国主义一是不允许别的国家侵略自己,二是也决不侵略别的国家,所以我说,真正的爱国主义与国际主义是密切相(关)连的。

我讲这些话同长城有什么关系呢?同我讲的真正的爱国主义又有什么关系呢?我认为,二者之间有密切的联系。

既然中国在几千年的历史上时时都有外敌,应付的方法只有两种:一种是不顾自己人民的死活,当然更不顾敌方人民的死活,破釜沉舟,与敌人血战,争个你死我活;一种是防御退避,尽量挡住外敌的入侵,让自己的人民过上太平的日子。中国人在几千年中所采取的对策基本上是后者,是第二种:防御退避。

长城就是这种政策的最具体的表现。

如果还不明白的话,我可以举一个近代的欧洲的例子。法国为了防御入侵,费了极大的力量,花了极多极多的钱,用了很多年的时间,修筑了举世闻名的马其诺防线。但是希特勒等法西斯头子,侵略成性,他决不会修什么防线,而是处心积虑,只想进攻,只想侵略,只想杀人。我并无意谴责德国人民,我只是说,法西斯头子是侵略成性,至于德国人民,他们同法国人民一样,也是爱好和平的民族。

讲到这里,我的主题已经非常清楚了:中华民族由于爱好和平成性,才在极长的历史时期,一个朝代接一个朝代,在北方修筑了万里长城,成为世界上的奇迹。长城充分地体现了中华民族爱好和平的本性。这并不是我作为一个中国人的自吹自擂,理智和常识会告诉任何一个国家的人:这是事实。

今天我们正处在20世纪的世纪末。大家都看到了,全世界多处战火飞腾,有些国家的人民处于水深火热之中。这个事实是完全违反全世界爱好和平的人民的意思(愿)的。我们中华民族本着我们根深蒂固的爱好和平的民族性,热烈拥护和平。我们的社会制度决定了我们决不会侵略别人。但是,我们也决不能容忍别人侵略自己。我们现在开这样一个会,其目的无非是促进友谊,促进了解,促进合作,促进和平,为中国人民造福,为世界各国人民造福。我相信,这是今天到会的各国代表们的共识。让我们共同携手前进,为了一个共同的目标而努力吧。

1994年9月6日

本篇是作者于1994年9月23日在北京"长城国际学术研讨会"开幕式上的讲话。前半部分内容因与其他文章类同,故删。

《彭松书法集》序

书法，可以说是中国独有的艺术。日本自古迄今也是讲究书法的，自唐代起就名家辈出。这显然是受了中国的影响。我在这里讲"受影响"，毫无贬意，日本受了中国的影响，自己也有所创新，有所发展，这是日本书法家最受人称赞之处。在几十年前，中国视古代文化如粪土的时期，我看了日本书法，曾感慨备至，"惊呼热中肠"觉得我们将要"礼失而求诸野"了。幸而在改革开放以来，书法又受到青睐。老中青三代书法家，发奋图强，重振当年雄风。我所担心的尴尬局面未能出现，这是我垂暮之年最感欣慰的乐事之一。幸亏天老爷赐我以长寿，否则真要抱恨终天了。

中国的书法妙处何在呢？我不是美学家，更不是书法美学家，不敢赞一辞。古语之："他山之石，可以攻玉。"现在我想借用别人的眼睛，而且是一个外国人的眼睛，来攻中国书法这一块玉。我在将近七十年前在清华读书时，有一个教德文的德国教授，名叫Guster Eche，中文名是艾克，字锷风，只能说几句简单的汉语，并不认识汉字。有一次，在上课前，我用粉笔在黑板上鬼画符，写了几个汉字，完全是写着玩的，但忘记擦掉。他一走进课堂，不上讲台，两眼直勾勾地瞅着黑板上的那几个字，似乎非常欣赏。下课后，他问是谁写的，我从实招认。他点头微笑，说："我不认识汉字，但我是美学家。我看汉字像看一幅画，只看结构，只看线条，不管含义。"

他这几句简单的话，给了我很大的启发，我从来不是什么书法家，我那黑板字写得也不见得好。但是，艾老师却以一个外国美学家的目光，从字的结构和线条上看出了美。我甚至觉得，不认识汉字的外国美学家，他们看到汉字，不像我们中国人（文盲除外）这样，看到一幅名人的书法，首先意识到的是字或词组的含义，然后才去审美。我觉得，这种审美实际上是掺上了杂质，不能立即得到美的真诠，这会影响到美感享受的。有人或许认为这是怪论，我则深信不疑。

总之，书法同绘画一样，是一种视觉艺术。绘画的作用，在于重现自然，无论是山水、人物，还是花、鸟、虫、鱼，重现时都必然沾染上一些个人感情成分。所以，虽同是一类画家，然而画风各异，绝不像照相那样，照出来的都大同小异。书法不在重现自然，而在抒发胸中一股浩然之气，这种气人与人殊，因此王羲之绝不同于魏碑，颜真卿绝不同于怀素，苏轼绝不同于黄庭坚，董其昌大类赵孟頫，清代馆阁体则表现一种富贵气象，像郑板桥那种字体绝进不了翰林院，只能到扬州去当"八怪"之一。如果像颜真卿那样的刚烈人物而书法却如赵子昂，这简直是匪夷所思。古人常说：文如其人，我则说：字如其人。这一点恐怕是非信不行的。至于蔡京、严嵩等人，虽亦为书法家，其气并不"浩然"，这应另当别论。

谈到彭松的书法，应当先谈彭松其人，他幼年丧母，虽有同父异母兄姐照顾，但是哪能代替了母爱呢？父亲常年在外奔波谋生，彭松幼年心情之凄凉，概可想见。我六岁离开母亲，冲龄失去母爱的情景，我完全能体会，凄清、悲哀、孤独、无助，但又因年龄过小，有苦说不出。至今已届望九之年，每次想到我那可怜的母亲，仍然泪流满面。将近八十年前，我同彭松青梅竹马，住前后院。我长他六岁，在现在看起来是个小数，在孩提时期，却无疑是个大数。惺惺惜惺惺，我有时会下意识地特别钟爱他。至今回想起来，依然暖在心头。

这话扯得太远了，本来没想说这些话的，写到这里，情不由己，顺便流了出来，也许是无伤大雅吧。再回头说彭松。幼年他家庭极端贫困，完全靠自己的努力受到了正规的高等教育。但是他在九个堂兄弟姊妹中，禀赋最高。他父亲一生沉浮下僚，却有绘画和书法的天才。他的艺术生理基因遗传给了彭松。彭松一生所走过的道路，曲折坎坷，每一步都出人意料，但是，他能书善画，对我来说，却是既出意料，又在意内。他有此禀赋，不管走多少弯路，最终还总会走到这条道上来，这是完全可以理解的。

我在上面已经说过，我既非书法家，也非美学家，不过平生看的书法绘画，为数颇多。古今中外，都有所涉猎。积之既久，自谓颇养成了一点鉴赏能力，能辨美丑，分善劣。看了彭松的书法，浑厚凝重，而又气韵生动，笔酣墨饱时，仿佛能力透纸背，震撼人心。我这个外行人，只能说这样几句外行话。我现在引用一位真正内行名家的意见，这就是著名书画家黄苗子先生，他对彭松的书法给了极高的评价，这当然是绝对可靠的了。

彭松淡泊名利，从不以书法招摇。现在要出这样一本书法集，索序于我。我认为这是当仁不让的事，所以不避谫陋，写了这一篇序。

1999 年 2 月 19 日

《长歌当啸》序

我对毓方散文的欣赏与理解,有一个比较长期的过程。1996年我给他的散文集《岁月游虹》写序时,说句老实话,我还并没有读过很多他的文章,仅仅根据一点肤浅的印象,我就放言高论。现在自己读起来,都有点觉得脸上发烧。我感到有点,有点"那个"。"那个"者,"有说不出来的滋味"之谓也。我现在有了说不出来的滋味。为什么呢?说是"惭愧",有点过了头。不过头的词儿又一时想不出,于是就随顺流俗"那个"之了。

这话不明不白,要说明白,必须从大处远处说起。

根据我个人的归纳,对于散文的创作,大体上有两种态度。一种认为,散文重点在一个"散"字上,愿意怎样写,就怎样写;愿意怎样起头,就怎样起头;愿意怎样煞尾,就怎样煞尾,无拘无束,松松散散,信笔由之,潇洒自如,天马行空,所向无前。要引经据典,中外都有。外国最著名的例子,我想举法国的蒙田,蒙田的《随笔》享誉世界,垂数百年,至今不衰。他的随笔就属于松散一类,整篇不讲求结构,叙述也看不出什么层次,一点匠心也看不出来;在词藻修辞方面也看不出什么独特风采。因此,我常常想,与其说蒙田是一个文学家,毋宁说他是一个思想家或哲学家,他的思想确有非常深刻之处，为他人所不可及者。在中国也能找出一些类似的例子。中国一些大散文家有时也写一些轻松的文章，信手拈来，涉笔成趣，比如苏东坡的《记承天寺夜游》之类。其他大家也间或有这样的作品。

这一类的散文作品，这一类的散文作家，我无以名之，暂时名之为松散派。

与松散派相对立的一派主张，写散文同写别的文章体裁一样，也要经过充分构思，精心安排，对全篇结构布局，要仔细考虑，要有逻辑性，有层次；对遣词造句，也要认真推敲，不能苟且下笔。我自己是属于这一派的。我的意见具见拙作《漫谈散文》中（《人民文学》，1998年第8期），这里不再重复。杜甫在《丹青引赠曹将军霸》中有两句诗："诏谓将军拂绢素，意匠惨淡经营中。"这里指的是绘画，后来把意思扩大了，泛指所有匠心独运、认真考虑的情况。我在这里借用来指散文的创作，我杜撰了一个名词："经营派"。

汉语是中国语言的一种，在世界众语言中独具特色。特色颇多，我不能一一列举。我现在只举一种，这就是：汉文讲究炼字炼句。这特点最突出地表现在文学创作中，特别是诗词创作中，这一点我在《漫谈散文》中已有所涉及，现在再补充一点。王国维在《人间词话》中说："境非独谓景物也，喜怒哀乐亦人心中之一境界。故能写真景物真感情者，谓之有境界，否则谓之无境界。——'红杏枝头春意闹'，着一'闹'字而境界全出。'云破月来花弄影'，着一'弄'字而境界全出矣。"一般说来，"闹"字、"弄"字都属于炼字的范畴，然而王国维却把它们提高到境界的高度。大家都知道，境界论是王国维美学思想的支柱和基础，前无古人，而他竟把炼字与境界论结合起来，可见炼字在他心目中重要到什么程度了。

炼字炼句是中国写诗歌写散文时"惨淡经营"的一种方式，但是

"惨淡经营"的范围还大得很,不限于这一种方式。在西方,写诗歌也绝不是不讲究炼字炼句;但是由于语言的不同,不像汉文这样全力以赴。汉语的词类有时候不那么固定,这也是对炼字的一种方便之门。

能做到"惨淡经营",散文是否就一定能写得好呢?并不见得。一般说起来,只能有两种结果:一成功,一失败。在成功的方面,情况也极为复杂。先举一个诗人的例子。杜甫有一句很有名的诗:"语不惊人死不休。"可见他作诗惨淡经营之艰苦,结果他成了中国的"诗圣",大名垂宇宙了。谈到散文(广义的)创作,从六朝的骈体文开始,作者没有不是惨淡经营的。到了唐代,韩愈文起八代之衰,柳宗元与韩愈并称,写文章也没有不是惨淡经营的。宋代的欧阳修、"三苏",再加上王安石、曾巩,上面说到的八个人是有名的唐宋八大家,风格各异,皆有独到之处,共同的地方是都惨淡经营。到了明代归有光属于正统派,公安派和竟陵派,以及张岱等属于革新派。清代的桐城派与八股文似乎有一脉相通之处。这一派的作家句斟字酌,苦心孤诣,其惨淡经营的努力更为突出。以上所谈的都是大家所熟知的事实。

这些惨淡经营派的大家是不是写出来的文章都是美妙绝伦的呢?不是的。这些大家传诵千古的文章多少不等地就那么几篇。原因何在呢?写文章,除了天资或者天才之外,还要勤奋努力,惨淡经营就属于这个范畴。在天才和勤奋之外,还要有灵感。灵感是摸不着看不到的东西,但它确实存在,谁也否定不了。只要有点写文章的经验,就能证明这一点。灵感是无法掌握的,有时它会突然闪现,如电光石火,转瞬即逝。抓住了就能写出好文章。你若硬要它来,却无济于事。据说有的作家能够设法诱发灵感,比如闻一种什么香味之类。英国有一位浪漫诗人,每闻到烂苹果的香味,就能出现灵感。但是效果恐怕也很有限,否则就篇篇文章都成珠玑了。

上面这一大篇话讲的是惨淡经营的成功者。至于失败者却颇不大容易谈。原因也并不复杂。惨淡经营而失败了,则他们的文章必然是佶屈聱牙,甚至文理不通,既缺思想性,又无艺术性,这样的文章怎样能流传下来呢?最突出的例子莫过于八股文。我自己没有写过八股文,没有感性认识。但是从许多书上能够读到,当年八股文作者那种简练揣摩、惨淡经营的艰苦情况。但是为什么文章却写不好呢?那种代圣人立言不许说自己话的桎梏把人捆得紧紧的,多大的天才也写不出好文章来的。

我在上面简略地谈了谈惨淡经营的两个方面的情况:成功与失败,对其中原因也做了一点分析,我谈到了灵感的问题。现在再对成功的一方面做一点补充,就是,写文章的人要多读书,中国旧日称之"腹笥",用今天的大白话来说就是肚子里要有"货"。如果腹中没有货,空空如也,即使再努力惨淡经营,也无济于事,反而会露出了马脚,贻笑方家。

上面讲的大多是古代的情况,现在的情况怎样呢?根据我个人的肤浅的观察,在中国现代的散文文坛上,松散派和经营派都是有的,而以松散派为多。我这种分派的想法只能说是我个人的管见,肯定会有人反对的,也许还有人赞成。这一切我都不在意,我个人有这种看法,就直截了当地说了出来,一不商榷,二不争论。争论是不会有什么结果的。

我不是在写中国现代散文的批评史,不必面面俱到,关于松散派我就不再谈了。我现在只谈我所崇尚的经营派。今天中国散文文坛上的经营派,同历史上一样,有成功者,有失败者。成功者也不是篇篇文章都能成功，失败之作还是居多数。这种情况不以人的主观愿望为转移。我们这一些舞笔弄墨者都会有这种经验的。历史上许多散文大家，虽然个个著作等身，但是流传下来历代诵读不辍者也就寥寥几篇。今天的情况也一样。

我不在这里作点将录。但是，为了把问题说明白，我且举一个例子，这个例子就是杨朔。杨朔不是一个多产作家，但是写作态度严肃、认真。极尽惨淡经营之能事，展现精雕细琢之绝活。文章气度不够恢弘，局面较为狭小，然而遣词造句，戮力创新，宛如玲珑剔透的象牙球，令人赞叹。关于杨朔，文坛上争议颇多，有褒之者，有贬之者，两者各走极端。这是古今中外文坛上常见的现象，没有哪一个作者能够获得所有读者的赞扬的，杨朔焉能例外。依我个人的管见，在中国现代文学史上，特别是散文史上，杨朔必须占有一个地位。根据我在上面提到的散文创作成功的两个条件，杨朔的腹笥是否充盈，我不得而知。但是，他是有灵感的，有时表现为细微、精致、美妙绝伦的意象，这在别的作家中是极为罕见的。

有几位作家，我想把他们也归入经营派。从谋篇布局上看不出什么特点，但在遣词造句方面，却明显地看出了努力的痕迹。结果怎样呢？有的词句，大概是他们创新的；不幸事与愿违，我们读起来非常别扭，新不新，旧不旧，读了这样的文章，好像是吃了带沙子的米饭，吃在胃中，愁上眉梢，以后再也不敢问津。归纳其中原因，不出我上面说的两条：腹笥贫瘠，又无灵感。不读中国古代的散文佳作，又不涉猎诗、词、歌、赋。至于西方国家的散文名篇，似乎也从不阅读。因此，文章缺少书卷气，又缺少灵气。这些作家个人感觉可能非常良好，然而读者偏不买账，只有孤芳自赏了。

我在上面啰哩啰唆写了一大篇，真好像古书上所说的："博士买驴，书券三纸，未有'驴'字。"现在该画龙点睛了。绕了那么大的弯子，我无非是想说，卞毓方属于惨淡经营派，而且是成功者。一个人对什么事情，对什么人，都不该抱有先入之见，说坦率一点，就是偏见。毓方是十年浩劫期间北大东语系的毕业生，专修日语。因此，我就认定，他对日语是专家，写写文章，不过是业余爱好，英文叫amateur。我读他的散文集《岁月游虹》时，他已经是一位颇有知名度的作家；但是，我仍然固守我的先入之见，珠玉在前，一叶障目，视而不见。在给他那一本书写序时，生硬地创造了一个新名词儿："广义的散文"。近四五年以来，毓方的散文写得越来越多了，越来越好了，我读得也越来越多了，我顿时感觉到"今是而昨非"，我痛感偏见之可怕，固执之有害。我在本文开头时写到我脸上发烧，心中有点"那个"，其原因就在这里。

说卞毓方的文章属于惨淡经营派，有什么根据吗？有的，而且还不少。我逐渐发现，他对汉字的特点，对汉文炼字炼句的必要与可能，知之甚稔。这种例子，到处可见。就拿《岁月游虹》这一个书名来说，不熟悉汉文特点的人能想得出来吗？再拿他新著《长歌当啸》中一些文章的篇名来看，许多篇名都透露出明显的惨淡经营的痕迹，比如《醉里挑灯看剑》《红尘菩提》等等。在文章的结构布局方面，他也煞费苦心，这种例子可以举出很多来，读者可以自己去看，我不再举了。在《漫谈散文》中我曾说到过：中国古代的散文非常重视起头和结尾，那些散文大家也有同样的情况。这情况只需翻一翻最流行的古文选本，比如《古文观止》之类，便能够一目了然。开头要有气势，横空出世，一下笔就能捉住读者的心，让他们非读下去不行。结尾则讲究言有尽而意无穷，让你读完了，久久不能忘怀。结尾好的文章，鲁迅有不少篇。好多年前读宗璞的《哭小弟》，结尾是："小弟，我不哭。"我想作者是痛哭着写下这一句话的，读者读了，有哪一个不流泪的呢！这种神来之笔是可遇而不可求的，我所说的灵感就是指的这种情况。卞毓方散文中也间有这样的结尾。我只举一个例子。在《北大三老》这一篇散文中，结尾是："有一会儿，我又但愿化作先生窗外的一棵树。"这也是神来之笔，可遇而不可求的。读者稍加体会便能理解。写到这里，我仿佛听到了文坛上的讥笑声："季羡林已经迂腐到了可悲可笑的程度，他在教我们写八股！"我不加辩解，只请求这些人读几篇传世的古文，然后沉思一下，以求得其中三昧。天底下无论做什么事情，不下苦功是一事无成的。

总之，一句话，我过去是俗话所说的，从窗户棂里看人，把卞毓方看扁了。现在我才知道，毓方之所以肯下苦功夫，惨淡经营而又能获得成功的原因是，他腹笥充盈，对中国的诗文阅读极广，又能融会贯通；此外，他还有一个作家所必须具有的灵感。

这就是我对卞毓方散文的管见，希望能够算得上一得之愚。

2000 年 1 月 24 日

《京剧与中国文化》序

常读到艺术理论家的两句话："越是民族的，就越是世界的。"听说有人提出异议，我对艺术理论不是内行里手，对这种异议不但提不出什么异议，我反而觉得这两句话是有道理的。中国的京剧就是一个例证。

据说京剧原来并不姓京，是由地方戏徽剧逐渐改造成的，徽剧进京以后，经过几代大师锤炼、改进，去粗取精，去土增京，终于形成了后来的京剧。当我还是大学生的时候，京剧正处于辉煌的顶端，什么四大名旦，几大须生，满街听哼京剧声，京剧院经常爆满，后来梅兰芳博士又赴苏联和美国演出，获得了成功，连苏联的戏剧大师斯坦尼斯拉夫斯基都加以赞赏，于是民族的一变而成为世界的了。

京剧的关键不在于情节，而在于唱腔。从情节上来看，京剧历史剧最多，关于三国的戏恐怕更多。中国老百姓之所以都能知道诸葛亮、曹操、刘备、关羽等等历史人物，多半与京剧——当然还有小说——有关。但是，真正喜爱京剧的人，并不关心情节，情节他们早已烂熟于胸中了。比如失、空、斩，谁人不知？可是他们仍然愿意看这几出戏。我在这里用了个"看"字，恐怕不妥，真正老戏迷是"听"戏，而不是"看"戏。听的当然就是唱腔了。所以我说，唱腔是京剧的关键。在这一点上，西方的歌剧（opera）颇有类似之处。

星换斗移，时移势迁，人们常说的："三十年河东，三十年河西"，我认为是适用宇宙间万事万物，京剧何能例外？在举世审美价值、审美标准、审美观念剧变的情况下，青年人首当其冲。中国以美食甲天下，然而也抵挡不住麦当劳、肯德基等等的冲击，遑论其他！振兴京剧的呼声已经响起多年了；然而，一直到今天，却收效甚微，有识之士，憬然忧之。徐城北先生的这一部书《京剧的知性之旅》，也应当归入有识之列，大大地值得我们欢迎。

但是，城北这一本书决不停止于空洞的呼吁上，而是陈义甚高，把京剧与中国文化挂上了钩。从这样一个高度上，他以活泼生动而又谨严有条理的语言，描述了一百年来京剧发展演变的过程。在轻松的气氛中，读者就能深刻而又具体地感悟到中华文化的博大精深，书中有许多细致的情况，圈外人是难以知道的，城北由于多年在剧团工作，他可以说是槛内人，因此就能写了出来，大大地开阔了我们的眼界。我想，读者对此都会感激的。

这样能不能够就振兴京剧呢？我想是能的。但是，京剧衰微，其故颇多，大气候小气候都有，可以说是"冰冻三尺，非一日之寒"。因此振兴起来也就不能操之过急，要求立竿见影是难以办到的。现在我们只能用"润物细无声"的办法，慢慢地，一步一步地，从各个方面，进行工作，假以数年，庶能有成。在这方面，城北的确做出了重要贡献。我乐于给他这一部书写了上面一些话，就算是序吧。

2001 年 3 月 15 日

《中国少林寺》序

文化,是一个民族之所以能够持续传承发展的最重要的基石。文化传承的载体大别之不外两种,一种是古代流传下来的文献典籍,一种则是人工兴建的建筑物,万里长城是一个典型的例子。嵩山少林寺也属于这一类。

中华民族是伟大的民族。在过去几千年的历史上,我们在精神方面和物质方面都有很多发明创造。但是,我们决不吝啬,我们慷慨地奉行送去主义,把我们文化的精华送向世界,使全球共此凉热,分享我们的成果。仅以造纸术和印刷术两项而论,这两项技术大大地提高了世界文化传播的速度,扩大了传播的范围。其影响之深远,用什么词句来赞誉也不会过高,如果没有这两项技术,世界文化的发展与传布将会推迟以百年计的时间。

但是,在另一方面,我们又决不故步自封,外国的好东西,只要对我们有用,我们就拿来为我所用。鲁迅的拿来主义是众所周知的。

时至今日,人类已经进入21世纪。但是,新世纪并没有给人民带来新希望,环顾全球,狼烟四起;侵略公行,杀人越货;翻云覆雨,指鹿为马;手挥大棒,唯我独尊。然而,在全球许多地区,饿殍遍野,人民生活在水深火热之中。最令人不安的是,西方挟科技发展之余威，怀抱"征服自然"之壮志，对大自然诛求无厌，穷追不舍。目前在自然界中已经出现了众多的灾害，如臭氧出洞，气候转暖，生态平衡破坏，动植物灭绝的速度加快，如此等等，不一而足。恩格斯早就警告过人们，大自然是会报复的。上面列举的几种灾害不就是大自然的报复吗？人类倘再不悬崖勒马，改邪归正，则发展的前途殆矣。

但是，归正必须有一个方向，而这个方向只有中国能指出，中华文化光辉灿烂，方面很广。目前谈中国文化者侈谈弘扬者多，而具体指出哪一方面应首先弘扬者尚未之见。我个人的意见，首先应该弘扬的是中华精神的精髓"和为贵"。历史上许多哲学家的学说，比如什么天人合一、民胞物与等等，体现的都是和为贵精神。连人工修建的长城，体现的也是这种精神。一个侵略者决不会修筑长城的。这是我对修筑长城意义的新解。自谓已得其神髓，决无可疑。

长城和少林寺都是人工修建的东西，不会说话，不会出声；但是，此时无声胜有声。于无声处，人们可以体会出中华文化最根本的东西"和为贵"的精神。在少林寺中，我相信，无论是建筑与壁画，塔林与碑刻，体现的都是这一种精神。

现在又是我们中华民族奉行送去主义的大好时机了。这次我们送去的就是"和为贵"。世界人民企盼和平，如大旱之望云霓。

现在，中华书局推出了三卷本的《中国少林寺》，我看了一些图片之后，联想到若干年前我参观少林寺的印象，因而浮想联翩，想到了中华文化的和为贵的根本精神，真觉得这书是"好雨知时节"的好书。在欣慰之余，写了这一篇短序。

2003年1月8日

《敦博本禅籍校录》序

众所周知，禅学虽然号称来自天竺，实际上几乎是完全中国化了的佛学。在所有的中国佛教宗派中，独有禅宗流行时间最长，流行地域最广。个中消息，不难参透。

禅宗兴起以后，中国就有人研究禅学。禅学精神，一方面受到了中国固有文化的影响，一方面又极其普遍、极其深入地影响了中国的哲学、文学、艺术、文艺理论以及整个文化领域。

禅宗以其独特的思维方式和著述体裁，引起了人们的注意和重视。据我个人的看法，禅学是越向前发展，离开真正的佛教越远。到了后来，一直发展到呵佛骂祖，形成了佛教的一个反动，一个否定。这是人类思想史上一个极其有趣的现象。正因为如此，禅宗就越来越成为人们研究的对象。先是中国人研究，后是外国人研究，韩国、日本等国的禅学专家，一代接一代，至今不衰。

最近一段时间以来，随着以中国文化为主导的东方文化，在世界上消沉了几百年以后，又有了重现辉煌的端倪的显露。禅学已浸浸成为世界显学。东方各国，固无论矣。西方国家也出现了一些对禅学有兴趣的学者。翻译禅籍，撰写文章，颇引起了西方学术界的注意。这将为下一个世纪东方文化的复兴开辟道路。

稍为内行的人都知道，研究古代典籍，版本最为重要，一字之差，往往谬以千里。宋元刊本之所以为世所重，道理就在这里。自从敦煌石室遗书被发现以后，世界学林为之震惊。在石室中众多的典籍中，禅籍也占了一定的比例。从此以后，中外研究禅学的学者，争先恐后，纷纷对敦煌禅籍加以校勘，加以探讨。正如王静安先生、陈寅恪先生等国学大师所指出的那样，新材料的发现必然能带动新学问的产生。在敦煌吐鲁番学范围内，敦煌石室的禅籍可以说是极有价值的新材料。其能推动这一门新学问迅速前进，完全是意料中事了。

邓文宽先生和荣新江先生共同校勘的《敦博本禅籍校录》，是在众多的国内外学者，在长达几十年内对敦煌禅籍的校录的基础上的集大成之作。这两位学者认真严肃，方法精密，既继承了中国朴学考证校勘的传统，又参照了西方的校勘方法，融会中西，贯通古今，因此我称之为集大成之作。最值得称道和重视的是，他们读书得间，细入毫发。对一些以前从未有学人注意到的敦煌写本的书写特点阐幽发微，公之于世，为斯学做出一大贡献。这一点，我相信，凡读本书的学人都会同意我的意见的。我由于有此书而感到愉快，感到骄傲。如果要讲爱国主义的话，写出这样的书，能在国际学林中占一席地，这就是最具体的爱国主义行动，比一千句一万句空话都更有用。

写到这里，我想要说和应该说的话可以说是已经说完了。但是我想再加上一条尾巴。这当然不是狗尾，甚至连貂尾都不是，而是一条超过了众尾之尾。我想说的是我最近时常想到的一个问题。别人也许对它会感兴趣的。

我认为，吾人为学，有如运动场上的接力赛跑，棒棒不断，代代相传，永远在前进，永远没有止境。后来居上，青出于蓝，是自然规律。我现在想着重讲的是老年人的态度，也就是把接力棒传给年轻人的人的态度。这个态度，根据我的观察，并不容易处理好。学术圈子里并不缺少"九斤老太"，是谁都看得见的事实。我是一个平凡的人，我跑的这一棒并不很理想，虽然我也努力跑了。但是，我稍有自知之明。我赞成唐人的两句诗："平生不解掩人善，到处逢人说项斯。"我愿意为有才华的年轻人呐喊鼓噪，这样会对年轻学人的发展有利。在古今中外的名利场上，年轻人想脱颖而出，这个颖往往是很硬很硬难以脱掉的。我想从旁帮他们一下。我有意写一篇短文，姑名之为《燕园四杰》。先此预告，望"读官"（套用"看官"这个词儿）们注意则个。

1994年12月12日

《中国飞天艺术》序

在我将近九十年的一生中，三四十年代，正当我二三十岁的时候，我在德国度过了十年，从事梵文、巴利文、吐火罗文佛学典籍的研究工作，涉猎颇广。但是，对于佛教美术，我却没有过多的注意。虽然我的导师Prof.Dr.Waldschmidt一方面是一个研究中国新疆出土的佛教典籍的大师，另一方面又是佛教美术的专家，我却只继承了前者的衣钵，对于后者，我只是偶尔欣赏一下而已。

现在，安徽美术出版社画册编辑室主任、油画家傅强先生来到寒舍，要我给他们即将编辑出版的《中国飞天艺术》写一篇序。我在这方面是外行，我多少还有点自知之明，我立即一口回绝，并介绍一位佛教艺术史名家来承担写序的任务。但是傅先生却不同意，并拿出了赵朴初老先生亲笔题写的书名给我看。我马上掂出了这一本书的分量。看来我只有随喜的义务，而没有推卸的余地了。常识告诉我，一个外行要想向内行方向靠拢，只有一条路可走，就是读书学习。于是我就拿过来傅强先生带给我的一篇文章，郑汝中和台建群两位先生写的《飞天纵横》，仔细阅读起来。这是一篇相当长的文章，把飞天这个艺术形象分析得细致入微，头头是道，从欧洲到印度，从印度到中国，追流溯源，相互对比，真正做到了信而有征。飞天艺术在中国境内的分布情况，叙述得更加详尽。孔子曰："三人行必有我师焉。"在这方面，他们两位都是我的老师。在这里，我不想得到什么出蓝之誉，因此我对飞天问题本身就不再侈谈什么了。

我眼前集中精力来考虑一个问题：为什么飞天这个艺术形象独独在中国这样流布极广，这样受到人民的喜爱？走在地上的人类大概都想像鸟一样到天空中去逛上一逛，这是自古以来世界上各民族的共同愿望或者幻想。上天的方式东西颇有点不同。西方人比较机械，比较呆板。他们大概认为，没有翅膀是上不了天的，所以给会飞的爱神丘比特装上了翅膀。东方人则认为，没有翅膀也一样能上天。佛经中有 ākāśe' ntarikṣe carati（飞腾虚空翱翔）这样的说法，至于怎样飞腾，并没有说明，反正是没有长上翅膀。到了中国，这种情况就更多了，最著名的一个例子是嫦娥奔月的故事，简直是家喻户晓，无人不知。嫦娥是怎样"奔"的？在中国关于这个题材的诗歌和绘画上，从来没有见到嫦娥身上有翅膀。梅兰芳博士的名剧"嫦娥奔月"，更不见梅博士身上装上翅膀，见到的不过是绸带飞舞，给人以飞翔活动之感而已。从上面说的例子来看，东方人比欧洲人更加潇洒、灵动，不那么机械、呆板。

中国古代的一些文人学士侈谈成仙升天之论，一些在民间最流行的长篇神话小说，比如《封神榜》《西游记》之类，更是满篇神仙。这些神仙来往天空，行动自如。他们身上当然没有翅膀，他们是靠什么在天空中行走呢？中国古人大概认为，要走路，必须站在坚硬的土地上，天空中没有土地，但是，从下面看上去，云彩似乎是固体的东西，在天空中，要站的话，只能站在云彩上，于是就出现了"驾云""腾云驾雾"一类的词儿，神仙与云彩就无法分开了。在《封神榜》《西游记》一类书中，神仙们往往驾祥云在空中行走了。

中国古代还有追求长生不老的想法，特别是中国历史上几位雄才大略的大皇帝都有这一种癖好，秦始皇、汉武帝和唐太宗都有。秦始皇采用的方法大概是阴阳采补。汉武帝是饮仙露，"承露金盘霄汉间"，指的就是这件事。唐太宗则是服长生不老之药，多半是什么矿物。结果都没有成功，都"龙驭上宾"了。这些皇帝可能只是想修炼长生不老之身，留在大地上永远当皇帝，并不想升天。天上哪里会有"后宫佳丽三千人"呢？把阿房宫搬上天去，覆压三百余里，天宫里哪里有这么大的地方呢？老百姓幻想成仙，鸡犬随之升天，天上房价不知每平方米值多少钱，但是容纳一家人和几只鸡犬总归是有法可想的。

把上面讲的归纳起来，我们可以说，中国古代有一些人有在天空中翱翔的愿望，腾云驾雾毕竟还是一种比较笨拙的办法。正在此时，从印度传入了飞天的艺术，用不着脚踏任何土地而又能飞行自如，多么美妙，多么惬意啊！于是，飞天这种艺术便在中国南北各大洞窟寺庙中流行起来，青出于蓝而胜于蓝，远非印度可比了。

傅强先生这一部研究中国飞天艺术的书出得也正是时候。它一方面有较高的学术价值，能给研究中国美术史以及中印文化交流史的中外学者提供搜罗详备、切实可靠的资料。另一方面又能满足并非学者的中国普通老百姓的审美需求和愿望，真可谓一举两得，功德无量矣。是为序。

2000 年 1 月 20 日

东方文化

我是研究语言的,但对文化也有些想法,可谓"野狐谈禅",真正的专家讲东方文化与我讲的完全不一样,因为他是专家。但"野狐"有"野狐"的好处,脑子里没有框框,辩证地说,两者各有利弊。这里,我想讨论三个问题:一、文化与文明;二、东方文化与西方文化;三、东方文化。

文化与文明

文化与文明两词在报纸上随处可见,但它们究竟是什么关系呢?如果你查英文词典,会得不到答案,因为culture和civilization均既指文明又指文化。尽管如此,它们之间还是有差别的,虽然,这两个范畴有相交的地方。具体而言,首先从字源上说,culture有培养的意思,指"栽种",而civilization是从civil来的,字源不一样,有差别。其次,从对立面讲,文化的对立面是愚昧;文明的对立面是野蛮。愚昧主要指智慧的低下,而野蛮则主要指言行粗俗,因而区分是显而易见的。社会科学不同于自然科学,定义非常难下,现存的对文明与文化的定义不下五六百个,谁也不能说服谁。因而我们求其理解,不求定义,明白文化与文明有统一也有区别。国外对它们的理解也有区别，英国汤因比（Arnold J.Toynbee，1889—1975）的《历史研究》（*Historical Studies*）中把7000年来人类创造的文化归为23种文明，而在中国，应该是用文化而非文明。咱们现在天天讲弘扬中国文化，我觉得有很多人混淆了这两个概念。

东方文化与西方文化

东方文化与西方文化，也可称为东方文明与西方文明。文化（明）是如何产生的？有一元论和多元论之分。一元论是指由一个地方、一个民族创造，而多元论则认为文化是由多个地方、多个民族创造。我没有研究这个问题，但我认为一元论是不确切的。希特勒是主张一元论的，他认为世界上创造文明的只有日耳曼民族，主要指欧洲北方的白人。他认为，瑞典、挪威、丹麦、荷兰、德国是产生文明的，而其他民族或是受益于或破坏这个文化，因而闹了很多政治笑话。我认为，多元论优于一元论。关于人类起源，至今还争论不休，但从文化与文明的起源看，应该不是由一个民族创造的。世界上民族很多，有大有小，历史有长有短，但每个民族对文化都有贡献，只是贡献不一而已。现在是欧美文化的天下，西方人就自以为是天之骄子，这其实是自欺欺人。

汤因比把世界文化分成23或26种文明（化），就没有细分下去。我想，自从有人类以来，世界文化可以分成四大体系：中国文化、印度文化、伊斯兰的选择文化及欧美文化。日本、韩国、朝鲜、越南文化均属于中国文化圈，从希伯来直到现在的穆斯林文化为伊斯兰的选择文化圈，加上印度文化圈，这三者可总称为东方文化；而从古希腊一直到今天的欧美文化，可称为西方文化，其间并无其他第三种文化。中国文化对其他文化特别是中国文化圈内国家有极其深刻的影响。如日本等国家，虽然有自己的民族文化，但其文化基础根源于中国文化。日本的文字中，有1750个汉字。日本发展到今天，是中、日文化共同作用的结果，如果没有中国文化的影响，日本的发展就恐怕不是这样。有些国家，坚决反对本国文化受中国文化影响的观点，认为"浪漫主义""象征主义"等词非源于中国，而是语言上的偶合。认为去掉其文中的中国字就是爱国主义，其实，研究历史，首先要实事求是，否认事实绝不是爱国主义。

东方文化与西方文化有何区别呢？我认为最根本的区别是思维模式、思维方式的不同。西方文化注重分析，一分为二；而东方文化注重综合，合二为一。前人在这方面就已有所体现：吴文俊在《九章算经》序中写道："欧州（洲）的数字与中国不同，它从公理体系开始，而中国数字从实用出发。"充分表明了分别以分析和综合作为两种思维方式。另外，庄子曾言："一尺之棰，日取其半，万世不竭。"西方则将物质细分，从原子分到电子再到介子，生动地说明两种不同的思维模式。

东方文化注重综合，综合出技术；西方文化注重分析，分析出理论。《丝绸之路》的作者，伊朗籍法国人，在书中曾写道：在穆斯林初期（相当于中国的唐初），在阿拉伯和伊朗（波斯），有个说法："世界民族很多，希腊人只是一只眼，中国人是两只眼，而其他民族则为瞎子。"意思是说，希腊只出理论，如柏拉图、亚里士多德、苏格拉底等大思想家；而中国出技术，如四大发明。这是东西方文化差异的结果。其实发展地说，中国也有自己的理论，如诸子百家，但希腊没有技术却是事实。综合和分析是思维方式的主流，虽说没有第三种，但也没有纯粹的百分之百的综合和分析。

但是现在，领导世界科技的是西方，西方人自以为是天之骄子。诚然，工业革命后，西方对世界的发展影响极大，不可否认。但他们歧视东方的想法是没有远见的。他们目前已经暴露出很多的矛盾和巨大弊端：人口爆炸、淡水资源匮乏、臭氧层出洞。这些危险的问题联合起来，不堪设想。人类社会的发展道路是曲折的（同人生道路一样），坎坎坷坷，不可能一帆风顺。因而，西方文明辉煌了二三百年，这是三十年河西，下一个将是三十年河东，亟待东方文化的纠正，否则，世界前途危机重重。西方的邪教宣传"世界末日裁判"，这些都是从现象而不是从本质上看问题。人类进步就如同人跑400米接力赛，后者是建立在前者的基础上的。在二三百年以前，中国的地位不是今天这样，是"两只眼"，而希腊只是"一只眼"。因而，我们应该回头看看一百年来中国的发展道路，总结经验，吸取教训。西方这样发展下去是不行的，必须改弦易张。我曾在一次国际会议上发言："只有中国文化、东方文化可以拯救世界。"

东方文化

东方文化是以中国文化为基础的。中国文化对人一生要解决的三个问题有自己的看法。这三个问题是：（一）人与大自然的关系；（二）人与人的关系，即社会关系；（三）人自身内部情感冲突与平衡。

人与大自然的关系

在人不为人之前，人是大自然的一部分，没有人与自然的对立，而一旦人成为人，人就成为大自然的对立面。人一生的衣食住行，都仰仗大自然。向大自然索取有两种办法：一是强取豪夺；二是朋友相赠。用第一种办法是征服（conquer），目前西方的结果就是征服来的。大自然有规律地运转着，而恰当地掌握规律则很难。如果征服过度，大自然一定会给予惩罚。所谓"天灾人祸"，很大部分是人祸。如云南滇池的围湖造田，西双版纳的森林砍伐，这些都是洪水泛滥的直接人为原因。第二种方法是比较合理的，相互了解，中国古话称之为"天人合一"。中国的道家、儒家均有此论。宋朝的张载言："民我同胞，物吾与也。"简称"民胞物与"，把大自然看成是人类的伙伴，可惜的是中国有此思想无此言行。如1958年的"浮夸风"，所谓"人有多大胆，地有多大产，就怕你不解放思想"，因而经济遭受莫大损失。到21世纪，只有采用"天人合一"的思想才能解决问题。我最近出了《"天人合一"新解》及《天人合一续本》，提出的建议是否非常公论，有待于21世纪实践证明。因为现在看21世纪，就好比两个近视眼看匾。有这么一个故事，有两个人，谁也不承认自己是近视眼，决定第二天到庙里看挂匾一决高低。其中一人先向他人打听到匾文，所以第二天两人并排向前走时，他没走几步就嚷："我看到了，我看到了，是'光明正大'！"旁边不知情者惊问："你看到何物？匾尚未挂出呀！"

现在有一种说法，认为弊端是事实，但科技发展会解决之。我想这是不可行的，科技的发展只会使情况更糟。在香港召开的"21世纪前沿科学讨论会"上，中国科学院自然科学史研究所所长认为："要用天人合一作指导思想研究科技。"与我竟是这样的不谋而合，我备受鼓舞。

人与人之间的关系

人与人之间的关系，即社会关系。中国儒家有一套处理人与人关系的办法，概括起来是八个字："格、致、诚、正、修、齐、治、平"。"格"即"格物"，研究万事万物；"致"是"致知"，在研究中找到规律，其余含义分别为"诚信、正心、修身、齐家、治国、平天下"，做好这八个字，不但可以处理人际关系，还可以平天下。另外，中国百家均有一套处理人际关系的准则。

人的内部情感

关于人的内心情感，中国哲学史上争论最多的问题是性善、性恶。儒家曾有这样一个故事来测量善与恶：某人用两只筐和两种颜色的石子，每产生一善念就拿白石子放入一筐子，每产生一恶念就拿黑石子放入另一筐子中，用以计量一天善、恶念总数（据考究，这故事实源于印度）。关于性善、性恶，儒家分为两派，荀子认为"人之初，性本恶"；而孟子则认为性善，且说："恻隐之心，人皆有之。"我表示怀疑。"食色性也"，性即本能，无善、恶之分。生存、温饱、发展均是人的本能，但人人如此，则必有冲突，因而，善恶的区分标准在于在冲突中能否为别人着想。《三国演义》中的曹操，有言曰："宁教我负天下人，休教天下人负我。"因而被认为是反面人物。当然一心为人之人，我不敢肯定有，但毫不利人、专门利己之人，肯定是有的。一个人能百分之六十以上替别人着想，就可以认为是善者。所以，我之所谓善是压制本能，多替别人着想。这是人能做到而动物不可能有的，因而，处理人的内心感情就是压制生物的本能，压制得越多越好。

1996 年 8 月

成语和典故

成语，旧《辞源》的解释是："谓古语也。凡流行社会，可证引以表示己意者皆是。"典故，《现代汉语词典》的解释是："诗文里引用的古书中的故事或词句。"后者的解释不够全面，除了"古典"外，有些人还引用"今典"这个词儿。

成语和典故是一种语言的精华，是一个民族智慧的结晶，是高水平文化的具体表现。短短几个字或一句话，却能够唤起人们的联想，能蕴含无穷无尽的意义，有时是用千言万语也难以表达清楚的。中国古代的文人，特别是诗人和词人，鲜有不用典者，一个最著名的例外是李后主。

在世界上各大民族中，成语和典故最丰富多彩的是哪一个民族呢？这个问题，我想，考虑到的人极少极少，反正我还没有遇到呢。我自己过去也从未想到过，只是到了最近，我才豁然开朗：是中国。

中国汉语广如瀚海的诗文集是最好的证明。没有足够的古典文献之时，有些诗词古文是无法理解的。许多古代大家的诗文集，必须有注释才能读得懂。有的大家，注释多到数十家，数百家，其故就在于此。

这情况不但见于古典诗文，连老百姓日常习用的口语也不能避免，后者通常被称为成语。成语和典故的区分，有时真是难解难分。我的初步的肤浅的解释是，成语一般限于语言，典故则多见诸文字。我们现在每个人每天都要说话（哑巴当然除外），话中多少都用些成语，多半是无意识的，成语已经成为我们口语中不可或缺的一个组成部分了。

成语的量大得不得了，现在市面上流行着许多版本的《汉语成语大辞典》可以为证。例子是举不胜举的，现在略举数例，以见一斑。"司空见惯""一箭双雕""滥竽充数""实事求是""每况愈下""连中三元""梅开二度""独占鳌头""声东击西""坐井观天""坐山观虎斗""坐失良机""座无虚席""坐以待毙""闻鸡起舞"，等等。这不过是沧海一粟而已。在我的这篇短文中，我就不自觉地使用了一些典故。连电影中的体育报告员，嘴里也有不少成语。比如，踢足球踢进第二个球，则报告员就用"梅开二度"，接连踢进三个球，则是"连中三元"了。连不识字的农民有时也想"转（zhuǎi）文"，使用成语，比如，"实事求是"，对一个农民来说实在太拗口，他便改为"以实求实"，现在常听人说"不尽人意"，实际上应该是"不尽如人意"，去掉"如"字，是不通的。但是，恐怕约定俗成，将来"不尽人意"就会一统天下了。

汉语的优点是说不完的，今天只能讲到这里，等以后有机会再来啰唆。

1999 年 10 月 16 日

《跨文化丛书·外国作家与中国文化》序

人类已经进入了一个新世纪，21世纪，一个新千年，第三个千年。这真可以说是一个非常关键的时刻。全世界有识之士都在关心人类文化将何去何从；中国人士，还有某一些外国的目光远大的人士，还在关心以中国文化为中心的东方文化将何去何从。这一切都是正常的，没有什么独特之处。

谈到文化，我一向主张文化产生多元论，换句话说，就是，世界上每一个民族，不论大小，不论历史久暂，几乎都对人类共有的文化宝库做出了或大或小的贡献。那种只有一个民族能创造文化的论调，是法西斯的主张。

文化这东西有一个非常突出的特点，那就是，它一旦在世界上某一个地方，一个部族中，一个国家中被创造出来，被发明，被发现，它就必然会向外扩散，什么力量也阻挡不住的。我常说，文化交流是促进人类社会前进的主要动力之一，如果没有文化交流，各个部族，各个国家所创造出来的文化都禁锢起来，秘而不宣，我们今天世界上的文化，我们的精神生活和物质生活将会是一个什么样子，你能想象吗？

而且文化交流的速度还会随着人类社会的前进而加速。我们可以说，文化交流的速度与社会前进的速度成正比。到了今天，社会发展已经到了很高的水平，信息爆炸，空间上相距千里万里，而鸡犬之声可以相闻。一个新的发明创造——这些都属于文化范畴——一出现，立刻就能传遍世界。什么知识产权，什么保密，绝密，都无济于事。原子能，特别是原子弹就是一个好例子。哪一个自命"天之骄子"的想独霸世界的骄纵恣睢的大国能够阻碍别的国家制造原子弹呢？

在这样的情况下，任何国家都必须关心文化交流的问题，关心世界文化的走向，关心本国文化的发展与走向。在经济建设的同时，努力进行文化建设，而二者是密切相关的。进行文化建设，无非是做两个方面的工作：一个是弘扬本国本民族文化的优良部分，一个是"拿来"外国文化中的优良的东西。不要认为，一提到文化，里面都是好东西。对外来的文化要批判吸收，对本国文化也要批判继承，也就是要去粗取精，去伪存真。这是十分必要的，千万不能等闲视之。胡子眉毛一把抓，对文化发展是不利的。

在这里，我必须对精华和糟粕谈一点看法。我在最近几年来逐渐发现，一般人认为精华与糟粕是固定了的，精华永远是精华，糟粕永远是糟粕。实际情况并不是这样的。这二者的标准并不固定，有时候甚至互相转换。这完全取决于时代的需要。需要就是精华，不需要就是糟粕。时代不停地变化，标准也不能一成不变。

在这里，我还必须补充一点自己的看法。在过去几千年中，人类尽管创造出来了很多不同的文化，但是，归纳起来，可以分为两大体系：东方文化和西方文化。二者尽管有很多相同和相似之处，同为文化，这是不可避免的；但是，从根本的思维模式和社会实践来看，却是有极大的差别的。关于这一个问题，我曾在很多文章中阐发过，这里不再重复。

我一向主张，人生必须解决三大问题：一是人与大自然的关系，也就是天人关系；二是人与人的关系，也就是人际关系、社会关系，国与国之间的关系也属于这个范畴；三是个人心中思想与感情的问题。东西文化的差异充分表现在解决这三大问题的思路和方法上。我现在只想就第一个问题谈一点个人的看法。解决天人问题，东西方法迥乎不同。要想说明白这个问题，需要千言万语。简短截说，西方主"征服自然"，而东方主"天人合一"。"天人合一"这个词儿在哲学上有成百上千的说法，我的"新解"就是：人类与大自然要和睦相处，和谐相处，不能视自然为敌人而欲"征服"之。坦白地说，我们中国也没有能完全做到，可是至少我们先人有这样一个学说，这也可以聊以自慰了。东西这两种态度产生了什么后果呢？恩格斯明明白白地说："我们不能过分陶醉于我们对自然界的胜利，对于每一次这样的胜利，自然界都报复了我们。"这几句话是一百多年以前说的。当时大自然对人类征服的报复还不太明显，可恩格斯就以他那天才的预见性见到了这一点，真不愧是马克思主义奠基人之一。到了现在，事实已经充分证明了恩格斯的预见。例子是不胜枚举的。仅举其荦荦大者就有不少，比如，生态失衡，物种灭绝，温室效应，全球变暖，二氧化碳增加，臭氧出洞，淡水匮乏，洪水泛滥，人口爆炸，新疾病产生，如此等等，不一而足。连近来令人谈牛色变的疯牛病，据说也与此有关。

中国怎样呢？中国古代也有过制天而胜之的哲学家，在十年浩劫评法批儒的运动中被尊为"法家"，是唯物主义者。在这之前，在50年代末，浮夸风达到疯狂的时候，有人说："与天斗，其乐无穷；与地斗，其乐无穷；与人斗，其乐无穷。"这只能说是我们中华民族发高烧时的呓语。跟着来的就是三年自然灾害，这是不折不扣的大自然对人类进行的报复。可惜至今还没有看到作如是解者。我认为,中国的主导思想是"天人合一",儒、道、汉化了的佛,都有这种思想。宋代大儒张载说:"民吾同胞,物吾与也。""与"字是"伙伴"的意思。这两句话一般缩为"民胞物与"四个字。无论从哪方面来看,这都是中华文化的精华。

中华文化,博大精深,条理万端,"天人合一"的思想,就算是精华吧,也只是其中的一小部分。我们对自己的文化自我感觉良好,这是人之常情,未可厚非。但是,一个人,一个民族,最忌自满;一旦自满的苗头出现,就表示了停滞不前的倾向。古人说:"他山之石,可以攻玉。"对一个国家来说,"他山"就是外国。苏东坡诗:"不识庐山真面目,只缘身在此山中。"一个人,一个民族了解自己,并不容易。必须跳出此山,而外国人的意见尚矣。对外国广大的芸芸众生,我们不能要求他们都了解中国。作家,当然还有思想家、哲学家、科学家、艺术家等,是他们中的精英。这些人想了解中国文化,能够了解而且评价中国文化,是意料中的事。我们要寄希望于他们。他们对中国文化的赞扬,对我们很有用。他们对中国文化的否定,也同样对我们很有用。我们倘想发展、弘扬我们的固有文化,眼前必须有一面镜子,这镜子绝不能是哈哈镜,而只能是一面正常的镜子,从中可以照见我们的是与非,美与丑,这对我们客观评估自己的文化,会有很大的好处。现在,宁夏人民出版社之所以不惜斥巨资,邀请国内一些研究外国文学的名家,编纂这样一套丛书,其用意可能同我在上面讲的这些道理有一些关联吧。果真如此,那我就会认为这是一场"知时节"的"好雨",功德无量。

我自己并不是研究外国文学的专家,学过一点,但所知不多。我知道,外国作家对中国文化的看法是形形色色的,五花八门的,有的扬，有的抑；有的有真知灼见，有的也胡说八道。但是，不管怎样，他们总是一面明亮的镜子，照一照会对自己有利。有时候，他们也真能搔到痒处，比如德国的歌德在他的《谈话录》中，在1827年1月31日，他就对爱克曼说了中国人能同大自然和谐共处的话，用哲学的话来说，就是"天人合一"。我们不能不佩服歌德观察与思考之细致深刻。

在本文一开头我就提出了在新世纪中世界文化的走向问题，中国文化的发展问题。在行文过程中，我已经回答了一部分。在新世纪中，文化交流必须继续；文化交流必然导致文化融合，这些都是不可避免的。但是，融合怎样进行呢？是不是简单的1+1=1呢？我希望不是，其中必须有个重点，说白了，就是必须以东方文化济西方文化之穷，必须以"天人合一"思想改变粗暴的"征服自然"的思想。这样人类才有可能避免走向穷途末路。

然而实际怎样呢？环保之声虽然洋洋乎盈耳，可真正采取措施者并不多。发达国家以其科技骄人，然而污染环境破坏天人和谐者正是这一帮人。大自然有点怪脾气，你对它征服得越卖劲，它对人类报复得越冷酷。人类昏昏，而自然却是昭昭。我们现在只有希望，世界各国中，特别是发达国中的精华，作家能够以他们的远见卓识和博大的胸怀，看出全人类所面临的危险，大声疾呼，催人猛省，在文化交流中，认识到中国传统的"天人合一"的思想之英明，慎思之，明辨之，笃行之，扭转当前全世界浑浑噩噩的状态，为人类立一大功，立一新功，跂予望之矣。

2001 年 2 月 15 日

于文章中續古今

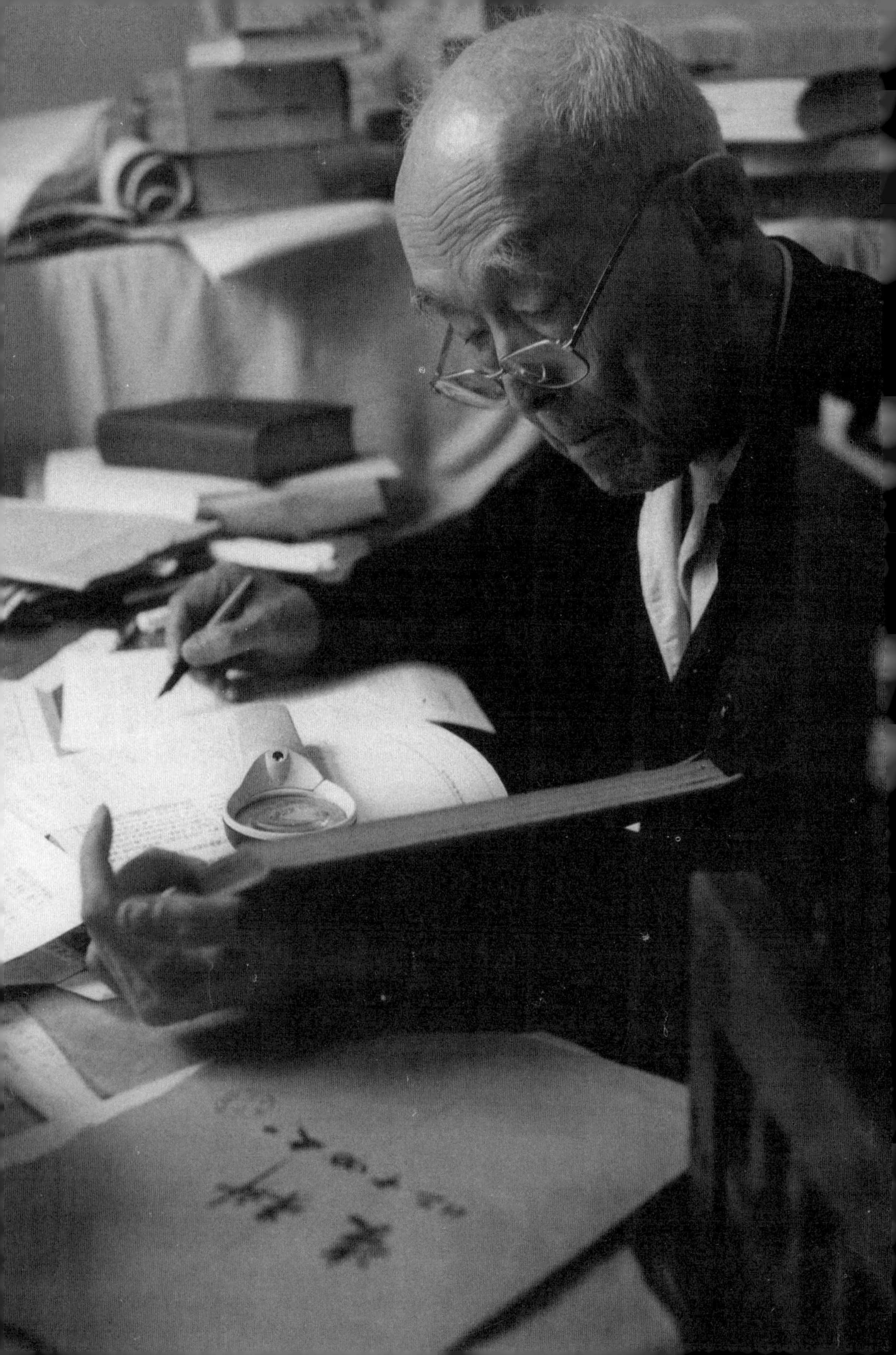

《陈瑞献选集》序

过去和现在，我在新加坡学术界和文艺界，都有一些朋友，有的鱼雁传书，切磋学问；有的过从甚密，结成了深厚的友情。我觉得，这真是人生乐事。

陈瑞献先生是新加坡文艺界的巨擘，仰望大名，心仪已久。但是直至今日，尚无缘识荆，极以为憾。现在忽然偶然得到了一个宛如自天而降的良机——陈先生要在中国出版《选集》了。承蒙垂青，邀我作序。以我庸陋，感愧交加。但我愉快地承担下来了这件工作。从此我在新加坡的朋友又增加了一个，岂非乐事中之乐事吗？

我翻看了瑞献先生的文集，欣赏了他的绘画，看了一些介绍他的文章，开始构思。按照自己的老习惯，总想先正一正名，给他安上一个什么家，然后再根据这个家的特点，生发开去，写成一篇妙（也不一定都妙）文。一般人写序言，有的也是遵照这个路数。然而，这一次我却失败了——生平第一次在这样场合下失败——我找不到一顶现成的什么家的帽子，给他戴在头上，而恰如其分，虽然我的帽子铺里现成的帽子数目是不老少的。

我迷离模糊地仿佛回到了几百年前的欧洲的文艺复兴时代。那时候，正如众所周知的，出了一些全面的、多才多艺的、几乎是无所不包的（universal）人才。我面对的陈瑞献先生就近乎这样的人。他是一个诗人、哲学家、画家、小说家、散文家、剧作家、评论家、学者、书法家、篆刻家、翻译家、外国文学研究者等等。在艺术范围内，他是油画家、中国写意画家、版画家，精通胶彩、纸刻，还是雕塑家。在哲学范围内，他通佛学、西洋哲学、中国哲学、美学、宗教学等等。此外他还精通饮食文化、园林艺术，他也搞服装设计。在语言方面，他精通汉语、英文、法文、马来语。我列举了这样多"家"，看来还不足以窥陈先生之全貌。即便是这样，陈先生不是已经能够让人目迷五色，眼花缭乱了吗？

陈先生这样一个universal的全才，在新加坡和世界上获得很高的声誉，完全是顺理成章的。他获得了很多荣誉称号和勋章。新加坡为他修筑了一座规模庞大的"陈瑞献艺术馆"。一位评论家写道："除了称他为天才之外，就没有别的称呼了。"中国当代大画家吴冠中先生称他为"东方青年的楷模，杰出的炎黄子孙"。因为陈瑞献先生，尽管在多方面都有极高的造诣，年龄还不到五十。按中国说法，只能算是中年。

怎样来解释这个"陈瑞献现象"呢？

近若干年以来，我经常考虑东方文化与西方文化的关系问题。我觉得，要解释"陈瑞献现象"，必须从东西文化关系入手。

在东西方文化关系方面，我的观点不可能在这里详加阐释。简短截说，我的主要观点是：从人类文化的发展过程来看，文化交流是促进或推动人类社会发展的主要动力之一。在历史上，世界上已经产生了许多文化（有人称之为文明），但是哪一种文化也没有，而且也不可能万岁千秋。东西两大文化体系的关系是，三十年河西，三十年河东。到了今天，我们正处在一个世纪末中，一个新世纪——21世纪，就要来到我们眼前。世界上一切有识之士，应该立足于眼前的20世纪末，而展望21世纪。只有这样才不至于看不清世界文化的走向，而迷离模糊陷入迷魂阵中。

带着这样的观点来看"陈瑞献现象"，就能理出一个头绪来。陈瑞献正是在东西方两大文化体系激荡冲撞中产生出来的人物，而且他身上已代表着东西文化发展的未来。

陈先生的根虽然是在中国，然而他成长，受教育，接触社会，接受社会的熏陶感染，却是在新加坡。而新加坡，无论是在地理上，还是在东西文化的冲撞上，正处在两方面的前沿阵地上。换句话说，新加坡是东西文化交光互影最显著、最剧烈的地方。只有在这样的地方才能出陈瑞献这样多才多艺几乎是全能的人物。事情不是非常明显的吗？

具体一点说，陈瑞献所受的教育，他受熏陶的文化环境，都是有东也有西。这一点是非常明显的。我在这里所讲的东方文化，除了包括中国文化以外，还包括印度文化。陈先生不但了解中国文化——这是他的根，而且也了解印度文化。他的一幅巨型的画，名字是Poem on Suchness。Suchness这个英文字翻译的是梵文原文的Tathata，中国古代佛典译为"真如"。陈先生以此字命名自己的画，可见他对印度佛教哲学之理解，之欣赏。而他在学术上的全面发展，于此也可见一斑。

西方文化主宰世界已经有几百年了。它的光辉成就给世界人民带来了幸福和繁荣。这一点谁也否定不了。但是，它同时也带来了麻烦与灾难。这一点也是谁也否定不了的。死掉了几千万人的两次世界大战，不是都从西方爆发的吗？现在困扰世界人民的许多祸害，比如环境污染、大气污染、破坏自然界的生态平衡、淡水资源匮乏、新疾病的出现，甚至人口爆炸等等，都直接地或间接地同西方文化是密不可分的。这些祸害威胁着人类生存的前途。

我个人认为,世界上所有的有识之士应该有足够的明智,应该有足够的勇气,来面对这个非常严酷的现实。不面对,不承认是不行的。回避也是没有出路的。

那么,我们应该何去何从呢?

唯一的一条出路就是:三十年河东的现象再次出现;东西两大文化体系沟通融合,而以东方文化的综合的思维模式济西方文化的分析的思维模式之穷;在西方文化已经达到了的、已经奠定了的基础上,把人类文化的发展推向一个新的高度。只有这样,我在上面提到的那一些危害人类未来生存的灾害才有可能得到遏制,人类才能顺利地生存下去。

我觉得,在陈瑞献先生身上,这种沟通融合东西文化的倾向已经表现了出来。所以我说,他代表着东西文化发展的未来。

陈先生的国虽然是新加坡,而他的文化之根则是中华。为了弘扬中华的优秀文化,为了加强中新两国人民的友谊与理解,把陈瑞献先生介绍给中国的文艺界和学术界以及全中国的人民,是非常必要的,是会受到中国人民和新加坡人民的热烈欢迎的。现在中国的人民文学出版社出版了这样一套《陈瑞献选集》,虽然还不足以窥全貌,然而鼎尝一脔,豹窥一斑,已足以慰情怡心了。这实在是明智应时之举,值得我们热情祝贺。我只希望把陈先生的绘画和其他方面的成就也能介绍过来。这样我们就能对陈先生了解得更全面一些,能做到这一步则我在上面引用的吴冠中先生对陈先生赞誉的两句话——"东方青年的楷模,杰出的炎黄子孙"——才能充分变为事实,中新两国人民的友谊也从而会更进一步加强,这难道不是非常令人欢欣鼓舞的事情吗?是为序。

1992 年 11 月 16 日

《赵元任全集》序

赵元任先生是国际上公认的语言学大师。他是当年清华国学研究院的四大导师之一，另有一位讲师李济先生，后来也被认为是考古学大师。在中国现代教育史上，清华国学研究院是一个十分独特的现象。在全国都按照西方模式办学的情况下，国学研究院却带有浓厚的中国旧式的书院色彩。学生与导师直接打交道，真正做到了因材施教。其结果是，培养出来的学生后来几乎都成了大学教授，而且还都是学有成就的学者，而不是一般的教授。这一个研究院只办了几年，倏然而至，戛然而止，有如一颗火焰万丈的彗星，使人永远怀念。教授阵容之强，前无古人，后无来者。赵元任先生也给研究院增添了光彩。

我虽然也出身清华，但是，予生也晚，没能赶得上国学研究院时期；又因为行当不同，终于缘悭一面，毕生没能见到过元任先生，没有受过他的教诲，只留下了高山仰止之情，至老未泯。

我虽然同元任先生没有见过面，但是对他的情况从我读大学时起就比较感兴趣，比较熟悉。我最早读他的著作是他同于道泉先生合译的《仓央嘉措情歌》。后来，在建国前后，我和于先生在北大共事，我常从他的口中和其他一些朋友的口中听到许多关于赵先生的情况。

他们一致认为，元任先生是一个天生的语言天才，他那审音辨音的能力远远超过常人。他学说各地方言的本领也使闻者惊叹不止。他学什么像什么，连相声大师也望尘莫及。我个人认为，赵先生在从事科学研究方面，还有一个很突出的特点或者优势，是其他语言学家所难以望其项背的，这就是，他是研究数学和物理学出身，这对他以后转向语言学的研究有极明显的有利条件。

赵元任先生一生的学术活动，范围很广，方面很多，一一介绍，为我能力所不逮，这也不是我的任务。这一点将由语言学功底远远超过我们的陈原先生去完成，我现在在这里只想谈一下我对元任先生一生学术活动的一点印象。

大家都会知道，一个学者，特别是已经达到大师级的学者，非常重视自己的科学研究工作，理论越钻越细，越钻越深，而对于一般人能否理解，能否有利，则往往注意不够，换句话说就是，只讲阳春白雪，不顾下里巴人；只讲雕龙，不讲雕虫。能龙虫并雕者大家都知道有一个王力先生——顺便说一句，了一先生是元任先生的弟子——他把自己的一本文集命名为《龙虫并雕集》，可见他的用心之所在。元任先生也是龙虫并雕的。讲理论，他有极高深坚实的理论。讲普及，他对国内、对世界都做出了卓有成效的贡献。在国内，他努力推进国语统一运动。在国外，他教外国人，主要是美国人汉语。两方面都取得了极大的成功。当今之世，中国国际地位日益提高，世界上许多国家学习汉语的势头日益增强，元任先生留给我们的关于学习汉语的著作，以及他的教学方法，将会重放光芒，将会在新形势下取得新的成果，这是可以预卜的。

限于能力，介绍只能到此为止了。

而今，大师往矣，留下我们这一辈后学，我们应当怎样办呢？我想每一个人都会说：学习大师的风范，发扬大师的学术传统。这些话一点也没有错。但是，一谈到如何发扬，恐怕就言人人殊了。我窃不自量力，斗胆提出几点看法，供大家参照。大类井蛙窥天，颇似野狐谈禅。聊备一说而已。

话得说得远一点。语言是思想的外化，谈语言不谈思想是搔不着痒处的。言意之辨一向是中国哲学史上的一个重要命题，其原因就在这里。我现在先离正文声明几句。我从来不是什么哲学家，对哲学我是一无能力，二无兴趣。我的脑袋机械木讷，不像哲学家那样圆融无碍。我还算是有点自知之明的，从来不作哲学思辨。但是，近几年来，我忽然不安分守己起来，竟考虑了一些类似哲学的问题。岂非咄咄怪事。

现在再转入正文，谈我的"哲学"。首先经过多年的思考和观察，我觉得东西文化是不同的，这个不同表现在各个方面，只要稍稍用点脑筋，就不难看出。我认为，东西文化的不同扎根于东西思维模式的不同。西方的思维模式的主要特点是分析，而东方则是综合。我并不是说，西方一点综合也没有，东方一点分析也没有，都是有的，天底下绝没有泾渭绝对分明的事物，起码是常识这样告诉我们的。我只是就其主体而言，西方分析而东方综合而已。这不是"哲学"分析推论的结果，而是有点近乎直观。此论一出，颇引起了一点骚动，赞同和反对者都有，前者寥若晨星，而后者则阵容颇大。我一向不相信真理愈辨（辩）愈明的。这些反对或赞成的意见，对我只等秋风过耳边。我编辑了两大册《东西文化议论集》，把我的文章和反对者以及赞同者的文章都收在里面，不加一点个人意见，让读者自己去明辨吧。

什么叫分析？什么又叫综合呢？我在《东西文化议论集》中有详尽的阐述，我无法在这里重述。简捷了当地说一说，我认为，西方自古希腊起走的就是一条分析的道路，可以三段论法为代表，其结果是，只见树木，不见森林；头痛医头，脚痛医脚。东方的综合，我概括为八个字：整体概念，普遍联系。有点模糊，而我却认为，妙就妙在模糊。上个世纪末，西方兴起的模糊学，极能发人深思。

真是十分出我意料，前不久我竟在西方找到了"同志"。《参考消息》2000年8月19日刊登了一篇文章，题目是：《东西方人的思维差异》，是从美国《国际先驱论坛报》8月10日刊登的一篇文章翻译过来的，是记者埃丽卡·古德撰写的。文章说：一个多世纪以来，西方哲学家和心理学家将他们对精神生活的探讨建立在一种重要的推断上，人类思想的基本过程是一样的。西方学者曾认为，思考问题的习惯，即人们在认识周围世界时所采取的策略都是一样的。但是，最近密歇根大学的一名社会心理学家进行的研究已在彻底改变人们长期以来对精神所持的这种观点。这位学者名叫理查德·尼斯比特。本文的提要把他的观点归纳如下：

东方人似乎更"全面"地思考问题，更关注背景和关系，更多借助经验，而不是抽象的逻辑，更能容忍反驳意见。西方人更具"分析性"，倾向于使事物本身脱离背景，避开矛盾，更多地依赖逻辑。两种思想习惯各有利弊。

这些话简直好像是从我嘴里说出来似的。这里绝不会有什么抄袭的嫌疑，我的意见好多年前就发表了，美国学者也绝不会读到我的文章。而且结论虽同，得到的方法却大异其趣，我是凭观察，凭思考，凭直观，而美国学者则是凭"分析"，再加上美国式的社会调查方法。

以上就是我的"哲学"的最概括的具体内容。听说一位受过西方哲学训练的真正的哲学家说，季羡林只有结论，却没有分析论证。此言说到了点子上；但是，这位哲学家却根本不可能知道，我最头痛的正是西方哲学家们的那一套自命不凡的分析、分析、再分析的论证方法。

这些都是闲话，且不去管它。总之一句话，我认为，文化和语言的基础或者源头就是思维模式，至于这一套思维模式是怎样产生出来的，我在这里先不讨论，我只说一句话：天生的可能必须首先要排除。专就语言而论，只有西方那一种分析的思维模式才能产生以梵文、古希腊文、拉丁文等为首的具有词类、变格、变位等一系列明显的特征的印欧语系的语言。这种语言容易分析、组合，因而产生了现在的比较语言学，实际上应该称之为印欧语系比较语言学的这一门学问。反之，汉语等和藏缅语系的语言则不容易分析、组合。词类、变格、变位等语法现象，都有点模糊不定。这种语言是以综合的思维模式为源头或基础的，自有它的特异之处和优越之处。过去，某一些西方自命为天之骄子的语言学者努力贬低汉语，说汉语是初级的、低级的、粗糙的语言。现在看来，真不能不使人嗤之以鼻了。

现在，我想转一个方向谈一个离题似远而实近的问题：科学方法问题。我主要根据的是一本书和一篇文章。书是《李政道文录》（浙江文艺出版社，1999年）。文章是金吾伦的《李政道、季羡林和物质是否无限可分》（《书与人》杂志，1999年第5期，页41—46）。

先谈书。李政道先生在本书中一篇文章《水、鱼、鱼市场》写了一节叫作"对21世纪科技发展前景的展望"。为了方便说明问题，引文可能要长一点：

一百年前，英国物理学家汤姆孙（J.Thomson，1856—1940）发现了电子。这极大地影响了20世纪的物理思想，即大的物质是由

小的物质组成的，小的是由更小的组成的，找到最基本的粒子就能知道最大的构造。（下略）

以为知道了基本粒子，就知道了真空，这种观念是不对的。（中略）我觉得，基因组也是这样，一个个地认识了基因，并不意味着解开了生命之谜。生命是宏观的。20世纪的文明是微观的。我认为，到了21世纪，微观和宏观会结合成一体。（页89）

我在这里只想补充几句：微观的分析不仅仅是20世纪的特征，而是自古希腊以来西方的特征，20世纪也许最明显，最突出而已。

我还想从李政道先生书中另一篇文章《科学的发展：从古代的中国到现任》中引几段话：

整个科学的发展与全人类的文化是分不开的。在西方是这样，在中国也是如此。可是科学的发展在西方与中国并不完全一样。在西方，尤其是如果把希腊文化也算作西方文化的话，可以说，近代西方科学的发展和古希腊有更密切的联系。在古希腊时也和现代的想法基本相似，即觉得要了解宇宙的构造，就要追问最后的元素是什么。大的物质是由小的元素构造，小的元素是由更小的粒子构造，所以是从大到小，小到更小。这个观念是从希腊时就有的（atom就是希腊字），一直到近代。可是中华民族的文化略有不同。我们是从开始时就感觉到，微观的元素与宏观的天体是分不开的，所以中国人从开始就把五行与天体联系起来。（页171）

李政道先生的书就引用这样多。不难看出，他的一些想法与我的想法颇有能相通之处。他讲的微观与宏观相结合，用我的话来说就是，分析与综合相结合。这一点我过去想得不多，强调得不够。

现在来谈金吾伦先生的文章。金先生立论也与上引李政道先生的那一部书有关。我最感兴趣的是他在文章开头时引的大哲学家怀德海的一段话，我现在转引在这里：

19世纪最大的发明是发明了发明的方法。一种新方法进入人类生活中来了。如果我们要理解我们这个时代，有许多的细节，如铁路、电报、无线电、纺织机、综合染料等等，都可以不必谈，我们的注意力必须集中在方法的本身。这才是震撼古老文明基础的真正的新鲜事物。（页41）

金先生说，李政道先生十分重视科学方法，金先生自己也一样。他这篇文章的重点是说明，物质不是永远可分的。他同意李政道的意见，就是说，当前科学的发展不能再用以前那种"无限可分"的方法论，从事"越来越小"的研究路子，而应改变方略，从整体去研究，把宏观和微观联系起来进行研究。

李政道先生和金吾伦先生的文章就引征到这里为止。他们的文章中还有很多极为精彩的意见，读之如入七宝楼台，美不胜收，我无法再征引了。我倒是希望，不管是研究人文社会科学的学者，还是研究自然科学的学者，都来读一下，思考一下，定能使目光远大，胸襟开阔，研究成果必能焕然一新。这一点我是敢肯定的。

我在上面离开了为《赵元任全集》写序的本题，跑开了野马，野马已经跑得够远的了。我从我的"哲学"讲起，讲到东西文化的不同；讲到东西思维模式的差异：东方的特点是综合，也就是"整体概念，普遍联系"，西方的特点是分析；讲到语言和文化的源头或者基础；讲到西方的分析的思维模式产生出分析色彩极浓的印欧语系的语言，东方的综合的思维模式产生出汉语这种难以用西方方法分析的语言，讲到20世纪是微观分析的世纪，21世纪应当是微观与宏观相结合的世纪；讲到科学方法的重要性，等等。所有这一切看上去都似乎与《赵元任全集》风马牛不相及。其实，我一点也没有离题，一点也没有跑野马，所有这些看法都是我全面立论的根据。如果不讲这些看法，则我在下面的立论就成了无根之草，成了无本之木。

我们不是要继承和发扬赵元任先生的治学传统吗？想要做到这一点，不出两途：一是忠实地、完整地、亦步亦趋地跟着先生的足迹走，不敢越雷池一步。从表面上看上去，这似乎是真正忠诚于自己的老师了。其实，结果将会适得其反。古今真正有远见卓识的大师们都不愿意自己的学生这样做。依稀记得一位国画大师（齐白石？）说过一句话："学我者死。""死"，不是生死的"死"，而是僵死，没有前途。这一句话对我们发扬元任先生的学术传统也很有意义。我们不能完全走元任先生走过的道路，不能完全应用元任先生应用过的方法，那样就会"死"。

第二条道路就是根据元任先生的基本精神，另辟蹊径，这样才能"活"。这里我必须多说上几句。首先我要说，既然20世纪的科学方法是分析的，是微观的，而且这种科学方法绝不是只限于西方。20世纪是西方文化，其中也包括科学方法等等，垄断了全世界的时代。不管哪个国家的学者都必然要受到这种科学方法的影响，在任何科学领域内使用的都是分析的方法，微观的方法。不管科学家们自己是否已经意识到这一点，反正结果是一样的。我没有能读元任先生的全部著作，但是，根据我个人的推断，即使元任先生是东方语言大师，毕生研究的主要是汉语，他也很难逃脱掉这一个全世纪都流行的分析的思潮。他使用的方法也只能是微观的分析的方法。他那谁也不能否认的辉煌的成绩，是他使用这种方法达到尽善尽美的结果。就是有人想要跟踪他的足迹，使用他的方法，成绩也绝不会超越他。在这个意义上来说，赵元任先生是不可超越的。

我闲时常思考汉语历史发展的问题。我觉得，在过去两三千年中，汉语不断发展演变，这首先是由内因所决定的。外因的影响也决不容忽视。在历史上，汉语受到了两次外来语言的冲击。第一次是始于汉末的佛经翻译。佛经原文是西域一些民族的语言，梵文、巴利文以及梵文俗语，都是印欧语系的语言。这次冲击对中国思想以及文学的影响既深且远，而对汉语本身则影响不甚显著。第二次冲击是从清末民初起直至五四运动的西方文化，其中也包括语言的影响。这次冲击来势凶猛，力量极大，几乎改变了中国社会整个面貌。五四以来流行的白话文中西方影响也颇显著。人们只要细心把《儒林外史》和《红楼梦》等书的白话文拿来和五四以后流行的白话文一对照，就能够看出其间的差异。按照西方标准，后者确实显得更严密了，更合乎逻辑了，也就是更接近西方语言了。然而，在五四运动中和稍后，还有人——这些人是当时最有头脑的人——认为，中国语言还不够"科学"，还有点模糊，而语言模糊又是脑筋糊涂的表现。他们想进行改革，不是改革文字而是改造语言。当年曾流行过"的""底""地"三个字，现在只能当作笑话来看了。至于极少数人要废除汉字，汉字似乎成了万恶之本，就更为可笑可叹了。

赵元任先生和我们所面对的汉语，就是这样一种汉语。研究这种汉语，赵先生用的是微观分析的方法。我在上面已经说到，再用这种方法已经过时了，必须另辟蹊径，把微观与宏观结合起来。这话说起来似乎极为容易，然而做起来却真万分困难。目前不但还没有人认真尝试过，连同意我这种看法的人恐怕都不会有很多。也许有人认为我的想法是异想天开，是痴人说梦，是无事生非。"不识庐山真面目，只缘身在此山中"，大家还都处在庐山之中，何能窥见真面目呢？

依我的拙见，大家先不妨做一件工作。将近70年前，陈寅恪先生提出了一个意见，我先把他的文章抄几段：

若就此义言之，在今日学术界，藏缅语系比较研究之学未发展，真正中国语文文法未成立之前，似无过于对对子之一方法。（中略）今日印欧语系化之文法，即马氏文通"格义"式之文法，既不宜施之于不同语系之中国语文，而与汉语同系之语言比较研究，又在草昧时期，中国语文真正文法，尚未能成立，此其所以甚难也。夫所谓某种语言之文法者，其中一小部分，符于世界语言之公律，除此之外，其大部分皆由研究此种语言之特殊现象，归纳为若干通则，成立一有独立个性之统系学说，定为此特种语言之规律，并非根据某一特种语言之规律，即能推之概括万族，放诸四海而准者也。假使能之，亦已变为普通语言学音韵学，名学，或文法哲学等等，而不复成为某特种语言之文法矣。（中略）迄乎近世，比较语言之学兴，旧日谬误之观念得以革除。因其能取同系语言，如梵语、波斯语等，互相比较研究于是系内各种语言之特性逐渐发见。印欧系语言学，遂有今日之发达。故欲详知确证一种语言之特殊现象及其性质如何，非综合分析，互相比较，以研究之，不能为功。而所与互相比较者，又必须属于同系中大同而小异之语言。盖不如此，则不独不能确定，且常错认其特性之所在，而成一非驴非马、穿凿附会之混沌怪物。因同系之语言，必先假定其同出一源，以演绎递变隔离分化之关系，乃各自成为大同而小异之言语。故分析之，综合之，于纵贯之方面，剖别其源流，于横通之方面，比较其差异。由是言之，从事比较语言之学，必具一历史观念，而具有历史观念者，必不能认贼作父，自乱其宗胤也。（《与刘叔雅论国文试题书》，见《金明馆丛稿二编》）

引文确实太长了一点，但是有谁认为是不必要的呢？寅恪先生之远见卓识真能令人折服。但是，我个人认为，70年前的寅恪先生的狮子吼，并没能起到振聋发聩的作用，好像是对着虚空放了阵空炮，没有人能理解，当然更没有人认真去尝试。整个20世纪，在分析的微观的科学方法垄断世界学坛的情况下，你纵有孙悟空的神通，也难以跳出如来佛的手心。中外研究汉语语法的学者又焉能例外！他们或多或少地走上了分析微观的道路，这是毫不足奇的。更可怕的是，他们面对的研究对象是与以分析的思维模式为基础的印欧语系的语言迥异其趣的以综合的思维模式为源头的汉语，其结果必然是用寅恪先生的话来说"非驴非马""认贼作父"。陈先生的言语重了一点，但却是说到了点子上。到了21世纪，我们必须改弦更张，把微观与宏观结合起来。除此之外，还必须认真分辨出汉语的特点，认真进行藏缅语系语言的比较研究。只有这样，才庶几能发多年未发之覆，揭发出汉语结构的特点，建立真正的汉语语言学。

归根结底一句话，我认为这是继承发扬赵元任先生汉语研究传统的唯一正确的办法。是为序。

2000年8月30日写毕于雷雨大风声中

《中华姓氏大辞典》序

前不久，张在德同志介绍袁义达同志来看我，带来了《中华姓氏大辞典》这一部长达150万字巨著的部分稿子，要我写一篇序。这确实让我踟蹰难决：我那一点对中国姓氏的知识能保证序写成后不出笑话吗？我请他把稿子和一些说明材料留下，意思是等我学习完了再行定夺。万万没有想到，我一接触稿子和资料，立即有豁然开朗之感：原来在这些普普通通的姓氏里面，竟隐藏着这样重要的含义。我从中学习了很多东西。我当机立断：这一篇序一定要写的。

我小时候读过《百家姓》，只是跟着老师念，根本不了解其中的意义。后来在国内外读书做事，虚度了几十年，逐渐知道了中国的姓绝不止百家。明朝有《千家姓》一书，没有读过，也没有考虑过中国的姓氏是否就到千家而止。可是我知道了，世界各国的姓氏制度是颇有分歧的，有的国家根本没有姓。在中国，姓氏制度在各民族之间，也不是完全一致的。但是，姓氏制度究竟意味着什么，我仍然没有加以考虑。

在德国读书的时候，听一个德国同学讲过德国犹太人姓氏起源的一些笑话。原来犹太人从前就是没有姓的。几百年前，德国警察局规定每一个人都必须有个姓。这对日耳曼人来说本是"司空见惯浑无事"的。然而却难坏了犹太人。他们走到警察局,恭候发落。此时不怀好意的德国警察,却来了威风:"到门后边去站着!"他们怒喝。于是有的犹太人就真的站在门后边。结果"在门后边"就成了他们的姓。还有更恶毒的恶作剧,犹太人央求德国警察,给自己赐个姓。于是连"放屁"等一类的脏词儿都成了犹太人的姓。

这故事,我当时听了觉得好笑。及今回思,却只觉得悲哀。在姓氏里面竟还隐含着一部民族压迫史!

这是姓氏制度带给我的第一次反思。

以后,我在治印度和中亚古代语言之余,有时迫于形势,有时出自兴趣,也搞了一点中外历史的研究。在这里面,我认识到了姓氏的重要性。治中国历史而不注意姓氏的研究,是根本不行的。过去和现在的历史学家,写过不少的关于姓氏的专著和论文。我顺便举一个例子:姚薇元的《北朝胡姓考》,是这一部《中华姓氏大辞典》的参考书之一。陈寅恪先生给《北朝胡姓考》的序里说:

寅恪以为姚君之学,固已与时俱进,然其当日所言,迄今犹有他人未能言者。此读者自知之,无得寅恪赘论。惟不能不于此附着一言者,即吾国史乘,不止胡姓须考,胡名亦急待研讨是也。

寅恪师在下面列举了一系列的中国少数民族的姓名,从六朝一直列到清代,给治史者极大的启发。他不但号召别人来研讨,而且现身说法,自己著文,参加研讨,写了许多著名的论文,比如《元代汉人译名考》《李唐氏族之推测》《李唐氏族之推测后记》《三论李唐氏族问题》《李太白氏族之疑问》等等,在中外学术界引起了广泛的注意。

中国历史上姓氏问题之引起争论者，绝不止限于寅恪先生所说。即在我们日常社会生活中，姓氏实亦大有研讨之余地。其中颇有与历史相联系者。比如寅恪先生所提出之李姓，据目前科学统计，李姓实为当前中国的第一大姓。其来源究竟如何呢？他们绝非都是李耳的后代，这是绝对可以肯定的。仅李唐一代，就制造了不少的李姓。有许多波斯人到了中国改姓了李，著《海药本草》的李洵即其中之一。再如马姓。伊斯兰教传入中国以前，比如汉朝的马援，《三国志演义》中的白袍小将马孟起等等，当然都可能是土生土长的"马"。唐代伊斯兰教传入以后，有许多姓马的穆斯林，可能或多或少地与"穆罕默德""马哈茂德"等等有关，与马援和马超难以联系了。

这只是我顺手举的几个例子，在中国历史上和现实社会中，姓氏问题之复杂远远不止这一些。在这方面也还大有研讨的余地。

我在上面曾说到德国犹太人的姓氏问题。这样表现姓氏上的民族压迫，在中国历史上也是可以找到的。在本辞典所附的资料中，有一篇关于岜姓与岜庄地名的文章，里面讲到"岜"的来源很可能与宋代抗金民族英雄岳飞有关。岳飞惨遭奸臣秦桧杀害后，他的后代怕再遭到奸臣杀害，携家带眷，逃到安徽省涡阳县一个僻静的地方，并把"岳"字拆开，把"山"字放在"丘"字上面，成了"岜"字。这个传说的真实程度，我们无法推测。但是，揣情度理，毋宁说是可靠的。此外，我还想到另一个传说。今天中国姓"闻"的，不一定都是闻太师的后人。宋代的与岳飞齐名的民族英雄文天祥被杀害后，他的后人也为了同样原因，将自己的姓改为"闻"。揣情度理，我认为，这同样是可靠的。

上面讲的都是历史上的事情。姓氏研究同我们当前的社会主义建设有什么联系呢？

我认为，联系是密切的。这个认识只是我不久以前才得到的，通过这一次阅读本辞典的部分稿子和资料，又进一步加深了。先让我举几个例子。最近一个时期以来，我偶尔读到了一些文章，其中谈到，现在给小孩子命名最流行、最时髦的风气是起单名。结果造成了同名过多的现象。这给有关方面无端制造了大量的困难。现在我看了袁义达同志带给我的材料，里面讲到，中国汉族和满族李、张、王三大姓高踞榜首，鼎足而三。李姓占全人口总数的7.9%，张姓7.4%，王姓7.1%，三者加起来共占22%多，有几亿人口。这几个大姓再加上同名问题，情况就更加复杂化了。

比如说，今天最流行的单名是"军""宁"等等，再加上传统的双名"宝珍""玉珍""淑贞""兰英"等等和一度时髦的双名"卫东"等等；这样一些名，若与三大姓配在一起，试问普天之下将会有多少同姓又同名的人呀？事实上，专就我接触到的这一点社会层面来看，姓名叫"李军"，"张军""王军"的人，就不知道有多少。有时候，中学一个班里就有三个"张军"、再加上"李军""王军"，则教员点名，邮局送信，有人打电话，公安局登记人口，政府有关部门进行人口普查，会引起多么大的混乱，不是一清二楚了吗？况且我国已经有了专利法和出版法，这些都与姓名有关，上述情况在这里会引起多么大的混乱，不也是一清二楚了吗？多么精细的电子计算机对此也将束手无策。文明社会，每一个人必须有一个姓名，这是必不可少的。姓名有点重复，哪一个国家也难以完全避免。但若过了头，则必然影响社会的运转，这一点也用不着再求得证明了。

上面谈的只是一个简单的例子。本书的自序中还提到其他一些与姓氏有关的问题和建议，所有这一切都应当引起我们严重的关切，切不可掉以轻心。这是我读了本书部分稿子以后的诚恳的希望。

两位作者都是自然科学家。他们习惯于谨严细致的科学工作方法，现在他们把这种方法应用到属于社会科学范畴的探讨方面上；我相信，细心的读者都会发现本书的谨严准确的自然科学的学风。我们搞社会科学和人文科学的人，应该认真学习这种学风。这是我的又一个诚恳的希望。

我写到这里，读者读到这里，我们必然都要想到两位作者和出版者四川辞书出版社，我们不能不佩服他们的远见卓识，他们独具慧眼，我们也不能不由衷地感激他们。他们肯而且敢在今天出版界人所共知的情况下，出这样大的人力、财力、物力，出版这样一部大辞典。我现在向中国史学界、社会学界、民族学界、公安部门、民政部门、教育部门等等，郑重推荐这一部大辞典，它会给你们的工作提供极大的方便。

除了共同的感激之外，我个人还有一点特殊的感激。我在开头已经谈到，张在德同志和袁义达同志代表作者找我写序的时候，我认为是给我出了一个难题，使我踟蹰难决，我甚至不理解，何以找到我头上来。我内心里不但毫无感激之意，而且还颇有点抱怨。然而，到了今天，材料看完了，序也写完了，仅仅不过几天的时间，我忽然恍然大悟，这对我来说，实际上是一个学习的机会，让我学到了不少的新东西。我现在又感到，光用"感激"二字都不能完全表达我的心情了。

我的序就写到这里。

1991 年 1 月 3 日

《唐·吐蕃·大食政治关系史》序

王小甫同志把自己的博士论文增补、扩大了以后，即将付梓，索序于我。我对于他研究的这个题目没有深入探讨，不敢赞一辞。但是对于与此书有关的中亚史地研究工作，却颇有一些意见想说一说，因此便答应了下来。

全世界都承认，中华民族是一个最爱历史的民族。我们不但注意写本国的历史，而且几乎在所有的正史中都有讲西域（中亚和新疆，甚至这地区以外的一些地方）的专章。在大量非正史的著作中，在所谓"杂史"里，有关西域的记载也大量存在。古代西域，虽然荒凉寂寞，但在人类历史上却起过极大的作用。中西文化交流的主要干线丝绸之路，就横贯此区。它对沿途各个国家在几千年的历史上起了促进作用，促进了经济、文化各方面的发展。如果没有这一条丝绸之路的话，人们简直无法想象，这个地区的国家会是什么样子。但是，在历史上，这个地区多为游牧民族所统治，极端缺乏文献记载。所以现在研究起来有极大困难。幸而西方古代留下了少量文献，阿拉伯、伊朗等地的旅行家也留下了一些文献记载，稍稍照亮了这个地区的历史的暗云。而中国古代史籍中有关的文献记载比较系统地、全面地阐述了这个地区各方面的情况，其意义与价值远远超过了西方和穆斯林国家的有关文献，从而受到了全世界有关学者的重视。他们都异口同声地承认，如果没有中国的文献记载，研究古代西域，研究丝绸之路，几乎是无法进行的。

但是汉文，尤其是古典汉文却绝非轻而易举就能掌握的。在这里，汉文几乎成了拦路虎。西方学者无论矣。即以日本而论，他们的学者学习古典汉文有悠久传统，有便利条件；可是，仔细推敲一下，他们对汉文的掌握对绝大多数的人来说，却绝不是没有问题的。日本老一代的西域古代史地专家做出了重大贡献。这一点必须承认。但是，他们的著作也间有问题。这些问题一方面出于对西域古代语言掌握不够；另一方面则出于对汉文古典文献的掌握也还没能达到得心应手的水平。年轻一代的日本西域史地学者，在掌握古代西域民族语言方面，较之老一代有很大的进步，但是，在掌握汉文方面则反而不及老一代。这是很值得注意的一点。

谈到中国这方面的学者，我们有我们的有利条件，但也有我们的不足之处。有利条件首先就是对汉文古典文献的掌握。虽然我们也决不敢说毫无问题，我们的困难也还是不老少的，年轻一代学人的掌握水平更与老一代有差距；但是，总起来看，同国外学者比起来看，我们的水平是颇能令人满意的。不足之处是，虽然我们注意西域已经有了两千来年的历史，可是到了近代，我们在这方面的研究却落后了。一直到19世纪末叶，西域研究才又稍稍抬头，出了一些研究古代西域史地的学者，写出了不少非常有水平的书。可是这些学者也有一个共同的缺点：不懂西域古代语言，不通西方近代语言。研究工作有点坐井观天的味道。接着来的是一个在政治上非常混乱的时期。政治经济的混乱影响了学术研究，其中也有西域古代史地的研究，几乎达到了后继无人的程度。其间也出了几个大师，如王国维、陈寅恪等，虽为中流砥柱，但又独木难支。西域研究变成了荒凉寂寞的沙漠。有识之士，虑然忧之。

一直到了最近十几年，我国西域古代史地的研究才逐渐昌盛起来。目前，老中青三结合的研究梯队，可以说是已经形成。这一个梯队的特点就在于，他们既通中国古典文献，又能通晓有关的西域古代民族语言，还能掌握一些西方当代通行的语言。广通声气，目光开阔，与全世界的专业同行有密切联系，与过去坐井观天的情景大异其趣，可以说是已经参加到世界学术研究的行列里来了。这在中国悠久的学术史上开辟了一个新天地，是值得大书而特书的伟大事件。

在这一个学术梯队中，非常值得一提而且必须提的是中青年学者的茁壮成长。这种成长绝不仅限于西域古代史地的研究，在整个所谓东方学的范围内，都可以这样说。因为我现在谈的是西域古代史地研究，所以讲中青年学者也仅限于这个范围。为了给人们一些比较具体的印象，我想举出几个人的名字：张广达、耿世民、林悟殊、刘迎胜、蒋忠新、余太山、胡海燕、段晴、王邦维、林梅村、荣新江等等，这个名单不一定很全，仅就我记忆而及，不过举出几个例子而已。这些人的特点就是中西兼通，基本上掌握所需要的西域古代语文。他们又都能通解汉文古典文献，这就如虎生翼，可以与外国同行逐鹿学坛了。我决不是说，他们都已十全十美。为学如逆水行舟，任何人，任何时候，任何年龄，任何国家，都要不懈地努力，他们也决不能例外。但是，无论如何，这些人是中国新一代的学人，前途是未可限量的。

我想把王小甫也归入这些学人中。我相信，他的这一部书就能够证明，我的做法是正确的。因此我怀着十分愉快的心情写了这一篇序。我原以为这篇序讲的都是书外的话，与本书关联不大。写完了以后，又觉得关联极大。究竟如何？请读者加以裁决。

1992 年 3 月 27 日

《清代海外竹枝词》序

竹枝词，作为乐府曲名，虽然起源于唐代。但是，我总怀疑，它是源远流长的。它同许多中国文学形式一样，最初流行于民间，后来逐渐为文人学士所采用。而对竹枝词来说，这个民间可能就是四川东部巴渝一带地区。唐刘禹锡任夔州刺史。有一次他来到建平（今四川巫山县），听到了民间的儿歌，受到启发，写了《竹枝》九篇。每首七言四句，绝类七言绝句，但不甚讲平仄，押韵也较灵活。当时白居易也有《竹枝》之作。

刘禹锡在《引》中说："昔屈原居沅、湘间，其民迎神，词多鄙陋，乃为作《九歌》，到于今荆楚鼓舞之。"刘禹锡并无意把《竹枝》的产生地带同《九歌》联系起来。但是，我认为，这是可以联系的。中国古代荆楚一带文化昌盛，几年前发掘出来的编钟震动了世界，就是一个很有说服力的例子。巴、渝地邻荆楚，可能属于同一个文化圈。民间宗教信仰以及祭神仪式和乐章，容或有相通之处。

从歌词内容上来看，也可以看出一些线索来。中国古代南方荆楚一带的诗歌，比如《楚辞》，意象生动，幻想联翩。勉强打一个比方，可以说是颇有一点浪漫主义的气息，同北方以《诗经》为代表的朝廷或民间的诗歌迥异其趣，这种诗词威仪俨然，接近古典主义。竹枝词在情趣方面比较接近《楚辞·九歌》等荆楚文学作品。

根据上面这些考虑，我就怀疑竹枝词是源远流长的。

在中国文学史上，以《竹枝》或《竹枝词》命名的文学作品不是太多。这方面的专著或论文数量也极少。我个人觉得，这似乎是一个小小的憾事。

王慎之先生是一个有心人，多少年来就从事竹枝词的搜集、整理与研究工作，成绩斐然，已有专著出版，享誉士林。现在他又搜集了外国竹枝词，包括了东西方很多国家。作者不一定都曾身履其境，但竹枝词中所描绘的当地老百姓的生活情趣，却几乎都是生动活泼，栩栩如身历。这会受到士林，特别是研究中国文学史的同行们的热烈欢迎，是完全可以预卜的。我向他祝贺。

外国竹枝词同中国竹枝词一样，作为一个文学品种，非常值得重视。但是，根据我个人的经验，较之中国竹枝词，外国竹枝词还有更值得珍惜的一面。几年前，我写《中印文化交流史》时，曾利用过清尤侗《外国竹枝词》中有关印度的那几首。把古里、柯枝、大葛兰、榜葛剌那几首都引用到书里，给平庸单调的叙述凭空增添了不少的韵味。我相信，留心中印友好关系的读者，读了这几首竹枝词以后，也会感到情致嫣然，从而增加了对印度人民的理解与感情。其他国家可以依此类推。由此看来，这些外国竹枝词的意义就不限于文学方面，其政治意义也颇值得重视了。

我向王慎之先生祝贺，祝贺这一部书的出版。我怀着愉快的心情写了这一篇序。

1993 年 7 月 4 日

《中国精神》序

郑州社科联的青年学者窦志力同志，冒着北国的寒风，不远千里，从郑州来到北京，把自己的新著《中国精神》这一部长达四十万言的新著送到我手中，并且让我写一篇序。说句老实话，我现在以望九之年被文债压得喘不过气来，我原打算立即婉言谢绝的。但是，一想到这个书名：中国精神，我立刻想到中国诗圣杜甫的四句诗："好雨知时节，当春乃发生。随风潜入夜，润物细无声。"正当我们全国人民群策群力，意气风发，锐意弘扬和创造我们的精神文明时，这一部书难道不是一场"当春乃发生"的"及时雨"吗？

再说句老实话，我现在实在挤不出时间细读这样一部巨著。我只能大体翻看一下，看看全书的目录和结构，找出我自己认为必读的几个章节，细读了一番，其余的只能望一望它而已，我决不冒充我曾读过全书。

就我翻阅所及，我觉得这是一部好书。有资料，有分析，有见解，有论断，而且有一些见解很精辟，发前人之所未发。虽然我不敢说，对他的意见我全部同意；但是我却不能不佩服这位青年学者思想之敏锐，对中国精神分析之细致。有的话切中时弊，发人深省。这些都是作者近几年来奋发努力，锲而不舍的结果，我应该向他祝贺。

我对中国精神，或者笼统说东方文化，没有多么深的研究。由于自己好胡思乱想，所以也悟出了一些道理，不敢敝帚自珍，曾写过一些文章，得到的反响总起来说是积极的。但自知是"野狐谈禅"，并不敢沾沾自喜。

我同作者的意见有的是一致的，有的是近似的。比如，他从五个方面来概括中华民族的基本精神：爱国爱民的献身精神，勤劳智巧的创业精神，忠诚无畏的勇敢精神，仁爱孝敬的重德精神，追求光明进步的革命精神。对他这样的概括，我是同意的。

鲁迅先生在《且介亭杂文》中有一篇文章叫《中国人失掉自信力了吗？》，他写道："我们从古以来，就有埋头苦干的人，有拼命硬干的人，有为民请命的人，有舍身求法的人，……虽是等于为帝王将相作家谱的所谓'正史'，也往往掩不住他们的光耀，这就是中国的脊梁。"鲁迅生这一段话，同窦志力同志在上面列举的五条对比一下，可以发现许多共同的东西。

多少年以来，总有一个问题萦回在我的心中：什么是中华民族最优秀的传统？几经思考的结果，我认为是爱国主义。我们是唯物主义者，不能说，中国人天生就是爱国的。存在决定意识，必须有一个促成爱国主义的环境，我们才能有根深蒂固的爱国主义。只要看一看我们几千年的历史，这样的环境立即呈现在我们眼前。在几千年的历史中，我们始终没有断过敌人，东西南北，四面都有。虽然有的当年的敌人今天可能已融入中华民族之中；但是在当年，他们只能算是敌人。我们决不能把古代史现代化，否则我们的苏武、岳飞、文天祥等等一大批著名的爱国者，就都被剥去了爱国的光环，成为内战牺牲者。

但是，爱国主义并不一定都是好东西。我认为，我们必须严格区分正义的爱国主义和邪恶的爱国主义。在过去的历史上，我们中国基本上一直是受侵略、受压迫、受杀害的，因此我们的爱国主义是正义的。而像日本军国主义者和德国法西斯，手上涂满了别国人民的鲜血，而口中却狂呼爱国，这样的爱国主义难道还不是最邪恶的吗？这样的爱国主义连他们本国的人民也是应该挺身而出痛加挞伐的。今天，我们虽然已经翻了身，享受了独立自由的生活；但是心怀叵测的一些列强仍在觊觎敌视。因此，我们仍然要努力发扬正义的爱国主义精神，这是我们神圣的职责。

现在我们已经改革开放，正处在市场经济的大潮中，正处在一个重要的转型期中，我们仍然要弘扬中国文化中国精神的精髓，这一点我在上面已经谈过了。但是我们的中国精神和以中国文化为核心的东方文化，其作用就仅仅限于中国和东方吗？否，否，绝不是的。自工业革命以后，几百年来，西方列强挟其分析的思维模式，征服自然，为人类创造了空前辉煌的文化，世界各国人民皆蒙其利。然而到了今天，众多弊端都显露了出来，举其荦荦大者就是环境污染、生态平衡破坏、新疾病产生、臭氧层出洞，等等。如果其中一项我们无法遏止，人类前途就处在危险之中。有没有拯救的办法呢？有的。"三十年河东，三十年河西"，西方不亮东方亮，唯一的一条拯救之路就是以东方综合思维模式来济西方之穷，在过去已有的基础上改弦更张，人类庶几乎有被拯救的可能，这就是我的结论。

给别人的书写序而侈谈自己的主张，似乎不妥。但我并不认为是这样的。我这样写不过表示我们"心有灵犀一点通"而已。

1996年12月10日

《20世纪中外文学交流史》序

近若干年以来，我逐渐形成了一个颇为自信的观点：文化交流是推动人类社会前进的重要动力之一。我们简直无法想象，如果没有历史上的文化交流，我们今天的社会会是一个什么样子。

文化交流的范围极为广博，天文地理，医卜星象，科学技术，哲学思想，伦理道德，宗教信仰，以及人类社会的方方面面，旮旮旯旯，下至草木虫鱼，花果菜蔬，无一不在交流范围以内。但是，据我个人的观察和思考，在众多的交流对象中，文学交流历时最久，领域最广，影响最大，追踪最易。文学交流中包含民间文学，比如寓言、童话、小故事等，都是民间老百姓创造出来的。民间文学，同其他文化交流对象一样，最少保守性，最少保密性，一旦被创造出来，便立即向外传播，不分天南和海北，不分民族和国家，无远弗届。这样的例子比比皆是，举不胜举，我只举一个以概其余。19世纪德国比较文学史大家T.本费埃（Benley）追踪印度著名的寓言童话集《五卷书》，写成了一部巨著，描述了《五卷书》在大半个世界流传演变的情况，其国家之众多，语言之繁杂，头绪之交叉，线索之迷离，真令人惊诧不已，谁也不会想到一部简单的寓言童话集竟会有这样大的生命力，竟会有这样的迷人感人的力量。像《五卷书》这样的事例，研究中外文学交流的，特别是中外民间文学交流的专家们都知道得很多很多。在中外文学交流中，民间文学的交流实居首位。《五卷书》确实没有以整本书的形式传入中国，但是其中的一些寓言、童话和小故事，确亦传入中国，在中国民间故事以及文人的创作中，在极其悠久的历史上，蛛丝马迹，确能寻出。

回溯一下两千多年的中外文学交流的历史，我们能够发现，在先秦时期已有外国文学传入的痕迹，主要是印度文学。例如，"狐假虎威"的故事见于《战国策》。还有一些其他的故事，看上去都不像是中国土产。这一点西方的汉学家早就指出过。可能受外国影响的最突出的例子是《楚辞》，《离骚》已有一些域外的色彩和词句，《天问》中特别突出，其中一些类似荒诞的神话，与以《诗经》为代表的黄河流域的文学创作，迥异其趣。有人怀疑是来自域外，特别是印度，这种怀疑是极有根据的。估计这些神话传说不是通过当时还没有开辟的丝绸之路传进来的，而是通过那一条滇缅道路，这一条道艰险难行，却确实是存在的。

到了汉代，由于丝绸之路的凿通，中外文化交流达到了第一个高峰。中国对于输出文化，其中包括科学技术的发明创造，从来是不吝惜的。我们大度地把我们的四大发明送了出去，这些发明对促进人类文化的发展以及人类社会的进步，都起了决定性的作用。同时，我们对吸取外来文化也决不保守，只要对我们有用的东西，不管来自何方何国，我们都勇敢地拿过来为我所用。肇自汉代的丝绸之路就是一个彰明昭著的证据。但是，在文学交流方面，却找不出很多的东西。我个人认为，不是没有，而是我们的探讨研究工作还没有到家。印度佛教于汉代传入中国，是文化交流史上的一件大事。后汉三国时代的译经，可以算是文学交流的一种形式。

南北朝时期，五胡乱华，中原板荡，众多的民族逐鹿于北疆，宋、齐、梁、陈偏安于南国；然而文化交流却并没有停止。在文学交流方面，主要是输入，输入又主要来自印度。在印度的，多半是随着佛教进来的影响，中国汉语文学创作增添了很多新内容，名目庞杂的鬼神志怪之书大量出现。此事鲁迅在《中国小说史略》中论之颇详。连伪书《列子》中都有印度的故事，至于对诗歌创作至关重要的四声，本是中国汉语中所固有的东西，可是，我们以前对它并没有明确的认识。也由于印度古典文献的启迪，终于被发现了，被我们清晰地意识到了，这在中外文学交流史上也不能算是一件无关重要的小事。

唐代又是中国历史上一个非常辉煌的朝代，兵力遍及西域，从而保证了丝路的畅通。首都长安几乎成为世界经济和文化的中心，从向达的《唐代长安与西域文明》中可以看出当时中外文化交流之兴旺频繁。在文学交流方面，也同样可以看出非常活跃的情况。唐代传奇颇受印度文学的影响。王度的《古镜记》从内容到结构形式，都能够找到印度文学的痕迹。至于那些龙女的故事，当然都与印度文学有关，因为龙女本身就是一种舶来品。对此，霍世休做过比较深入的探讨。也有人主张，连韩愈的《南山》，在结构方面，都受到了一些印度的影响。在其他方面，外来的成分也可以找到一些，这里就不再一一列举了。

唐代以后，经过宋、元、明，中外文学交流一直没有断过，不过不像六朝和唐代那样显著而已。明末清初，是中外交流的一个空前转折时期。过去的交流，东部以日本为主，西部以印度、波斯为主。到了此时，欧风东渐，中国的文化交流主要以欧洲为对象了。天主教取代了佛教的地位，澳门成了主要的交流通道。交流对象以天文历算、科学技术为主，其间也杂有文学艺术。有人考证，古希腊的《伊索寓言》已于此时传入中国。绘画方面，有郎世宁的作品，技巧是西方的，有时也流露出一点华夏画风。到了19世纪，中西双方相互摸索的时间已经够长了，双方的相互了解已经大为增强了。中国方面少数有识之士，比如林则徐、魏源等等，冲破了闭关锁国的桎梏，张开眼睛看世界，喜见西方世界之昌盛，深感夜郎自大之可笑，遂锐意介绍，积多半之努力而纂成的魏源的《海国图志》可以作为一个代表。此书在日本产生了良好的影响。据说，此书对1868年的明治维新也不无贡献。在中国方面，19世纪末的"洋务运动"表现出中国一部分开明人士向西方寻求救世良药的努力。这个运动最初效果并不十分显著，但它是顺应时代潮流的，是无法抗御的，它自然会持续发展下去，一直到了20世纪。

20世纪是公元第二个千纪的最后一个世纪。在这一百年里，人类社会的进步速度超过了过去的几千年，好像物理学上物体下坠的定理一样，速度越来越快。就拿20世纪之初和世纪末相比，其速度也是极为悬殊的。现在的地球已经小成了一个"地球村"，虽相距千里万里也能朝发夕至。因此，文化交流，其中当然包括文学交流，越来越方便，越来越频繁，效果也越来越显著。在李岫教授等写作的这一部《20世纪中外文学交流史》中，对文学交流的方方面面都做了细致深刻的叙述和分析，这实在是一件功德无量的事，值得我们大大地予以赞扬。

文学交流的意义何在呢？我个人认为，物质方面的文化交流能提高世界人民的生活水平。而文学交流则属于精神方面的文化交流，它能提高世界人民的精神境界，能促进世界文学创作的繁荣，更重要的是能促进世界上不同民族的相互了解，增强他们之间的友谊和感情，而最后这一点是极其重要的。世界人民，不管肤色多么不同，语言风习多么歧异，但是，他们却有一个共同的愿望：他们要和平，不要战争；他们要安定，不要祸乱；他们要正义，不要邪恶。20世纪在这方面做出了很坏的榜样，一百年内，狼烟四起，战乱不断，两次世界大战震古烁今。有的大国，手握原子弹和指挥棒，以世界警察自命。这些邪恶现象引起了全世界的公愤。转瞬21世纪即将来临，这邪恶现象必将会继续下去。遏止之方不是没有，但是最重要的还要依靠人民的力量。文学交流是沟通人们的心灵和加强团结斗争的重要渠道。

1999 年 12 月 8 日

《成语源流大辞典》序

刘洁修先生将其1989年出版的《汉语成语考释词典》扩大为长达六百余万言的《成语源流大辞典》，通过我的学生黄宝生先生和郭良鋆女士，索序于我。原书有吕叔湘先生序。我何人哉！焉敢与叔湘先生并列！所以十分惶恐毂觫。李白的诗"眼前有景道不得，崔颢题诗在上头"，正说明了我的心情。但是，最后我还是答应了，原因是我似乎有一些话要说。想借题发挥一下。

想说的话，大体上可以分为两类：一类题外，一类题内。仔细推敲起来，内外的界限也并不泾渭分明。俗话说"内外有别"，其实是难以做到的，我看就让它模糊一点吧。

先说题外的话。关于汉语特点的问题，学者们论之者众矣。意见虽很分歧，但确有极高的意见，真正搔到了痒处。有一点却似乎从来没有人谈过，我也是于无意中得之的。先讲一段经历。1956年，中共召开八大。这是解放后第一次大会，所以异常隆重，邀请了世界友党的领导人参加，因此就需要翻译，组织了一个庞大的翻译处，调集了全国的翻译人才，不管你搞哪一行，什么地位，只要外语好，就必须推掉一切工作，来京参加翻译处的工作。在开会之前很久，各路人马已经齐集西苑饭店。我属于德文组，也是兴奋异常，日夜奋战，丝毫没有感到疲倦，盼来盼去，开会的日子终于到了。会址是在政协礼堂，是当时北京最宏伟的建筑。翻译用的是同声传译的办法。代表们和外宾在楼下大厅里开会发言，同声传译的人坐在三楼上语言不同的小屋子里，手里拿着在西苑饭店译好的稿子，中外文两份，眼观和耳听楼下大厅里汉文或外文的发言，口宣外文或汉文。外宾发言比较少，大量的是汉文发言。我们满怀愉快，以为万事俱备，连东风也不欠了。焉知传译发言时却出了问题，汉文发言者在楼下发言，我们在楼上用最快的速度口宣洋文，等到汉文发言结束、全体代表热烈鼓掌时，我们传译者还没有能读毕译稿，弄得老外莫名其妙。这显然是不行的。最理想的做法是，汉外同时结束，然后同时鼓掌，这样才能隆重热烈，皆大欢喜。然而任何外语都做不到，译文都比汉文要长，有的还长得很多。

我因此顿悟出一个道理：表达同样的思想感情，汉文是付出的劳动量最少的语言，用的时间最短的语言。几千年以来，从我们的老老祖宗起就使用这种语言，我们节省出来的劳动力和时间，连用天文数字也是难以算得清楚的。

以上算是题外的话。

下面来谈题内的话，也就是汉语成语问题。我年轻的时候，除了《英汉词典》不离手外，很少查汉文词典。有时偶尔查一查《康熙字典》和《辞源》，几乎没有词典可查，我也觉得没有查的必要。我自认是狂傲的人。当时大概主要是出于糊里糊涂的自信，不查词典，到了年纪渐大，反而越来越觉得离不开词典。我的自信心与年龄适成反比：年龄越大，自信心越小。我认为，这不是倒退，而是进步。我现在查的词典，除了《辞源》与《现代汉语词典》外，就是一些成语词典。眼前这一类词典相当多，但是对我都有用。这是以前完全没有想到的。

我逐渐发现，汉语是世界上成语最多的语言，任何国家的语言都难以望其项背。这又是汉语的最突出的优点和特点之一。写到这里，读者一下子就能把这题内的优点和特点同上面讲到的题外的优点和特点联系起来。我上面曾说到"内""外"难分，事情不正是这个样子吗？

成语多有什么优点呢？为什么汉语成语特别多呢？这两个问题是有联系的，合并起来加以答复，也是并不困难的。专就优点而答复，一言以蔽之：它能大大地提高汉语的表达能力。这样一来，汉语在简洁之外，又增添了一个表达能力强的优点，真正是如虎添翼，可以睥睨一切了。至于汉语为什么成语特别多，这只能用汉语历史特别悠久，悠久到有几千年的历史这个事实来解释。中华民族是伟大的有天才的民族。我们祖先留给我们的典籍，在数量上和质量上都占世界第一。这是中华民族智慧的结晶，许多成语就产生于其中。成语是智慧结晶的结晶，决不可以等闲视之。

为什么说成语能提高汉语表达能力呢？语言的功能在于传递思想，表达感情，哪一种语言能传递、表达得最简洁而又充分，最明白而又含蓄，最丰富而又不枯燥，最生动而又不油滑，它就是最好的语言。汉语就是这样一种语言。其所以能够做到这一步，原因当然不止一端，成语多是主要的原因。

要举例子，那就多得不得了。一整部《成语源流大辞典》可以说都是例子。我现在举几个例子，加以解释，以说明我的观点。我先举最常用的"司空见惯"这个成语。这个成语到处都能碰到，谁都懂得它的含义，可是读者必须分为两类。文化水平高懂得这个成语的源流的读者，看到了这个成语，除了理解它的含义之外，会在有意识或无意识中联想到唐代诗人刘禹锡的诗："鬓髻梳头宫样妆，春风一曲《杜韦娘》；司空见惯浑闲事，断尽江南刺史肠。"有意识或无意识中欣赏这一段风流故事，而从中享受到更幽美的情趣。文化水平不高的读者则不过理解为"平平常常"的意思而已。

我再举一个例子："亡羊补牢"。这也是一个非常习见的成语，谁都能理解，这是受到损失以后及时设法补救的意思。但是对我在上面说的两类人又有不同的作用。对文化水平低者，不过就是我刚才说的那种理解。对文化水平高的人则会在有意识和无意识之间，增加了情趣，他们会想到《战国策》中的那个故事。想到庄辛对楚襄王说的话："见兔而顾犬，未为晚也；亡羊而补牢，未为迟也。"这也会增加说不出的情趣。

我再举一个例子："高山流水"。这个成语来源于《吕氏春秋》，讲的是俞伯牙鼓琴，钟子期听之。伯牙意在泰山，子期就说："善哉乎鼓琴，巍巍乎若泰山！"过了一会儿，伯牙意在流水，子期就说："善哉乎鼓琴，汤汤乎若流水！"这就叫作"知音"。钟子期一死，伯牙破琴绝弦，终身不再鼓琴。因为"知音"已亡，再鼓就是"对牛弹琴"了。从此以后，"高山流水"就成了一个成语，或一个典故（羡林按：有不少成语和典故是难以区分的）。含意比较丰富，最丰富的是表示知音、知己、友谊（死生不渝的友谊）。有时也用来表示乐曲高雅精妙，如此等等。我个人每次读到这个成语或典故，心里总会涌起一股友爱、悲凉、孤独而又温暖的意识流，往往沉思半天。对一般不明成语来源的人来说，其含意不过是获得知己又失去知己而已。

像这样的例子，在本书中可以举出成百上千来。我只举了上面三个例子，可以说是"鼎尝一脔"（羡林按：这也应该算是一个成语），举一反三了。上面三个例子都是源于中国古代典籍。典故都源于古代典籍，而成语只有一部分是，另一部分则来源于老百姓的活语言。专就来源于古代典籍的这不小的一部分来说，它们能把几百年前的、上千年前的、几千年前的语言或者动人的故事，保留下来，一直保留到今天，在文人墨客的笔下，在老百姓口中，重新焕发了青春，保住了活力，从而丰富了我们语言的表达能力，而且我相信，它们还会流传下去，只要汉语不亡，它们就会永在。能够有这样一种语言，这样一种包含这么多成语的语言，这样一种世界上独一无二的语言，这是我们的幸福。

在上面，我把题外的话和题内的话都说了不少。虽然没能全说完，我看也差不多了。只要你稍一留心，使用汉语的人，不论是讲演，还是著述，不论是对话，还是独白，没有一个或多个成语者几希。连乡下不识字的农民都想使用"实事求是"这个成语，只是由于这个成语对他们太深奥，太陌生，在他们口中就变成了"以实求实"。这是我亲耳在乡下听到的，绝非"假冒伪劣"。就连我在上面写的这些话中，也无意中使用了不少成语，因为它们最经济实惠，缺了不行。这个事实或这个道理相当显明，用不着再多加解释了。

只是还有几个问题，我必须说上几句。首先，在刘先生的《汉语成语考释词典》吕叔湘先生的《序》中引刘先生自己的话："哪些是成语，哪些不是，哪些成语要收，哪些成语不必收，这就不容易决定。（中略）遇到这种情形，不得不自己划个界限，无法叫人人赞同。"我个人觉得，这是不必要的顾虑。刘先生的意思似乎是想给"成语"下个定义，然后根据亚里士多德的三段论法来决定去取。下定义这玩意儿我认为是西文基本思维模式——分析的思维模式的产品。想给人文社会科学的术语下定义是缘木求鱼的办法，根本行不通。刘先生自己划个界限，这就是最聪明的办法，是最佳选择。想叫人人赞同，一无可能，二无必要。"吹皱一池春水，干卿何事？"

其次，我想谈一谈使用成语与"转（读作zhuǎi）文"的区别。有时候似乎看不出什么区别。其实区别是非常大的。"转文"的意思，我想大家都会了解的。一些"半瓶子醋晃荡"的，念过一点旧书而又不甚通的人，为了自命风雅，显示自己的才华，引上两句古书，往往引得并不得当，却自鸣得意。这样的腐儒"转"的文，给人一种腐朽之气。鲁迅笔下的孔乙己也可以归入这个范畴。而使用从古典中来源的成语，正如我在上面所说的那样，却往往能给人以清新之气。"转文"与使用成语的界限是必须严格划分的。

再次，我还想简略地谈一谈"典故"与"成语"的区别。这个问题上面已有所涉及。《现代汉语词典》也有现成的解释，可是我还觉得不够全面和确切。我觉得，只要引用古书中现成的词句或故事，这就是"典故"。引用得经常了，几乎达到尽人皆知的程度，这就叫作"成语"。

最后，我还想提出一个问题：为什么汉语成语多四字？理论上的解释，我目前还做不出来。我只能笼统地说一句：这并不是汉人全都患了"四字狂"，而是由汉语本身的特点所决定的，本来用两个字就够了，比如"扎实"，却非说"扎扎实实"不行。类似的例子还多得很。甚至连"认真"这样的词儿，有些人也非说"认认真真"不行，其中必有道理。从汉语诗歌的发展上来看，最古的诗是四言，《诗经》可以为证，后来到五言，到七言，有越来越多之势。但是到了七言却戛然而止，没有向九言或更多的言发展，这究竟是为了什么？至于胡适之先生解释骈文（四六文）四字句起源的问题，说什么"骈体文欠文明"（见唐德刚译注《胡适口述自传》，页262—264），是十分荒唐可笑的。真正的原因还有待于进一步的深入探讨。

　　刘洁修先生穷多年之力，完成了这样一部巨著，探幽烛微，功在士林，我个人十分敬佩。江苏教育出版社又慨然斥巨资，出版此书，亦为出版界极为难得之举，我也不能不表示我的敬佩。本来在文债重压之下，只准备写上几百字，然而下笔不能自休，竟写成了这样一篇四五千字的序言，并提出了许多可能是怪异之论，尚祈士林君子有以教我！

2003 年 6 月

《丝绸之路贸易史研究》序

横亘欧亚大陆的丝绸之路，稍有历史知识的人没有不知道的。它实际上是在极其漫长的历史时期内东西文化交流的大动脉，对沿路各国，对我们中国，在政治、经济、文学、艺术、宗教、哲学等等方面的影响既广且深。倘若没有这样一条路，这些国家今天发展的情况究竟如何，我们简直无法想象。

我常常想，在全人类历史上，影响深远、持续时间很久的大的文化体系只有四个，这就是：中国文化体系、印度文化体系、闪族伊斯兰文化体系、希腊罗马西欧文化体系；而这四大文化体系汇流的地方只有一个，这就是中国的新疆地区。其所以能够在这里汇流，则要归功于贯穿全区的丝绸之路。对这样一条重要道路的研究，许多国家的专家学者都参与了。单篇的论文不算，写成专书的据我所知，最早的是德国学者Albert Herrmann的《中国与叙利亚之间的古丝绸之路》（*Die alten Seidenstrassen zwischen China und Syrien*）出版于1915年。他的另一部著作《从中国到罗马帝国的丝绸之路》（*Die Seidenstrassen von China nach dem Römischen Reich*）出版于1915年。这两部书蜚声士林，到了最近几十年，日本学者接踵而上。他们用各种形式表现丝绸之路，五彩缤纷，令人神移目眩。

中国学者和艺术家注意丝绸之路，较德、日为晚，但是颇有后来居上之势。舞剧《丝路花雨》已经扬名世界。陈良等同志的著作也已引人瞩目。至于在宗教、文化、文学、艺术各个方面探究丝绸之路的论文，更是与年俱增。学术是国际性的，在学术领域内不能，也不应设立关卡。我们不能学杜甫那样说什么"诗是吾家事"。但是，古人说，"近水楼台先得月"，丝绸之路是中国的近水楼台，难道我们不应该先得月吗？现在李明伟等同志的《丝绸之路贸易史研究》即将问世了，我们得月虽然不能说是"先"，但是终于把月得到了，也许是一轮异常明朗的月。一向关心丝绸之路的研究的如羡林者，虽已老朽，尚未昏庸，对这一轮明月感到无比的欢欣鼓舞不是很自然的吗？是为序。

1990 年 4 月 20 日

《新编百家姓印谱》序

"弘扬祖国文化",这个口号一经提出,立即受到举国上下一致的响应,都认为,这个口号提得正确,提得及时。

何以能出现这样的情况呢?原因是极其明白易懂的。

过去我们常说五千年中华文明。但是,根据最新考古发掘的结果,中国可能在距今八千年以前就已经有了文字的萌芽。我们的文明史一下子拉长了三千年,走在古代埃及文明和两河流域文明的前面了。有这样悠久而又光辉灿烂的文化,如果不去努力弘扬,将何以前对祖先后对子孙呢?

中华文化方面极广。现在各行各业都在设法弘扬自己方面的文化。但是,我觉得,有一项的确是地地道道的中国文化,却还没有人提起,这就是中国的篆刻。中国篆刻大盛于汉代,此时是铜印和金印,以后历代绵延不绝,到了明清时代,石印大兴,一直到今天;篆刻所用的材料大大扩大了,图章还在流行,与签字并驾齐驱。这难道不是可以列入无双谱的绝妙的中国文化吗?

胡亚曼(琦峻)先生是一个有心人。他多才多艺,从事图书馆事业,而又擅书法,善篆刻。多年来他就按照《百家姓》的顺序,搜集古今名人的印章,积之既久,已成巨帙,行将出版面世。我小时候也曾学习过篆刻，所务不专，水平颇低。但自谓是手低眼高，对于鉴赏还颇有一点自信。我生平最推崇清代浙派领袖陈曼生，每次看到他的篆刻，心灵辄为之震动不已，得到了极大的艺术享受。胡先生搜集的印谱中也有陈曼生的印章，可谓先得我心。但是，我不是想说，只有他这一方印章好，其余的都不行。其余的也是好的，也有我极其喜爱的。说胡先生这一部印谱琳琅满目，它是当之无愧的。

在弘扬文化声中，胡先生默默地做了一件别人疏忽而又非常有意义的工作。因此我是怀着无限欣慰的心情写这一篇小序的。

1990 年 9 月 14 日

《海外中国学家译文丛书》序

  国内从事于西域南海古代交通史研究的老一辈的学者们，一定都还能记得，五六十年前冯承钧先生翻译了大量的法国中国学家关于这方面的著作，这些译文对我们的研究工作给予了巨大的帮助。当时中国学已流布全世界，但是在东方以日本为魁首，在西方则以法国为巨擘。这是大家都公认的事实。在这两个国家以外，瑞典的高本汉研究中国古代音韵，取得了空前的成就，为中国最有权威的语言学家所激赏。英国的A.Waley翻译介绍了大量的中国古诗，译文优美，受到了广大读者的欢迎。其他国家也有一些成绩卓著的中国学家，这里不一一列举。

  这些中国学家，对弘扬中国文化，加深世界各国人民与中国人民的了解与友谊，起了不可磨灭的作用。他们的著作多半都已经介绍到中国来了。至今还为中国人民所阅读，所欣赏，中国人民永远不会忘记的。

  也许有人要问：中国自己已经有足够的研究中国文化的专家学者，外国中国学家究竟在什么地方能帮助我们，在什么地方又能超越我们呢？也许还有人认为，中国语言只有我们中国人最能掌握运用，其他国家的学者总不免有隔皮猜瓜、隔靴搔痒之病。不是有的外国中国学家把唐诗"白头宫女在,闲坐说玄宗"中的"玄宗"译为"玄秘的宗教"吗?不是也有外国中国学者把六朝隋唐时期习见的"诚如来旨"译为"诚然是我佛如来的旨意"吗?

这些都是事实,无可否认。我甚至还能举出更多的这样的例子。这说明中国语言文字之繁难。连我们自己的学者也不敢保证,一定不会出这样的笑话。但是,总起来看,我认为,这不是关键问题,瑕不掩瑜。心理学家常讲一个现象:一个人在某一个环境里住久了,住惯了,对他周围的事物往往视而不见。反不如一个外来人,初来乍到,对周围的事物特别敏感,他能一眼就看到别人不注意的现象。我们自己的经验也能够证明,心理学家这个说法是完全正确的。我们常说的一句俗话,"旁观者清",也证明同一个事实。

外国的中国学家就正是这样的"外来人""旁观者"。他们研究中国文化、中国问题,能看到我们习而不察的事物。

此外,还有一点,我也必须着重指出。就拿上面谈到的西域南海的研究来作例子吧。五六十年以前,我们对西域南海的研究水平,远远比不上外国学者。原因是,这些地方的古代语言文字,我们多半不通,与这些地方有关的其他资料,我们多半不能掌握。我们除了能读中国史料以外,缺的东西太多,而且说句不客气的话,不通语言文字,不能掌握必要的资料,能读懂古代汉文典籍吗?因此,当冯承钧先生的《西域南海史地考证译丛》出版的时候,我们都由衷地感谢他,法文并不是我们每一个人都能读的。这一套丛书,第一册出版于1932年,最后一册1958年出版,前后相距二十多年。没有需要,能做得到吗?法国之外,日本学者关于西域南海古代交通的研究成果,我们也翻译了不少,比如关于《大唐西域记》《法显佛国记》等等的著作,就是突出的例子。这些译文促进了我们的研究工作。

可惜好景不长，冯承钧先生之后，后继乏人，像冯承钧先生这样毕生勤勤恳恳，翻译不辍的"有心人"，再也见不到了。

当然，我们也必须承认，在过去几十年中，我们中国学者在研究西域南海方面，或者在其他方面，都已有了长足的进步。这一点，连外国学者也是不得不承认的。但是，话又说了回来，即使自己有了进步，"他山之石，可以攻玉"这两句古话到了今天仍然是真理。如果多了解一点海外中国学家的研究成果，肯定会对我们自己的研究工作大有裨益。我们翻译了英国学者李约瑟的《中国科学技术史》这一部巨著，它给我们提供了大量的资料和信息，极大地鼓舞了我们的民族自信心，提高了我们的爱国主义思想，促进了外国人民对中国在科学技术方面巨大贡献的认识，如此等等，不一而足。这仅仅只是一个例子；然而这个简单的例子不是包含着极为深刻的意义吗？

根据我自己的观察，除了李约瑟的著作以外，我们对海外中国学家的研究成果，注意得越来越少了。我们几乎是关起门来，搞自己的名山事业。结果是某一些研究工作者视野不广，囿于成见，故步自封，难有新意。这当然大大地不利于我们研究工作的展开。每年都召开一些什么什么国际研讨会，专就社会科学和人文科学来说，多半是热热闹闹一阵，吃吃喝喝一番，长城、桂林、兵马俑、茅台、烤鸭，满面春风。即使留下几篇论文，也多半是应景之作，从中难以窥海外中国学研究成果之全豹，留给我们的印象不深，也不能持久，对我们没有多大好处。

最近我给极受读者欢迎的《文史知识》提意见时，曾讲到这个问题。我希望，我们中国的文史学界多注意外国同行们的研究动态，多阅读人家的研究成果。我们决不能两耳不闻天下事，退到闭关锁国的状态中去，这个意见颇受到同行们的重视。时至今日，我们提倡改革开放，但是，我们决不能只开放肯德基、米尼姆、卡拉OK、万宝路；可口可乐、T恤衫、耐克旅游真耐穿；而对人家研究中国学的成果，则漠然置之。我这个比拟也许有点不伦不类。一般来说，真正埋首社会科学和人文科学研究工作的人，对卡拉OK之类，不一定有多大兴趣。我只不过是想指出这种风气之十分不正常而已。

如果我们放眼看一看今天的中国和世界，我们的头脑会清醒一下的。全国人民，特别是学者们，都在努力弘扬中华文化。中华文化曾普照西方大地，全世界文化的发展皆蒙其利。这一点没有人敢予以否认。因此，现在提出弘扬中华文化的口号，是绝对必要的。但是，我们要弘扬什么呢？又怎样弘扬呢？我看不出有什么具体的章法。有一位同行说了一句似乎是俏皮但实则含义深刻的话："出口转内销。"他指的是，国外正在兴起一股研究以中华文化为主体的东方文化的高潮，这一股高潮"波撼岳阳城"，也撼动了我们赤县神州。原来出口的东西又转销到国内来了。对这种出口转内销的情况，我们应该竭诚欢迎，大力响应，这对我们弘扬中华文化是天赐良机，求之不得的。

最近几年以来，我经常考虑在人类历史上东方文化和西方文化的关系问题。我发现，几千年以来，这两种文化的关系是，三十年河东，三十年河西，更迭兴替，互为补充，从而促进了人类文化的发展。从19世纪初叶一直到今天20世纪末叶，西方文化主宰了世界，但是西方有识之士已经预感到，他们自己的文化也不能万岁千秋。这个文化现在已经露出了不少破绽，有点强弩之末的味道了，东方文化取代西方文化的迹象已经萌出。西方国家，特别是那几个世界大国，对社会科学和人文科学的研究，露出了一个明显的特点：对东方文化，特别是中国文化，兴趣渐浓。研究印度学的人，从历史语言的考证转向大乘佛教和佛教密宗，研究中国学的人，兴趣渐渐集中到《周易》

《老子》《庄子》，以及禅宗的研究上来。为什么出现这种现象呢？我个人认为，原因并不难找。西方学者中特别敏感的人看到了自己的文化有了点穷途末日之象，济之之方无他：转向东方文化。

回看我们中国学术界，注意到这个现象的人似乎还如凤毛麟角。这种状况是完全不能令人满意的。我们必须想方设法，唤起大家的注意。唤起的方法多种多样，出版这样一套《海外中国学家译文丛书》或许是其中最重要的。它至少能起到当年冯承钧先生《西域南海史地考证译丛》已经起过的作用。我们希望，通过这一套丛书的出版，海内外中国学的研究能够互通声气。通过这一套丛书的出版，真正能为弘扬中华文化做些脚踏实地的工作。通过这一套丛书的出版，能改变一下当前这种闭塞的情况。通过这一套丛书的出版，"投石击破水中天"，能投出一块这样的石头。总之，作用是很多的。希望这一套丛书能带我们跟上世界潮流。我个人认为，这是雪中送炭的工作，但又何尝不能理解为是锦上添花呢？

以上是我的想法，也是我的希望。

是为序。

1991 年 1 月 2 日

对21世纪人文学科建设的几点意见

首先我要向大家表示抱歉，让我来邵逸夫科学馆报告厅做报告，很怕耽搁大家的时间。另外，我想简单说一说，为什么我是山东大学校友。

这话说起来有点跟历史一样：1926年我15岁，1928年我17岁，我在山东大学附设高中（当时在北园白鹤庄）念书，所以我现在算是山大校友，当时我们校长是前清状元王寿彭。这件事交代完了以后，就来做我的所谓报告。

昨天，我的学生，也是我的朋友，《文史哲》杂志主编蔡德贵教授"突然袭击"，说今天让我做报告。说句老实话，我没有这个思想准备。而他是这样讲的，您愿讲什么就讲什么，这就麻烦了。他给我出一个题，作八股好作，而让我愿意讲什么就讲什么，这是一个天大的难题，因为我脑袋里乱七八糟的东西，古今中外的，杂七杂八什么都有。究竟讲什么？昨天晚上我就考虑这个问题。我想今天是不是结合我们这个讨论会，面向21世纪的人文学科建设这个总的方向，谈一谈我的几点意见。

我这个意见嘛，现在争论很大。学术上有争论的是好事，如果发表一个意见，没有人理，那最寂寞，最难过，有争论好。什么问题呢？就是中西文化。

我这个人是搞语言的，很死板。清朝桐城派有义理、辞章、考据三门学问，我对义理最没有兴趣。可是到了晚年，却突然"老年忽发少年狂"，考虑义理就多了。我没有受过什么严格的训练，因为我讨厌这个东西。不过现在想起的问题，都跟义理有关。

首先，是中西文化。中、西文化有区别，这个大家都承认，可是讲中西文化有区别，不是现在才开始。在唐朝初年，也就是穆斯林运动开始的时候，大家知道，穆罕默德，按时代来讲，生在中国的陈朝，跨过隋，隋只有几十年，到唐初他才逝世。没有穆罕默德，就没有穆斯林，没有伊斯兰。在伊斯兰教初期，也就是相当于在中国的唐代初期，7世纪，在阿拉伯国家，在伊朗（那时叫波斯），流传着一个说法。一个什么说法呢？就是世界的民族，只有两个民族有文化，一个是中国，一个是古代希腊。这话也没有错。可又说，希腊人只有一只眼睛，中国人有两只眼睛。这就是一个价值判断，就说明我们中国比希腊高。他们为什么这么讲呢？他们说希腊人只有理论，没有技术。这话也对，世界上几大发明希腊都是一点没沾边。中国呢，是只有技术，没有理论。这句话应该做点小小的纠正，中国也有理论，他们说得太绝对了。我们的四大发明一直到现在，在全世界起那么大的作用，希腊没有。因此就说中国人有两只眼睛。在7世纪，在阿拉伯国家，在伊朗，有这种说法，必然有它的根据。根据我在这里就不讲了。

这样，我就感觉到，中、西文化有区别的说法，不是现在才开始的。1300年以前，就开始了。区别到底在什么地方呢？根据我的经验、胡思乱想的结果，感觉到中、西文化既然叫文化，必然有共同的地方，不成问题。物质、精神两个方面，为人类造福，这就是文化。

这个中、西都一样，没有什么差别。可区别在什么地方呢？区别就在于中、西思维模式，思维方式不一样。西方思维模式的基础是分析，什么东西都分析，一分为二，万世不竭。东方呢，思维模式是综合。综合是八个字：整体概念，普遍联系，这叫综合。举例子很简单，西医，要是头痛了，他给你敷上一块湿凉手巾，这就是我们说的头痛医头。中国呢，头痛了，他给你在下边，在涌泉穴扎针，中国是头痛医脚，西方是头痛治头。这就表现出我们是拿人作为一个整体，整体概念，普遍联系，头与脚是有联系的。我们有大宇宙、小宇宙，人是小宇宙。从这儿开始，我想中、西文化是有区别的。后来，我看了一本书，是中国科学院一个有名的数学家，大数学家吴文俊教授，他给《九章算术》写了一篇序，他就讲，数学（吴文俊教授并不搞哲学，也不搞什么中西文化，他就是数学家），东方的数学与西方的不一样。西方的数学，从公理出发，亚里士多德三段论法：凡人必死，张三人也，故张三必死，它从公理出发。立一公理：凡人必死，凡人怎么怎么样，下面演绎。中国呢，是从问题出发，从实际出发，所以中国数学的发展，不是从公理来的，是从问题来的，是从实际来的。这是吴文俊先生的意见。后来有一次，我们在一起开会，吴文俊教授也参加了。他不搞文化，也不搞中西文化，这证明不但人文社会科学中、西不一样，就连自然科学也是中、西不一样。这个不一样，并不是说中国就能2+2＝5，不是这个意思，而是说西方是从公理出发，中国是从问题出发，从实际出发。因此我更对自己的想法沾沾自喜。梁漱溟先生20年代初写过一部《东西文化及其哲学》，很出名，他讲的跟我们讲的不一样，他那个"西"，是把印度放在中间。我在这里考虑，我们"东"，包括印度、阿拉伯国家在内，相当于东方。我们东方思维，就是综合的，普遍联系，整体概念，是从整体来看问题的。

因此，就讲"天人合一"。

我考虑"天人合一"问题也是很偶然的。我看到原来北京大学教授钱穆（他后来到台湾，到香港，现在已经过世了。若从辈分上讲，他应该是我的老师，但我没有听过他的课，我不是北大毕业的）的一篇文章，那意思就是搞了一辈子中国学问，可后来到了晚年忽然悟出一个道理来，这就是"天人合一"，讲得不是那么清楚。后来他就过世了，没有写下去。可是我一想，"天人合一"到底应该怎么解释？在座的有好多哲学家，同学们也有许多研究哲学、研究历史的。"天人合一"，你翻看中国哲学史任何一本，从孔子、老子、墨子，一直到清代，谈天人合一的多得不得了，都讲天人合一。可是究竟什么叫"天人合一"，每个人都有一个说法，最近我写了一篇文章，可能会引起很大轰动，还没有发表，叫作《真理愈辨愈明吗？》，有时候我考虑真理不是愈辨愈明，而是愈辨愈糊涂。《新民晚报》有个副刊"夜光杯"要发。"天人合一"，你要讲清楚写文章，就是写上一万字，十万字，一百万字，也写不完。几乎每一个哲人，儒家、道家、佛家都讲天人合一。我写了一篇文章，叫《"天人合一"新解》。所谓"新解"也者，就是我的解释，跟孔子、老子、孟子，都没有关系，他们讲他们的"天人合一"，我讲我的"天人合一"。后来文章在全国古籍整理小组主办的杂志《传统文化与现代化》创刊号上发表以后，引起了全国很大的争论。

我刚才说了，有争论就是好事。你发表一篇文章，提出一个看法，人家不理，那最难受。理的话，有两种理法，一种是赞成，一种是反对。后来，我想围绕这个问题的争论，全国实在是太多了，我就想了个办法，出一本书，叫《东西文化议论集》，不是辩论集，也不是讨论集，叫议论集。什么叫议论呢？就是你打你的，我打我的。

《东方文化集成》是我几年前发起编写的一套专讲东方文化的书，500种，不是500册，可能是600册、700册，其中中国占100种，日本给50种，印度给50种，阿拉伯国家给50种，这是250种，其余的250种，各东方国家每个国家，最少一本，最多几本，韩国、朝鲜、蒙古，甚至马尔代夫，马尔代夫可能有些同学不知道在什么地方，是一个很小的国家。只要是东方国家，就给一本。最近我们搞了几年，现在开始出版了，出版了10种11册。今天下午，我要献给我的母校。其中有一本书叫《东西文化议论集》。议论就是刚才说的，你打你的，我打我的。我写了一个序，我说我那篇《"天人合一"新解》发表以后，有人跟我辩论，有人跟我商榷，也有人赞成，外国也有赞成的，德国人、日本人都有赞成的，中国人也有反对的，激烈反对的，都好，都收录到里边来。我说我们共同唱一出戏——《十字坡》。《十字坡》是一出武松打店的戏，夜里边，是不是一丈青，不是一丈青，可能是母夜叉孙二娘，我忘记了，《水浒传》上的。因为在黑暗中，想杀人蒸包子，满台刀光剑影，可是谁也打不着谁。我们大家共唱一出《十字坡》，你要你的，我要我的，你也别碰我，我也别碰你，我也不给你"挡车"，你的意见我也给你发表。那个议论集共两本，两本还不够，再出两本也不够，这样一个大问题，就与21世纪的人文社会科学建设有关。

　　"天人合一"如果你觉得值得考证，那可以写成十万，八万，一百万，都可以写，没有什么了不起，多收集资料，多看几部古书就可以了。我跟那些无关，我是"新解"，新解是我的解释。说你怎么这么讲，现在有人对我激烈反对。我说你们忘记了，我是新解，是我自己的解释。说我跟哪个哪个不同啊，跟过去哪个哪个不一样啦，要一样的话，怎么叫新解呢？新解就是不一样。那么我的"新解"是什么呢？我的新解就是：天，就是大自然；人，就是人类。人类和大自然要合一，不应该矛盾。大家应该注意，英文词典里边的"征服"（conquer），举的例子是征服自然（to conquer the nature），这是西方的思想。西方人认为人与大自然是敌我矛盾。要不是敌我矛盾，那怎么还用"征服"呢？征服的结果是怎么样呢？我待会儿再讲这个问题。

现在有人讲，你说那个"天人合一"有什么用，还得用科学来解决。科学犯了错误，由科学自己来解决，来纠正。当然是要科学的，我不否定，科学还是要要的。不过，首先要解决思想问题，认识这个问题的重要性、严重性，否则的话，你会无能为力。我们中国工业发展比较晚，可是晚有晚的好处，最早要建工厂，根本不讲究怎么来处理工业废水，怎么处理烧煤的煤气，现在我们讲究了，有这个概念了。建工厂之前一定要处理好烧煤的技术设备，处理好冲向天空的煤烟，不然要出黑烟。黑烟里边据说有炭末，白烟就好一点。污水，要想办法花点钱治理，所以工业化晚有晚的好处。我们中国现在建工厂就已经意识到工厂非盖不行，现代化非盖工厂不行，不可能离开工厂，避免灾害的工作我们正在做，做到什么程度呢？还很难说。因此我就想到为了21世纪人类的生存，我们必须先解决思想问题，思想问题一解决，天，就是大自然，与我们人类要合一，要成为朋友，不能成为敌人，不能征服和被征服，那是不行的。解决思想问题以后，上下一致，然后再来发展我们的工业。不是不发展，工业不发展是不行的；可是弊端要避免，不避免也是不行的。总起来说，就是这么一个大体轮廓。我刚才说过，我自己不是搞义理这一行的，是搞语言的，很枯燥的，现在考虑这个问题，就发现东、西文化就是不一样，不承认这一点就不行。

前一阶段，我应邀到中国科学院去讨论21世纪科学的远景规划，我发言说首先要谈，要搞清楚中国与西方有什么不同。

"天人合一"思想是十分重要的，不然，这样子污染下去，到2050年（在座的有好多能到2050年，我到不了啦），到那个时候，人类就会很困难了，非常麻烦，因此要未雨绸缪。所以我们现在谈21世纪，讲人文科学，不但讲人文科学，连所有的科学，包括自然科学、技术科学也在内，必须考虑这个问题。不考虑是不行的。

现在有人对我的意见激烈地反对，说解决这个问题还得靠科学，我不是反对科学，是要科学来解决，但是科学是人来使用的一种东西，科学本身是活的。有人提倡科学主义，科学主义现在是个贬义词，认为科学能够解决一切问题。科学不能解决一切问题。因此21世纪人文科学的发展必须考虑这个问题，考虑东方与西方的不同之处，弘扬"天人合一"的思想，上上下下，脑子里的这根弦要绷得紧紧的，时刻想到这个问题，以后的事情就好办了。

我们搞社会科学的人有一个较一致的看法，就是在国际上没有中国人的声音，鲁迅说过"无声的中国"，没有我们的声音。这话是指，不但人文社会科学没有我们的声音，诺贝尔奖文学奖，直到现在中国没有一个获得者。这里边有个政治问题，诺贝尔文学奖政治性是非常强的，它歧视社会主义国家，原来也歧视苏联。反对苏联的作家（我不是说苏联多么好，现在苏联已解体了），它就给诺贝尔奖金。中国这么一个大国，诺贝尔奖快到100年了（1901年起），没有一个中国的，印度、日本，也都有两个三个的，就是没有中国的。瑞典科学院院士管中国的叫马悦然，是高本汉的弟子，他管这个事。有人问马悦然（我不认识他，他的弟子我认识），为什么中国拿不到诺贝尔奖金，你不是汉学家吗？你说话是管用的呀！他讲，中国的创作，诗歌、小说、戏剧、散文，翻译不好。他这话没有道理！什么是翻译不好啊？那日本人的作品就翻译得好吗？所以这里边有政治问题，我讲不要羡慕它，诺贝尔奖金不都是什么好东西。那里边也有优秀作家，不过二、三流的作家占大部分。它给我们一个诺贝尔奖金，我们中华人民共和国照样存在；不给，我们也照样存在，我们还会越存在越好。

这话说远了。我感觉我们人文社会科学在国际上没有声音，文艺理论、文艺批评没有我们的地位，美学也没有我们的地位。中国人真的那么蠢吗？现在世界上还没有哪一个人敢说中国人蠢。有人敢说的话，这个人就是最蠢的。为什么？我们不蠢，那是我们不勤奋吗？我不能说我们的学者都勤奋。这里我插一句。昨天蔡德贵教授让我讲一讲，人文社会科学，大学、社会科学院"水土流失"严重的问题。年轻人不愿意做，不愿干这一行，山大是这样，北大也一样。我是这么看：要建设一个国家，应该两手抓。我们讲两手抓，实际上有时候是一手抓。现在是重工轻理，重理轻文，工科是第一，理科是第二，文科是第三。这对学文科的人有影响。实际上，我看大家不必有多么大的心理负担。世界各国真正经济腾飞、文化发达的，都是两手抓，光抓科技不行。日本之所以发展那么快，是因为它抓文化，抓教育。

我到日本去看过庆应大学，这是私立的，日本大学排榜能排第二或第一，早稻田和庆应，就像美国的哈佛和耶鲁一样，英国的牛津、剑桥一样。东京大学排第三位。庆应大学的创办人叫福泽谕吉，一进校门有一座塑像，他抓文化教育，办了个庆应大学。不搞文化不抓教育而想经济腾飞，小的可以腾，大的腾不起来。不要因为眼前文科显得用处不大，不要这么想。当然我并不是要大家都学文科。你们记着范老（文澜）的几句话：板凳甘坐十年冷，文章不写一句空。文科

（其他科也一样）要出成绩，必须有这个本领。没有坐十年冷板凳的决心，一事无成。

我并不反对有些年轻人下海、留洋，我叫它"海洋主义"。"海洋主义"我不反对。因为大学里边用不了那么多人，社会科学院里也用不了那么多人。有的青年下海还有好处，我不反对。留洋我只反对不回来。我对不回来的深恶痛绝，可我没有办法。到一个国家留学不回来，在国外做一个三等公民。现在大家排了排，在美国甚至要做到五等公民，不是三等，不够三等。第一等是美国白人，第二等是西欧移民，第三等是拉美移民，第四等是黑人，第五等才是我们华人。所以不是做三等公民，而是五等公民，你这样舒服吗？饭吃得下去吗？天天吃大餐，肯德基、麦当劳，天天吃那个玩意儿，你吃得舒服吗？我觉得真正想有成就，真正爱我们国家，就得在我们国内才有前途。到美国可以教个书，当个教授，甚至当个终身教授，没有什么了不起，真正有出息是在中国。再等10年、20年，你再想一下当年季羡林讲过这么一句话，真正有出息是在中国。这不是狭隘爱国主义。所以，我想昨天蔡德贵面授机宜，让我讲一点看法，我就讲一点看法。

现在再回头来讲我们的21世纪人文社会科学。我觉得21世纪的人文社会科学，现在的基础要发展，但是必须有新的指导思想，就是我刚才说的"天人合一"，有了这个指导思想以后，不管是人文科学、社会科学、自然科学、工程技术，都一样，有这个指导思想和没有这个指导思想很不一样。要没有这个指导思想，21世纪还跟在西方的屁股后头转，还是无声的中国，那就太惨了。

拿文艺批评来讲，拿语言学来讲，西方是过几个月就出现一个新学说。出来以后，过不久就销声匿迹，然后再出现一个新学说。可是这里边我们中国为什么就没有？我想这里边有好多问题，其中有一个,就是"贾桂思想",老觉着自己不行。《法门寺》这出戏剧里不是有个贾桂吗?觉着自己不行,只有洋人能够脑袋瓜灵,能创新学说,我们中国人创不了。哪有那么回事啊?西方人的那些东西,什么流派,不管是文艺理论、语言学,还是其他的学问,我们应该注意,它对你讲什么东西,一定要注意,一定要研究,可是无论如何不要迷信,没有什么了不起。清代赵翼有一首诗:"李杜诗篇万口传,至今已觉不新鲜。江山代有才人出,各领风骚数百年。""江山代有才人出,各领风骚数百年",这句话实际上没有说对。各领风骚数百年,李杜已领了一千多年了,我们现在还要念李白、杜甫啊!这句话本身是不对的,这里我不管它,我套用了一句:现在世界上不少学说是"江山年有才人出,各领风骚数十天"。庄子讲"蟪蛄不知春秋",好多学说刚一出就完了。也有比较长一点的,但现在也不行了。而我们偏偏迷信,好像只有他们才能创新学说,我们不能创。我对这种现象深恶痛绝。

我举一个具体的例子,最近我写了一篇"怪论"——《美学的根本转型》。美学,在座的有好多是研究美学的,我们山大的周来祥教授是美学专家。我也来谈一谈美学的根本转型。我看过一篇文章,叫《美学的转型》,讲美学这门学问是舶来品,是传进来的。传进来以后,有人就跟着西方学者屁股后头转,转到今天,转到死胡同里去了。讨论什么美是客观的,美是主观的,美是主客观相结合的,越讨论越糊涂,谁也说服不了谁。现在有的美学家就提出要转型,我也写了《美学的根本转型》。什么叫"根本转型"呢?根本转型就是把西方的那一套根本丢掉。我不是瞎说的,美学这个词儿是舶来品,美学这个词英文是aesthetics,是从希腊文来的,是讲感官,与外界接触得到的美感。感官有眼、耳、鼻、舌、身五官。我们现在看西方美学,什么黑格尔、Croce，他们在五官里边只讲两官：一官指眼睛，看雕塑，看绘画，讲美学是用眼睛看的；另一官指耳朵，听的是音乐。五官只讲两官，光讲眼睛和耳朵，光讲美术和音乐，是不是这个情况？当年我在大学念书的时候，听过朱光潜先生讲的美学，"文艺心理学"，当时对我影响很大，后来没有怎么接触。

最近我忽然想到，西方美学之所以走到绝路，因为它不全。中国怎么办呢？美学是研究美的学问，中国人的美，跟西方人不一样。有的当然一样，如这个姑娘很漂亮，中国人眼中看着漂亮，西方人眼中看着也漂亮，有共同的地方。但也有很大的区别，是"美"这个字，美这个字，一查《说文》在羊部，"羊大为美"。羊长大了，肉很好吃，是讲舌头的。我们不是说美味佳肴吗？美跟味联在一起，是讲舌头的。西方美学不讲舌头，是讲别的。中国人讲美学，要讲中国人的美。中国的美首先不是从眼睛出发，不从耳朵出发，而是从舌头出发。善，善良的善，也是羊部；仁、义、礼、智、信的义，也是羊部，都是羊。我们中国人喜欢吃，这个事情也很简单。我的想法是中国在游牧社会，羊大了，吃羊肉，就觉得美得不得了。从这开始，从味觉开始，然后是美人啊，就到了眼睛了。很美的音乐，就到了耳朵了。是不是这么个道理？

中国美和西方美不一样。美学的根本转型，就要把西方的那一套都丢掉，根据我们中国人的美，我们认为什么是美，我们认为是五官，不光是眼睛和耳朵，一官或两官。是不是这样子？这篇文章大概年内可以发表，社科院的《文学评论》要发表。它为什么要压一压呢？他们说你这篇怪论，很有意思，到了快年终的时候，发你一篇文章，引起争论，可以增加订数，这是开玩笑。我说没有关系，这篇怪论你什么时候发都行。反正副标题就叫《一篇怪论》。我举这么个例子，就说明我们到21世纪，要搞人文科学，必须搞出我们中国的特色。文艺理论也一样。文艺理论的一篇已经发表了，在《文学评论》今年春天发表的，第2期听说就有反对我的意见的文章。我还是那个老办法，你打你的，我打我的，我也不跟你商榷，也不讨论。你赞成，我同意；你不赞成，我也同意。这就是要考虑我们中国特点。要考虑中、西不一样。美这个英文词是beautiful，讲人，beautiful可以。讲这个菜，说beautiful不行，面包是美味，说beautifulbread，没有这个说法。从语言学来讲，也不一样。我们讲美味佳肴，香港美食城，山东不知道有没有美食城。我们的美是从舌头出发的，讲美学的话，应该讲眼、耳、鼻、舌、身，不能光讲眼睛和耳朵。

美，有以心理为主要因素的，有以生理因素为主的。以心理为主要因素者为眼、耳，以生理为主要因素者为鼻、舌、身，部位不同，但是同为五官，同为感觉器官则一也。其感觉之美，虽性质微有不同，其为美则一也。在中国当代汉语中，"美"字的涵盖面非常广阔。眼、耳、鼻、舌、身五官，几乎都可以使用"美"字。比如眼：这幅画美，人美，自然风光美。耳：乐声美。鼻：香味美。舌：味道美。只有身稍微困难一点，但是从人们口中常说"美滋滋的"，也可以表示"舒服"，这样使用到"身"上，也就没有困难了。这样含义涵盖广，难道同"美"的词源有关吗？五官所感受的美好的东西，既然可以同称"美"，其间必有相通之处。只要抓住这相通之处，加以探讨，必然有成。在西方则不然。以英文为例，含义是"美"的字眼，比如beautiful、pretty、handsome等等，涵盖面都有限，恐怕只限于眼。耳可用sweet等。鼻也可用sweet、fragrant、aromatic。舌用delicious等。身用comfortable等。这些例子不全，也用不着全，只不过想略表中西之不同而已。

中国现在的美学研究既然走到死胡同，那就要改弦更张，另起炉灶，建构起一个全新的美学框架，扬弃西方美学中没有用的误导的那一套东西，保留其有用的东西。但是西方美学只限于眼、耳，是不全面的，中国美学"美"字的语源意义，只限于舌，也是不全面的，都必须加以纠正补充。要把眼、耳、鼻、舌、身所感受到的美都纳入美学框架，把心理和生理所感受的美冶于一炉，建构成一个新体系。这是大破大立，是根本转型，而不是修修补补。21世纪要发展人文社会科学，必须有新东西，要根据我们中国自己的实际情况。

语言学也是这样。我不知道在座的有没有搞语言学的。中国语言学在世界上是最古老的，许慎《说文》《尔雅》都很古老。可到现在呢，在国际上没有中国的理论，只有外国的。原因是汉语的研究方法，应该彻底改变。现在研究汉语的方法，实际上是从《马氏文通》来的，是用研究英文、法文、拉丁文等有曲折变化的语言的方法来研究没有曲折变化的汉语。那能行吗？英文等的语序可以不那么固定，如我打你，你打我，"你""我"都有专词表述，语序不那么固定，也可以的。但在中文里不得了，是很大的不同。梵文的语序可以随便。中文就复杂，不能那么随便。如人，你说是名词，那韩愈的"人其人"，第一个"人"是动词。如火，也是韩愈的"火其书"，第一个"火"是动词，这种现象在印欧语系是没有的。所以拿英文的方法研究汉文是不行的，也要改弦更张，要根据汉语的具体情况来研究，不能用外国那一套。

建立一种理论也是这样。怎么能够使我们在国外没有声音，是我们自己没有发。我觉得我们中国人的聪明才智，不差于任何国家，不低于任何国家。首先要去掉"贾桂思想"，觉得我们很不行，这是很不对的。

研究文学批评也是这样。现在有好多学派。研究文学批评有一些理论，当年主要是从苏联来的，毕达柯夫，在座中文系的老先生都知道，他的教科书，他的文艺理论也是西方的。我们过去也有文艺理论，《文心雕龙》、几个《诗品》，那就是文艺理论，很高的文艺理论。我们研究文艺理论要用中国的做法，我在《门外中外文论絮语》一文中讲过，中国的文论家从整体出发，把他们从一篇文学作品中悟出来的道理或者印象，用形象化的语言，来给它一个评价，比如"清新庾开府，俊逸鲍参军"，对李白则称之曰"飘逸豪放"，对杜甫则称之为"沉郁顿挫"，这是与西方文论学家把一篇文学作品加以分析、解剖，给每一个被分析的部分一个专门名词，支离烦琐，很不一样。中国诗，没法翻译成英文，翻译成英文谁也不懂，如"池塘生青草"，翻成英文是池塘旁边长出了青草来，这算是什么诗啊。又比如"明月照高楼"，这也是名句，翻译成英文，完了，成了月亮照着高楼。中、外不一样。中国文艺理论的书不多，《文心雕龙》，钟嵘、司空图各有一部《诗品》，这些都值得读一读。中国有诗话。诗话这东西很奇怪，我注意到，诗话世界上只有两个国家有，中国和韩国，日本没有诗话。

中国人吃东西，我写过两篇东西，是给《新民晚报》"夜光杯"用的，一篇是论中餐、西餐，另一篇题目挺吓人：《从哲学的高度来看中餐和西餐》，大家可以看看，并不吓人。我讲的是实话，中餐和西餐没有什么差别，很简单，中餐就是肉、菜炒在一起；肉与菜分离，就是西餐，就这么简单。实际情况当然不那么简单。法国西餐就好，做得比德国的好。看问题要抓住要害。不要迷信外国，外国要研究，不要迷信。一定要有我们的雄心壮志，不是只有蓝眼睛、高鼻子的人才能提出理论。山东大学在中国的大学里边，在山东当然是最高学府，在中国的综合大学里也是排在前边的。我自己作为一个山东人，作为山大的一个老校友，我是双重校友，既当过学生，又当过教员，我在济南"省立高中"教过书，高中是山大附中改建的。希望我们山大能够一天比一天好，为山东争光，为中国争光。

为了能适应21世纪人文社会科学发展的需要，我劝文科的同学多学习点理科的内容，至少选修一门理科的课程。原来，我1930年上清华大学时，有一个规定，文科学生必须学一门理科的课。当年蔡元培先生在北大也有这个规定，文科学生必须学一门理科的课程。可惜，清华用了一个通融办法，逻辑可以代替，结果三个逻辑教师讲，三个教室还都是满的。原因是什么呢？我是文科高中毕业的，生物、物理、化学是理科，我都不懂，你让我怎么学理科？其他人也有和我一样的，所以，三个逻辑课教室都满堂。我看这是变了样的，不对的。蔡元培先生也提出这个意见来，北大用另外一种方式来改变了一下，即用"科学方法"。大家都不熟悉。我1930年同时考北大、清华，北大出国文题就是"何谓科学方法？试分析评论之"。这是国文题，也不大对头。到今天，过了有六十多年了，现在的青年同学、青年学者，你们一定要通一门理科。我这么讲的原因，就是从学术发展来看，学术交融越来越明显。在最初，欧洲只有物理，只有化学、生物，分得清清楚楚，现在呢？物理化学、生物化学，已经交叉了。现在我看21世纪，文、理都很难分。所以文科必须用理科的知识，理科必须用文科的知识。这一点从学术发展的情况来看，绝对没有问题。21世纪，文、理科到底会融合到什么程度？这个我不敢说。这是我对青年学生要求的第一点。

第二点，就是学文科、理科，不管是什么科的同学，你必须掌握好一门外语。听说写读译，五会，一会不行，二会不行，三会、四会也不行，必须五会，有了一门外语，研究学问，出国参加学术会议，都有好处。同时对你们研究学问有好处，不能满足于现状，那是不行的，必须与外语结合。具体地讲，就是英语。英语现在实际上是世界语，会了英语，走遍世界不困难。根据我的经验，就是走到前苏联时碰到过一点困难。一过苏联边界，一到波兰，英文什么都解决了。苏联当时只讲俄文，我在那里还闹过一个笑话。因为我学过俄文，拿辞典勉强可以看书。但有一个词"香肠"我忽然忘了怎么说，在旅馆吃早点，想吃香肠，怎么比画，服务员都不懂，最后就没吃到香肠。学会英语走到哪儿都不会碰到困难。前苏联只是一个特例。

第三，要不断扩大知识面，吸收新知识。现在我有点倚老卖老了，但是我还是报纸、杂志，都翻一翻。有的年龄和我相当的一些老先生，报纸也不看，杂志也不翻，那就有点玄乎。

最后一点，最好要能掌握电脑。电脑，我不会的，有人要教我，说5分钟包会，我说5分钟我也不干，我是老顽固。因为学电脑有个过程，因为我们写文章，舞文弄墨几十年，写的过程就是构思的过程，一改变工具，我这构思就没法构思，灵感就没有了。所以我没有办法，我说我现在就原样对付几年吧。你们年轻人一定要掌握电脑，新的通讯（通信的旧称）知识，一定要掌握。年轻人到21世纪要是缺乏刚才我说的这些基础，我觉得有点困难。现在我们就整个中国学术界来讲，人文社会科学我们现在还是有人，不能说没有人。不过有的学科有点后继无人，像北大这个学校，到明年100年了，当然要算的话，可以算2000年，从周朝开始，但是我们不那么算，从1898年算起。现在就是这样子，北大的台柱是哪个系？我没有研究过，办学不能平均撒胡椒面，要办出特点来，你不可能每个系都是全国第一，你要选那么几个重点出来。北大大家一致的意见是，全校重点应是文科的中文、历史、哲学。我们过去一个副校长王路宾，山东人，做过济南市委书记，公安厅长，他是搞理科的（我与他同时当副校长），但是我的文章他看。我问过他，路宾同志，你考虑要北大办出特点来，哪个系？他说：文、史、哲。就是蔡德贵他们这个杂志《文史哲》，这个道理是很正确。可最近，我们文、史、哲"水土流失"厉害，年轻人留不下，留下的呢，他没法养家，这都是实际问题。不过尽管这样，实际上一个系里边，真正有学问、有造诣、有声望的教授用不了多少，多了也用不着。年轻人，老、中、青这个班子，一个系里有十个八个二十个，就够了。这同国外的大学情况一样，你这个大学有没有名，你这个系有没有名，决定于教授。过去，我进的那个哥廷根大学，从19世纪末到20世纪20年代，是世界数学中心。不是德国的，是世界的。因为当时有两个大师，一个叫希尔伯特（David Hilbert），一个是Klein，还有Gauss，我去的时候高斯早已不在了，希尔伯特还活着。这几个人一不在，大学里的数学水平立刻就下降。如果有接班人可以，没有接班人立刻就下降。所以，我有个怪论，就是办学究竟应该怎么办？

北京大学现在举行百年校庆展览，来征求我的意见，我说我有个怪论，大学的组成部分有四部分：第一部分是教师，第二部分是学生，这个为主。第三部分是图书馆、实验室，第四部分，行政管理。行政管理怎么排在第四部分？这是因为第三、第四部分是为第一、第二部分服务的。没有第一、第二部分，第三、第四部分没有存在的必要。他们觉得这也有道理。没有学生，没有教员，图书馆干吗？实验室干吗？行政班子干吗？大学里学生是非常重要的，你招的学生的素质不一样，培养出来的学生，人与人之间就很不一样。要是你考进来的时候素质高，再加上教授的水平高，实验设备好，图书馆好，行政管理好，必然出人才，为我们国家建设，为我们学术发展，必然出人才。现在大家不愿意在学校，我感觉是暂时的。现在我们国家财政上有困难，我们应该体谅国家。工资我们跟外国人没法谈。就是香港大学的工资也没法比，我自己是知识分子，在知识分子堆里混了七八十年，我写过一篇文章《一个老知识分子的心声》，里边也有刺，也有牢骚，可是也有正面的。中国知识分子的最大特点是最爱国家，我说句不好听的话，我们老知识分子的爱国，恐怕比你们中年还要厉害。这话怎么讲呢？是唯物的。我们在解放前过过半封建半殖民地的生活，你们没过过。中国人在海外的，华侨最爱国，因为什么呢？因为他在国外，离我们中国，祖国，很远，但实际上给他以很大影响。1951年，我到印度去访问，到了一个叫海德拉巴地方的一个中国餐馆，主人一定要请我们吃饭。我们那个团很大，是建国后第一个大型代表团，有很多名人，这么多人一定要请吃饭，我们问他为什么？他说，中华人民共和国一成立，我们在印度人眼中的地位立刻升高。你说他能不爱国吗？很简单，这是唯物的。年老的吃过那个苦头，你们年轻一点的不知道。

　　我刚才讲的，涉及业务的几个条件，都是我自己根据经验谈出的一点意见，仅供参考。谢谢大家。

1997 年 10 月

提高高校学生人文素质的必要和可能

一、对题目的解释

为什么不用"文化素质",而用"人文素质"?前者比后者范围广,包括物质和精神两种文化。"人文"只限于精神文化。不是物质文化不重要,我是有意纠偏,纠重工科轻理科、重理科轻文科之偏。这种偏见不利于我国学术的发展和社会主义建设。

二、必要性

我国高校学生的素质,总起来看,应该说还是好的。我们的高校办得也还是好的。但是,同我们的远大目标:建设有中国特色社会主义社会还有相当大的距离。建设这样的社会,不能没有人才;要有人才,不能没有教育。我们要的人才是高素质的、全面发展的人才。人的素质十分重要:我们要的是有政治理想、有道德水平、有文化水平、业务好、身体壮、心理素质好的人才,成为能在21世纪发挥作用的人才。

我现在专就人文素质方面谈一点意见。

最近看到报纸上的报道,又根据我自己对大学生,特别是北京大学生的观察,再加上前些时候听了王彦同志的介绍,我感到提高高校学生的人文素质的工作简直是迫在眉睫。社会上一股强烈的只重视科技的风气，对学生产生了极大、极为不利的影响。虽然我们经常谈，要精神文明和物质文明两手抓，实际上都只抓物质方面，而忽视精神方面。只抓物质，只抓科技，而能兴国者，未之有也。所以，我说，抓精神文明建设，抓学生的人文素质，迫在眉睫。

三、一个理论问题

人文社会科学同生产力的关系如何？

我对马克思主义略有通解，对经济学所知不多。我仅仅提出这样一个问题，以求教于通人专家。科技是第一生产力，决无疑问。但人文社会科学对生产力的发展难道就不起作用？前一些时候，曲阜师范大学的《齐鲁学刊》上有一篇文章讲，人文社会科学也是生产力，似乎没有引起人们的注意。而后《光明日报》连续报道张家港抓精神文明的经验，引起了广泛的注意。1995年10月22日，该报第一版有一篇文章：《精神文明也出生产力》，用了一个"出"字，绝妙！10月27日，张家港市委书记发表文章：《精神文明建设也能出效益》。用了同一个"出"字，只有宾语改为"效益"，没有用"生产力"。

我认为，这是一个极端重要的理论问题和现实问题，理论界必须予以解答。

四、可能性

常听部队的同志们讲：解放军某一个部队，或团或连，只要有过辉煌的成绩，它就成为这个部门的传家宝。青年士兵一进入这个部门，就充满了自豪感，作战勇敢，战无不胜，攻无不克。我们的大学生何独不然。

给大学生进行提高人文素质教育，是一个十分复杂的系统工程，绝非一个方面、一种方法所能胜任，必须各方面通力协作，利用一切能利用的方法来进行，才能奏效。利用我们中华民族的历史，历史上优秀的传统，是其中最重要的方法。解放军的例子可以为证。

因此，我们要做提高高校学生的人文素质这个艰巨的工作，可能性是极大极大的。

五、中华文化的精髓何在？

这是一个极大的、极重要的问题，看法可能有很大的分歧。我自己的看法有两点：一个是爱国主义，一个是讲骨气、讲气节。这两点别的国家不能说没有，但是中国最为突出，历史也最长。二者有区别，又有联系。

六、爱国主义

存在决定意识，中国的爱国主义是中国几千年的历史环境所决定的。没有国家，当然谈不到爱国。有了国家，如果没有外敌，也难以出什么爱国主义。我们千万不要一见爱国主义，就认为是好东西。我认为爱国主义有真假之别，有正义与邪恶之别。被侵略、被压迫、被屠杀的国家和人民爱国主义是真的，是正义的爱国主义。侵略者、压迫者、屠杀者的"爱国主义"是假的，是邪恶的"爱国主义"。只要想一想德国法西斯、日本军国主义者的"爱国主义"就一清二楚了。

七、骨气、气节

在中国文化传统中，伦理道德占的成分最大。而讲是非，辨善恶，更是核心之一。孟子说："富贵不能淫，贫贱不能移，威武不能屈，此之大丈夫。"说得最为具体生动。对"非"的东西，对"恶"的东西，一定不能迁就和妥协，虽牺牲性命，也在所不辞，这就叫作气节或者骨气，这在别的国家是几乎不见的，至少是极为罕见的。

综上所述，我们中华民族优秀文化传统中有爱国主义和气节，是我们极其珍贵的全民财富。我们今天对高校学生进行人文素质教育，这二者就是我们的本钱。我们必须善于利用。

八、几点建议

1．在所有的学科中，文、理、法、农、工、医，都普遍开大一国文课。分量不必太多，不及格，不能毕业。

2．在所有的学科中设哲学课。以马克思主义哲学为纲领，讲一点中国哲学、印度哲学和自古希腊罗马开始的西方哲学。目的在于训练学生的思维能力和分析能力。

3．文理科学生互选对方的一门课。可考虑为文科学生编一部《自然科学概论》。世界学术发展的趋势是：文理接近或融合。21世纪，这种趋势将日见明显。

4．进行美术教育，包括书法、绘画、音乐、戏剧、曲艺等等。不是专门设课，以课外活动形式，由学生自由组合，学校、团委或学生会加以协助与指导。不管什么科的学生，对美术都是有兴趣的，过去许多高校的经验可以为证。

1998 年
原载《中国青年政治学院学报》

《玉华宫》序

胡戟同志等编《玉华宫》既竟，索序于予。我对于玉华宫了解不多，踟蹰不敢应命。我虽不文，学殖贫瘠，但自问为人写序向不肯只说空话、废话，这一次也不甘例外。不敢应命的根源就在这里。但是，经过胡戟同志再三说明，小友荣新江又从旁敦促，同时还读了一点资料，觉得还是有话可说的。最重要的写作动力来自唐代高僧玄奘。这一位大师为我素所景仰，他的名著《大唐西域记》，我曾伙同一些学者做过详细的注释。既然玉华宫同玄奘有密切联系，我怎么能拒绝写序呢？

玉华宫，原来是唐初诸帝避暑的地方。玄奘于太宗贞观十九年（645年）由天竺回国，先住弘福寺。贞观二十二年（648年），太宗驾幸玉华宫，敕追奘法师。这一次只是一次短暂的停留。到了高宗显庆五年（660年），"法师以为在京多务，恐难卒了（指《大般若波罗密多经》的翻译工作），于是屡请居山，方蒙恩许，往玉花宫寺翻译"（见《大正新修大藏经》50，218c）。从此以后，一直到涅槃，玄奘就住在玉华宫。

玄奘晚年，一些很有趣味的事情（对我们俗人来说）就都发生在玉华宫。比如，"法师从少以来，常愿生弥勒佛所。及游西方，又闻无著菩萨兄弟，亦愿生睹史多天宫，奉事弥勒，并得如愿，俱有证验，益增克励。自至玉花，每因翻译及礼忏之际，恒发愿上生睹史多天，见弥勒佛"（见上书卷，219a）。从这里可以看出玄奘晚年住玉华宫的信仰。又比如，在法师临终前，他仍坚信自己能上生弥勒佛所在的睹史多天。到了高宗麟德元年（664年），法师六十五岁，法师摔伤了脚，卧病。是年二月"五日中夜，弟子光等又问：'和上定生弥勒前不？'报云：'决定得生。'言讫舍命"（同上书卷，219c）。《行状》上记载玄奘住玉华宫的情况，就是这样。

我们不一定都是宗教信徒，书上的记载我们不见得都能相信，但是，玄奘这个人，除了虔诚的佛教徒以外，还有另外一个方面，他是一个有理想、有抱负的人，在他身上体现着中华民族品质中最优秀、最突出的一点：硬骨头精神。他敢于排除万难，九死一生，到天竺去求佛法。没有迥异常人的精神，是办不到的。鲁迅先生称之为"中国的脊梁"的人中就有玄奘。到了今天，虽然朝代已经换过多次，时移世迁，沧海桑田。但是这种硬骨头精神还是我们所需要的。因此，我们还能够从玄奘身上学习很多很有用的东西。

玉华宫所牵涉到的当然不止玄奘一人，也还同唐初几个皇帝有联系。从这些皇帝身上，如果我们愿意的话，也还是能够学到点什么的，比如唐太宗的为政清明，逆耳之言能够听得进去，等等，对我们今天不是还有借鉴意义吗？

此外，玉华宫这个地方，在我们赤县神州，是山明水秀，属于"江山如此多娇"这个范畴的名山胜地，是大自然独垂青我们中华民族的一种表现。由于它的历史意义和自然风光，在唐代就吸引了一批著名的诗人到这里来流连忘返，诗圣杜甫就是其中的一个。这些诗人留下的诗篇，无疑会给这个地方增添无量朦胧的美。

综上所述，我们完全可以说，玉华宫是一处集高僧、皇帝、诗人、秀丽风光于一身的四位一体的名胜古迹。在历史上起过作用。在当前全国人民正在意气风发地建设我们国家的时候，为什么不能让它对文化建设和经济建设起点作用呢？这可以算是一种特殊的"古为今用"吧。我想，胡戟同志等之所以编撰这一部《玉华宫》正是出于这样的用意的。因此，我乐于为这一部书写这样一篇短序。

1993 年 7 月 3 日

《绍兴百镇图赞》序

绍兴大名垂宇宙。物华天宝，人杰地灵。我心仪其地久矣。可惜我只在50年代，陪外宾来过一次，而且只停留了半天，参观了鲁迅故居、三味书屋等地。虽然时间短，却给我留下了终生难忘的甜美的回忆。

就我自己的感觉而论，绍兴对我并不陌生。通过鲁迅的作品，我仿佛认识了绍兴的街道，绍兴的人物，阿Q、闰土、祥林嫂、秋瑾的母亲等等，一闭眼，他们就在我眼前，我仿佛能分享他们的快乐与悲哀，与他们同命运，共呼吸。绍兴仿佛就成了我的故乡。

绍兴乃中国有名的报仇雪耻之地，文化昌明之乡，想历数那里的古今豪杰、志士、文人、学者，需要极长的篇幅，这是我目前无论如何也做不到的。但是，我对绍兴之所以特感兴趣者，有我个人的因素在。中国的书圣王羲之是百代书法之楷模，他的书法也是我最喜爱的。他那冠绝古今的《兰亭序》，书写的地方就在绍兴的兰亭。而他的原籍琅琊却是在山东境内，我们算是同乡，相距一千多年的同乡，我对他油然生亲切之感，这是人之常情，无可非议的。这当然让我的心情不自禁地飞向绍兴。

到了近代，被誉为"学术泰斗，人世楷模"的蔡元培先生，又是绍兴人。他曾任北京大学校长十年。中国之所以能有五四运动，与他的鼓励是密切相连的。至于五四运动在中国近现代史上之功绩，毋庸赘述。我这一生大半辈子是在北大度过的，北大之所以能有今天的兴旺发展，又是与蔡先生的努力密切相连的。现在，我每次走过矗立在燕园内的蔡先生的塑像，辄瞻仰徘徊，不忍即去。高山仰止之情油然而生。这种感情鼓舞着我前进，再前进，不向任何困难低头。这当然会让我情不自禁同绍兴联系在一起，我的心又自然飞向绍兴。

把我同绍兴联系在一起的第三个人物是我的恩师董秋芳（冬芬）先生。我在山东省立济南高中，受业于先生门下，时间虽只有一年，然而却影响了我的一生。他教我们国文，我的作文受到了他的鼓励，誉为"全校之冠"。我是一个畸人，虚荣心是颇为强烈的，受到了鼓励，就增添了劲头。从那以后，从事散文的写作，垂60年，至今已届望九之年，尚未停笔。我研究的专业与散文创作毫无关联，但心里倘有所触动，必然拿起笔来。虽然我从未敢以作家自命，然而在别人眼中，我已俨然成为一个作家。对我自己来说，无非是想抒发感情，一吐为快而已。对别人来说，也许不无启迪作用。所有这一切，我都必须归功于恩师的教导，而我的恩师又碰巧是一个绍兴人。将近七十年来，每一忆及恩师，我的心又会自然而然地飞向绍兴。

如果没有上面这一段因缘，我今天无论如何也不会，也不敢为《绍兴百镇图赞》写序的。有了这一段因缘，虽然绍兴百镇我一个镇也没有到过，但是，从感情上来说，又仿佛镇镇我都到过。唐代绍兴著名的文学家贺知章那几首有名的回乡诗，我每一背诵，辄能触动我的心弦，难道同我在上面谈到的自己的思想和感情活动没有关联吗？

时至今日，星移斗转，时异事迁，我们正在安定团结的环境中努力建设我们的国家。虽然王羲之、蔡元培、鲁迅、董秋芳等先生，以及一切仁人志士俱往矣,然而这些人诞生地的绍兴精神却依然影响着我们。建国首先必须重视文化、教育、科学、技术,在这方面,绍兴古今人物都有一些重要的贡献。此外,更必须有炽热的爱国主义精神。在这方面,明末痛斥奸相马士英的绍兴文人,发言掷地作金石声。近代的秋瑾为国牺牲的精神,直可与岳飞、文天祥等争辉。这是中华民族的骄傲,当然也是绍兴的骄傲。今天的绍兴人一定能继承和发扬这种精神,为祖国的伟大建设工作增砖添瓦,跂予望之矣。

1998 年 4 月 10 日

团结起来，共同前进
——祝贺中国民族古文字展览开幕

中国是一个多民族的国家，在几千年漫长的历史上，各个民族互相学习，取长补短，共同努力，创造了今天这样的物质财富和精神财富，创造了今天这样灿烂的文明，也创造了我们这个伟大的中华民族。

我们民族多，语言文字也就多。专就文字而论，就很不相同。把我们各民族的文字摆在一起，形式迥异，各极其妙。在今天是这样，在过去历史上更是这样。有的民族有字母，有的只有文字而没有字母，有的在某一段时间连文字都没有。在我国境内发掘出不少的古代文字，使用这些文字的民族有的在名义上早已不存在了，但是他们的文字却保留了下来。从这些古老的甚至已经死亡的文字中，我们还可以学习很多的东西。我们从中可以看出，古代在这个地区曾出现过多么繁荣的经济生活和文化生活，虽然今天可能只是一片荒漠。无论发掘出来的是哲学宗教的文书，还是科学技术的文书，甚至还有政治经济的文书，都能够明白无误地告诉我们当时这个地区的真实情况和这个地方的历史，还能告诉我们各个不同民族互相学习的情况，以及这些民族同外国民族往来的情况。无论在科学技术方面，在文学艺术方面，还是在宗教哲学方面，我们各民族之间确实是交光互影，互相渗透。民族有大小，文化基础有厚薄，做出的贡献有多少，但是总是互相学习，共同提高的。哪一个民族也不能自己吹嘘，只是给与（予）而从不接受。像夜郎那样的国家（民族）毕竟只是极个别的，而且那种自大狂也可能只表现在个别人身上。

我们各民族互相学习的例子，专从语言文字方面来看也是不胜枚举的。比如，几乎所有的少数民族都借用了多少不等的汉字词汇，但是汉语也借用了一些少数民族的词汇。至于字母，有一些学者就认为西藏字母同古代和阗字母有关系。至于蒙文和满文的字母，以及新疆一些古代民族使用的字母，有渊源关系，更是大家所熟知的事实。文字和语言的互相借用，说明民族间文化的交流，说明民族间在各方面的互相学习。这种互相学习、互相理解和互相帮助，就是我们今天立国的基础。此外，我们还可以从这些古代文字的花样繁多上，更深刻地理解到我们的文化确实博大精深。

今天，我们搞一个中国民族古文字展览，绝不是在玩弄古董，发思古之幽情，而是着眼于现实。我们是想从文字这一个看似比较小的角度上，让大家了解各民族古代文字的形象，了解它们之间的关系，了解它们所包含的内容，了解与它密切相连的文化，更进一步了解我们各民族间关系之密切。

今天，我们的基本任务是实现四个现代化。完成这样一个十分艰巨的任务，绝不是哪一个民族单枪匹马就可以胜任的，它要求我们各个民族比过去任何时候都要更加紧密地团结起来，同心协力，这既符合整个的中华民族的利益，也是与各个民族的利益完全一致的。

我们这个伟大国家的前途，是光明灿烂的。眼前的一些困难，有的是不可避免的，有的是没有经验造成的，一个国家，一个民族，同一个人一样,绝不会永远走平坦的道路。道路暂时曲折崎岖,也是合乎规律的。总之,我们要树立信心,认清前途,为实现我们这个多民族的祖国的伟大愿望共同努力。

1980 年 9 月 25 日

翻译

翻译（translation）是把已说出或写出的话的意思用另一种语言表达出来的活动。这种语言活动，人类几千年来一直在进行，它影响到文化和语言的发展。与翻译有关的可变因素很多，例如文化背景不同、题材不同、语言难译易译不同、读者不同等等，很难把各种不同因素综合起来，都纳入一条通则。

在欧洲，翻译实践有长远的历史。有人甚至认为，欧洲文明源于翻译，上至罗马帝国，下至今天的欧洲共同市场，都要靠翻译来进行国际贸易。有人说，用古希伯来语写的《圣经》和用阿拉米语写的《福音》，如果没有先译为希腊文和拉丁文，后来又译为中世纪和近代诸语言的话，2000年来的犹太基都教文化就不会产生，因而欧洲文化也不会出现。自翻译《圣经》起，将近2000年来，欧洲的翻译活动一直没有停止过。《圣经》的翻译是一件大事，它帮助许多国家的语言奠定了基础。在古代希腊、拉丁文学方面，荷马的史诗、希腊悲剧、喜剧和抒情诗，忒奥克里托斯（约公元前310—前250）、卡图卢斯（约公元前87—前54）、普卢塔克（约46—120或127）的作品等等也多次被译成欧洲许多国家的语言。在保存古希腊文艺方面，阿拉伯译者做出了巨大的贡献。至于欧洲各国古代和近代的其他大作家，如维吉尔、但丁、莎士比亚、歌德、塞万提斯、安徒生、易卜生、托尔斯泰、陀思妥耶夫斯基、莫里哀等等的作品，也都多次被译成其他国家的语言。在东方文学方面，阿拉伯的《一千零一夜》，日本的能剧，中国的小说诗歌，印度的《故事海》《薄迦梵歌》《沙恭达罗》等等都译成了欧洲语言。特别值得一提的是印度的《五卷书》，它通过中古波斯文和阿拉伯文译本，反反复复地被译成了多种欧洲语言，产生了巨大的影响。

实践产生理论，欧美许多国家的翻译理论是五花八门的。从大的方面来看，可以分为两大派：一派是翻译可能论，一派是翻译不可能论。其实，完完全全百分之百的可能是没有的，完完全全百分之百的不可能也是没有的。世界上一切翻译活动都是在这两个极端之间进行的。欧洲许多著名的人物，比如马丁·路德、M.阿诺德、F.W.纽曼、J.B.波斯特加特、H.白洛克、Fr.R诺克斯、V.那巴可夫等等，都对翻译提出了自己的理论。据《开塞尔世界文学百科全书》的意见，这些理论中有些是刚愎自用的。

翻译一篇作品或者一段讲话，必然涉及两种语言：一种是原来那个作品或者讲话的语言，德国学者称之为Ausgangssprache（源头语言），英美学者称之为Original或Source language；一种是译成的语言，德国学者称之为Zielsprache（目的语言），英美学者称之为Target language。二者之间总会或多或少地存在着差距。因为，从严格的语言学原则上来讲，绝对的同义词是根本不存在的。一个翻译者，不管水平多么高，也只能尽可能地接近源头语言，而不可能把原意和神韵完全传达过来。翻译者的任务就是处理两种语言之间的关系。关于翻译工作，一般的看法是，逻辑的抽象的东西，比如说数学、物理、化学等等著作，翻译起来比较容易。但是也有含义转移的危险。重在故事情节的作品，比如浅薄平庸的小说之类，翻译起来也比较容易。重在说理或鼓动的作品，比如格言诗、论战文章、政治演说、有倾向性的剧本以及讽刺文学等等，翻译起来也不十分困难。但是重在表达感情的高级文学作品，翻译起来就极为困难。在这里，翻译或多或少只能是再创作，只能做到尽可能地接近原作，原作的神韵、情调是无论如何也难以完全仿制的。特别是源头语言中那些靠声音来产生的效果，在目的语言中是完全无法重新创造的。

除了翻译可能与不可能的争论之处，还有直译与意译的争论。这种争论在欧洲也有很长的历史，但在中国尤其突出。

中国的翻译理论和实践在世界上有显著的地位。《礼记》已有关于翻译的记载。《周礼》中的"象胥"，就是四方译官之总称。《礼记·王制》提到"五方之民，言语不通"，为了"达其志，通其欲"，各方都有专人，而"北方曰译"。后来，佛经译者在"译"字前加"翻"，成为"翻译"一词，一直流传到今天。在中国，佛经的翻译自后汉至宋代，历一千二三百年，这样历久不衰的翻译工作在世界上是空前的。从实践中产生的理论，也以佛家为最有系统，最深刻。晋代道安（314—385）主张质，即直译。他提出了"五失本"，意思是在用汉文翻译佛经时，有五种情况允许译文与原文不一致。他又提出了"三不易"，意思是，三种不容易做到的情况。苻秦的鸠摩罗什（344—413）则主张除"得大意"外，还须考虑到"文体"。他说："天竺国俗，甚重文制，其宫商体韵，以入弦为善。凡觐国王，必有赞德；见佛之仪，以歌叹为贵，经中偈颂，皆其式也。但改梵为秦，失其藻蔚，虽得大意，殊隔文体，有似嚼饭与人，非徒失味，乃令呕哕也。"（《高僧传》卷二《鸠摩罗什传》）隋代彦琮（557—610）最推崇道安的理论，他主张直译，提出"八备"和"十条"。

"八备"指翻译者必须具备的八项条件，"十条"指他对译文体例、格式的十种规定。到了唐代，玄奘（602—664）是中国翻译史上集大成的人，文质并重，但似以质为主。他没有留下专门阐述翻译理论的文章。《翻译名义集》中记载了他的"五种不翻"的学说，指出有五种词语只能译音。北宋赞宁总结了前人的经验，提出翻译佛经的"六例"，详细探讨了翻译中六个方面的问题。他给翻译下的定义是："翻也者，如翻锦绮，背面俱花，但其花有左右不同耳。"这个生动的比喻，说明翻译是一种艺术（如翻锦绮），它将（语言的）形式加以改变（左右不同），而内容不变（背面俱花）。

北宋（960—1127）初期还有翻译活动，以后逐渐衰微。它的重新兴起始于明代（1368—1644）永乐五年（1407）。那时由于对外交通的需要，创立了四夷馆，培训翻译人才。明代末期，西学东渐，翻译工作更活跃起来。但此时翻译的方向已完全改变，不再是印度的佛经，而是欧洲的天文、几何、医学等方面的典籍，中国翻译史已达到了一个新的阶段。

明代一些著名的翻译家对翻译工作也提出了自己的看法。意大利传教士利玛窦（1552—1610）说："且东西文理，又自绝殊，字义相求，仍多阙略。了然于口，尚可勉图；肆笔为文，便成艰涩矣。"这是说，中西语言结构不同，文章脉络不同，西方有的术语为中国所无，口头解释一下还可以做到，笔译成文，人家就看不懂了。同时代的一位中国科学家李之藻（？—1631）在描写当时外国传教士的译书态度时说："诸皆借我华言，翻出西义而止，不敢妄增闻见，致失本真。"此时的翻译往往用合作方式，同初期佛典翻译相似，即中国学者与外国人合作翻译，润文的责任则放在中国学者身上。

鸦片战争以后，中国有识之士痛感学习西方之必要，翻译活动又逐渐兴起，在中国翻译史上形成了一个新阶段。马建忠（1845—1900）强调译事之难。梁启超（1875—1929）鼓吹佛典翻译之高明。毕生从事西方社会科学翻译的严复（1853—1921）在几篇序文里申述了他在翻译中遵循的原则。在《天演论》序中他说："译事三难：信、达、雅。""信"是忠于读者，"雅"是对于文学语言的忠诚。信、达、雅虽然三个字，但体现了作品、读者、语言三者之间的关系。在严复那些译本当中，《天演论》接近意译，《原富》则近于直译，他说："是译与《天演论》不同，下笔之顷，虽于全节文理不能不融会贯通为之，然于辞义之间无所颠倒附益。"不过他对本书"繁赘而无关宏旨"的地方，则又有所删除。在《群己权界论》"译凡例"中他说："原书文理颇深，意繁句重，若依文作译，必至难索解人，故不得不略为颠倒，此以中文译西书定法也。"可以看出，《天演论》是意在达旨的述译，《原富》是辞义无所颠倒的严译，《群己权界论》是不依文作译的宽译。但是不论译法如何，有一点是始终如一的：避免按字直译，努力用新的词或词组以求词义的全部传递。例如evolution中文没有与之相应的词，于是采用"天演"一词；liberty这个法制观念中国当时还没有，于是用"群己权界"这一词组。严复对于西文词义的翻译做出了可贵的尝试，但是这方面的研究还有待展开。

五四运动以后，中国历史进入了近代，翻译的重要性远迈前古。中国新文学的兴起同翻译史是分不开的。第一个重视翻译并大力加以提倡的人是鲁迅。鲁迅主张直译。他这样做的目的是：在介绍外国思想以供借鉴的同时，还要通过译文改造我们的语言。1931年12月28日他在给瞿秋白的信中谈到严复。他说："他的翻译，实在是汉唐译经历史的缩图。中国之译佛经，汉末质直，他没有取法。六朝真是

'信'而'雅'了，他的《天演论》的模范就在此。唐则以'信'为主，粗粗一看，简直是不能懂的，这就仿佛他后来的译书。"鲁迅不主张译文完全中国化。不完全中国化的译本"不但在输入新的内容，也在输入新的表现法"。他认为中国语法不够精密。"这语法的不精密，就在证明思路的不精密，换一句话，就是脑筋有些糊涂。"

在主张直译方面，瞿秋白和鲁迅见解一致。他说："翻译——除出能够介绍原来的内容给中国读者之——还有一个很重要的作用：就是帮助我们创造出新的中国的现代言语。"但是他同时指出："当翻译的时候，如果只管'装进异样的句法'等等，而不管是否活人嘴里能够说得出来——那么，这些'异样的句法'始终不能'据为己有'。"他认为："新的言语应当是群众的言语——群众有可能了解和运用的言语"。现代许多翻译家基本上都是直译派。所谓"直译"是指：原文有的，不能删掉；原文没有的，不能增加。这与译文的流畅与否无关。鲁迅译的《苦闷的象征》等书，文字就非常流畅，但仍然是直译。所谓"意译"是指对原文可以增删。古代的鸠摩罗什属于这一派。郭沫若一方面说："我们相信理想的翻译对于原文的字句，对于原文的意义，自然不许走转，而对于原文的气韵由其不许走转。"另一方面，他也主张："我知道翻译工作绝不是轻松的时间，而翻译的问题对于一国的国语或文学的铸造也绝不是无足重轻的因素。"茅盾更是简洁了当地指出："翻译文学之应直译，在今日已没有讨论之必要。"他又说："'直译'这名词，在'五四'以后方成为权威。"傅斯年、郑振铎、周作人、艾思奇等都主张直译。因此，可以说，在近现代中国翻译史上，直译是压倒一切的准则。

比较欧洲和中国翻译的历史，以及翻译的理论，可以看出，东西双方探讨的问题基本相同。双方都讨论翻译的可能与不可能的问题，也讨论直译与意译的问题。但是双方也有不同之处。西方谈翻译理论，偏重于可能与不可能的问题，以及可能的程度。他们得出的结论是：文学翻译难，科技翻译易。直译和意译的问题，也偶尔涉及，但不是重点。在翻译的基础或背景方面，欧洲与中国不同。在欧洲，除了最早的希伯来语以外，基本上是同一语系的语言之间的互相翻译。因此才产生了某一理论家主张的翻译三分法：一、翻译；二、变换；三、逐词对照本。这种三分法对中国是完全不适用的。中国绝不可能有变换。因为在中国几千年的翻译史上都是不同语系语言之间的翻译，在同一语系语言间才能变换。中国偏重于直译与意译之争，所谓文与质者就是。这是由于从佛经的翻译到现代科学文学著作的翻译，都有其特殊的文化和历史背景。中西双方的思维方式有所不同，在这里也表现了出来。中国讨论翻译的人没有对语言本质做细致的分析，而是侧重于综合，侧重于实际应用方面，因此谈翻译技巧多，而谈抽象理论少。在直译与意译的问题解决以后，如何解决具体作品和文句的译法问题将提到日程上来。

季羡林 许国璋合著
1986年2月22日

我看北大

也许是出于一种偶合，北大几乎与20世纪同寿。在过去一百年中，时间斗换星移，世事沧海桑田，在中国产生了天翻地覆的变化，而北大在人事和制度方面也随顺时势，不得不变。然而，我认为，其中却有不变者在，即北大对中国文化所必须负的责任。

古人常说，某某人一身系天下安危。陈寅恪先生《挽王静安先生》诗中有一句话："文化神州丧一身。"而我却想说：北大一校系中国文化的安危与断续。我并不是否认其他大学也同样对中国文化的传承起了作用；但是其间有历史长短的问题，有作用断续的问题，与夫所处地位不同的问题。这些都是活生生的事实，想能获得广大教育界同仁的共识，并非我一个人老王卖瓜，信口开河。

我所谓"文化"是最广义的文化，精神和物质两个方面都包括在里面。但是狭义的文化，据一般人的理解，则往往只限于与中文、历史、哲学三个系所涵盖的范围有关的东西。而在北大过去一百年的历史上，这三个系，尽管名称有过改变，始终是北大的重点。从第一任校长严复开始，中经蔡元培、胡适、傅斯年（代校长）、汤用彤（校委会主席）等等，都与这三个系有关。至于在过去一百年中，这三个系的教授，得大名有大影响的人物，灿如列星，不可胜数，五四运动时期是一个高潮。这个运动在中国文化学术界思想界甚至政界所起的影响，深远广被，是无论怎样评价也不为高的。如果没有五四运动，我们真不能想象今天中国的文化和教育会是一个什么样子。

中华民族是一个伟大的民族，我们有五千多年的历史文化传统，而又从没有中断过，这在世界上是独一无二的。我们又是一个毫不吝啬的民族，我们的四大或者更多的大发明，传出了中国，传遍了世界，促进了人类社会的进步，推动了人类文化的发展，为全球人民谋了极大的福利，功不可没。

可惜的是，自从西方工业革命开始时起，欧风东渐，我们中国逐渐沦为半封建半殖民地社会，昔日雄风，悄然匿迹，说实话，说是"可惜"，是我措辞不当。我在最近几年曾反复强调"三十年河东，三十年河西"之说。激烈反对者有人，衷心赞同亦有之。我则深信不疑。欧洲东渐，东西盛衰易位，正是符合这个规律的，用不着什么"可惜"。

到了现在，"天之骄子"西方人所创造的文化，其弊端已日益显露。现在全世界的人民和政府都狂呼要"保护环境"，试问环境之所以需要保护，其罪魁祸首是什么人呢？难道还不是西方处理人与大自然的关系不当，视大自然为要"征服"的敌人这种想法和做法在作祟吗？

我们决不想否定西方近几百年来对人类生活福利所做的贡献，那样做是不对的。但我们也决不能对西方文化所造成的弊端视而不见。"西方不亮东方亮"，连西方的有识人士也已觉悟到，西方文化已陷入困境，唯一的挽救办法就是乞灵于东方，英国大历史学家汤因比就是其中一人。

我们东方，首先是中国，在处理人与大自然的关系方面，是比较聪明的。至少在理论上是这样，在行动上我们同西方差别不大。我们有一种"天人合一"的理想，自先秦起就有，而且不限于一家，其后绵延未断。宋朝大哲学家张载有两句话，说得最扼要、最准确："民，吾同胞；物，吾与也。""与"的意思是伙伴，"物"包括动物和植物。我们的生活来源都取之于大自然，而我们不把大自然看作敌人，而看作朋友。将来全世界的人都必须这样做，然后西方文化所产生的那些弊端才能逐渐克服。否则，说一句危言耸听的话，我们人类前途将出现大灾难，甚至于无法生存下去。

前几年，我们中国学术界提出了一个口号：弘扬中华民族优秀文化。这口号提得正确，提得及时，立即得到了全国的响应。所谓"弘扬"，我觉得，有两方面的意义：一个是在国内弘扬，一个是向国外弘扬。两者不能偏废。在国内弘扬，其意义之重要尽人皆知。我们常讲"有中国特色的"，这"特色"无法表现在科技上。即使我们的科技占世界首位，同其他国家相比，也只能是量的差别，无所谓"特色"。"特色"只能表现在文化上。这个浅近的道理，一想就能明白。在文化方面，我们中华民族除了上面所说的"天人合一"的思想以外，几乎是处处有特色。我们的语言，我们的书法，我们的绘画，我们的音乐，我们的饮食，我们的社会风习，我们的文学创作，等等，等等，哪个地方没有特色呢？这个道理也是极浅的，一看就能明白，这些都属于广义的文化，对内我们要弘扬的。

除了对国内弘扬，我们还有对国外弘扬的责任和义务。我在上面已经谈到，在文化的给予方面，我们中华民族从来是不吝惜的。现在国外那一些懵懵懂懂的"天之骄子"们，还在自我欣赏。我们过去曾实行鲁迅所说的"拿来主义"，拿来了许多外国的好东西，今后我们还将继续去拿。但是，为了世界人类的幸福和前途，不管这些"天之骄子"们愿意不愿意来拿我们中国的好东西，我们都要想方设法实行"送去主义"，我们要"送货上门"。我相信，有朝一日他们会觉悟过来而由衷地感谢我们的。

写到这里，我们再回头看我在本文一开头就提到的北大与中国文化的关系，以及北大对中国文化所负的责任。如果我说"文化神州系一校"，这似乎有点夸大。其他大学也在不同程度上有这种责任。但是其中最突出者仍然是非北大莫属。如果连这一点都不承认，那不是实事求是的态度。北大上承几千年来太学与国子监的衣钵，师生"以天下为己任"，在文化和政治方面一向敢于冲锋陷阵。这一点恐怕是大家不得不承认的。今天，在对内弘扬和对外弘扬方面，责任落在所有大学的人文社会科学学术教育机构，以及教员和学生的肩上。北大以其过去的传统，更应当是当仁不让，首当其冲，勇往直前，义无反顾。

专就北大本身来讲，中文、历史、哲学三系更是任重道远，责无旁贷。我希望而且也相信，这三个系的师生能意识到自己肩头上的重担。陈寅恪先生的诗曰"吾侪所学关天意"，可以移来相赠。我希望国家教委和北大党政领导在待遇方面多向这三个系倾斜一些，平均主义不是办学的最好方针。我的意思并不是说，在北大只有这三个系有责，其他各系都可以袖手旁观。否，否，我绝无此意。弘扬、传承文化是大家共有的责任。而且学科与学科间的界限越来越变得不泾渭分明，你中有我，我中有你，这现象越来越显明。其他文科各系，甚至理科各系，都是有责任的。其他各大学以及科学研究机构，也都是有责任的。唯愿我们能众志成城，共襄盛举。振文化之天声，播福祉于寰宇，跂予望之矣。

1997 年 12 月 12 日